'전후'의 탄생

'전후'의 탄생

발행일 초판1쇄 2013년 4월 10일 | 초판2쇄 2019년 1월 30일
엮은이 권혁태, 차승기
펴낸이 유재건 · **펴낸곳** (주)그린비출판사 · **주소** 서울 마포구 와우산로 180, 4층
전화 02-702-2717 · **이메일** editor@greenbee.co.kr · **신고번호** 제2017-000094호

ISBN 978-89-7682-776-0 93300
이 도서의 국립중앙도서관 출판시도서목록(CIP)은 서지정보유통지원시스템 홈페이지(http://seoji.nl.go.kr)와
국가자료공동목록시스템(http://www.nl.go.kr/kolisnet)에서 이용하실 수 있습니다.(CIP제어번호: CIP2013001866)

이 책은 2007년 정부(교육과학기술부)의 재원으로 한국연구재단의 지원을 받아 수행된 연구임(KRF-2007-361-AM0005).

철학이 있는 삶 **그린비출판사** www.greenbee.co.kr

아이아 총서 106

'전후'의 탄생

일본, 그리고 '조선'이라는 경계

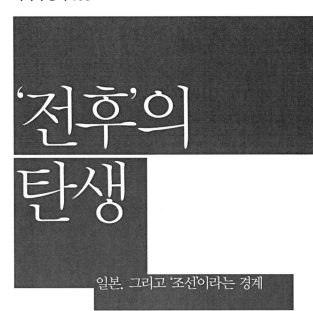

| 성공회대학교 동아시아연구소 기획
| 권혁태 · 차승기 엮음

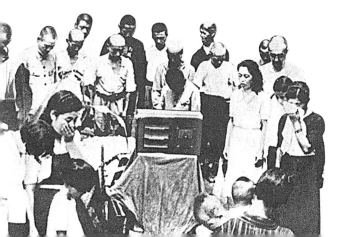

gB
그린비

머리말 _ 소거를 통해 만들어진 '전후' 일본

'전후'란 무엇인가? 한국의 독자들에게 생소한 이 단어는 일본에서는 1945년 8월 15일 이후라는 시간적인 구분을 가리키는 말이지만, 동시에 이른바 평화, 민주주의, 경제성장으로 표현되는 가치공간을 지칭하는 말이기도 하다. 이 책의 문제의식은 한마디로 하자면 일본의 '전후'가 '조선'을 소거함으로써 성립되었음을, 즉 일본의 '전후'가 '조선'의 소거 위에 서 있음을 말하는 데 있다.

　　1945년 8월의 '패전'으로 인해 일본은 50여 년에 걸쳐 확장시켜왔던 아시아의 통치영역 대부분을 상실하고 오늘날의 열도로 돌아갔다. 패전이라는 사건은 일본 현대사에서 하나의 지울 수 없는 결절점으로 존재한다. 그것은 패전이 '화려했던 제국'의 몰락을 뜻하기 때문만은 아니다. 오히려 그와는 반대로 일본이 과거의 역사와 ──특이한 방식으로── 단절하는 기회로 작용했다는 점에서 결정적이다.

　　애당초 GHQ(연합국 최고사령관 총사령부)가 이른바 '평화헌법'의 기본틀을 만듦으로써 상징천황제를 뼈대로 한 '전후 민주주의'의 기초를 닦은 것은 일본을 제국주의의 과거로부터 분리시키기 위한 것이었다.

그러나 이러한 '분리'가, 확대되어 가는 사회주의 세력으로부터 미국 중심의 서방세계를 방어하고자 하는 미국의 아시아-태평양 안보체제 내부에 일본이 편입될 것을 전제로 한 것이었음은 물론이다. 실제로 미국은 '전후 처리' 과정에서 일본을 제국주의의 과거로부터 분리시키는 일 자체보다, 일본을 미국의 아시아-태평양 반공 안보체제 내부의 관리 가능한 무력으로 묶어 둔다는 방향성을 분명히 해갔다. 그리하여 미국 주도하에 일본 군부 중심의 '전범'들에게 등급을 부여하고 그에 상응한 처벌——실제로는 이조차 철저하게 이행되지 않았지만——을 행함으로써, 나아가 미국이 단독으로 일본과 강화조약을 체결해 버림으로써, 일본이 아시아에 대해 책임을 질 기회조차 탈취해 간 것이 미국의 '전후 처리'였음은 주지의 사실이다. 이렇게 아시아-태평양 전쟁에서 일본과 교전한 연합국의 대표자 역할을 자임하면서, 미국은 융단폭격과 핵공격으로 파괴해 놓은 폐허 위에 '안보체제하의 평화와 민주주의'를 선사하는 동시에 일본을 역사적인 책임으로부터 자유롭게 만들었다.

이런 의미에서 일본의 '패전'은 일본에 있어서만이 아니라 바로 직전까지 식민지·점령지로서 제국주의 일본에 장악되어 있던 아시아의 주변국들에게 있어서도 결정적인 의미를 갖는다. 일본이 식민지와 점령지의 저항에 의해서가 아니라 미국 중심의 연합국의 무력에 의해 패배함으로써, '전후' 일본과 아시아 주변국들과의 뒤틀린 관계는 처음부터 예고되어 있었기 때문이다. 제국주의 시대 일본이 아시아의 주변국 사람들에게 큰 고통을 안겼다는 사실뿐만 아니라, 아시아 주변국들의 근대화 초기에 지울 수 없는 상처와 흔적을 남겼다는 점에서도 20세기 전반기 아시아를 식민지와 전쟁으로 점철하게 만든 일본은 역사적인 책임으로부터 자유로울 수 없는 위치에 있다. 그럼에도 불구하고 미국 주도의 아시아-태평양 안보체제 안으로 편입됨으로써, 일본은 아시아 주변 국들과 얽혀 있던 과거와 무책임하게 단절하고 새로운 '탈아입구'(脫亞 入歐)의 노선으로 갈아탔던 것이다. '대동아'의 단일 블록체제 형성을 추구하며 아시아 사람들의 삶에 폭력적으로 개입해 들어갔던 직전의 과거는 '패전'의 충격과 안보체제하의 '평화와 민주주의'에 의해 순식간에 망각되어 버리고 말았다. 아니, 보다 정확하게 말하자면, 열도로 축소된 일본의 경계를 자연화하고 비어 있는 중심으로서의 천황을 중심으로 내셔널한 주체를 구성하면서 아시아와 얽혀 있던 제국주의의 과거를 봉인해 버렸다.

이렇게 볼 때, 최근 일본 사회 전반에 걸쳐 '자기보존'의 욕구가 팽배지면서 우익세력이 정치적으로 득세하고, 그에 따라 역사 수정주의적 입장과 '평화헌법' 개정 추진 움직임이 강화되면서 주변국과의 영토 갈등을 빚어내고 있는 현실은, 마치 3·11을 기점으로 '전후'가 재생되기라도 한 듯한 감회를 준다. 그러나 여기서 '전후'는, 국가적 질서의 붕괴/건설이 교차하던 시점으로 돌아가 이 질서의 작위성을 반성적으로 음미하는 계기라기보다, 외부로부터 주어진 것으로서의 '평화와 민주주의'의 허구성을 청산하고 '일본적 입장'에서 아시아 주변국들과의 '전후 처리'를 다시 산정하는 계기에 가까운 것으로 보인다. 물론 이 '전후 처리'는 완전히 전도된 형태를 취하고 있다. 해를 입힌 아시아 주변국들에 대한 책임(responsibility)의 이행이 아니라 그들에게 남겨 놓은 흔적을 이익으로 되돌려 받기(restoration) 위한 계산의 형태를.

이 책, 『'전후'의 탄생』은 이렇듯 일본현대사의 중대한 결절점으로 놓여 있는 '전후'가 국민-국가의 건설과 미국 주도의 안보체제에의 종속, 그리고 제국주의적 과거에 대한 책임연관의 봉인 등이 뒤얽혀 있던 사정을 ‘조선’과의 관계 속에서 고찰하고자 한 시도의 산물이다. 패전 직전까지 조선을 일본의 한 지방으로, 조선인을 ‘일본 제국의 신민’으로 포섭하고자 했던 역사, ‘내선일체’와 ‘동조동근’을 외치며 조선인을 전쟁터로 내몬 역사, 수백만의 조선인들을 ‘내지’ 일본의 군사·산업 인프라 건설에 동원해 온 역사는 패전과 함께 소거되어 버렸다. 1947년 일본 정부가 공포한 외국인등록령에 따라 ‘제국의 신민’이었던 ‘내지’ 조선인이 외국인으로 간주되었다는 사실이 일본의 역사 소거 작업을 상징적으로 드러낸다. 뿐만 아니라 바로 옆에 40년 가까이 일본이 식민지로 지배했고 지금은 일본의 패전으로 인해 강대국들이 개입하고 냉전 전선을 형성함으로써 분단된 상태에서 국가 만들기의 진통을 겪고 있는 ‘조선’이 존재한다는 사실조차 눈에 들어오지 않았다. 일본의 ‘전후’는 이렇게 제국주의의 과거와 아시아를 망각하면서 탄생했던 것이다.

『‘전후’의 탄생』은 각 필자들이 다루고 있는 문제영역에 따라 사상, 제도, 표상의 세 부분으로 나뉘어져 있다. 1부 ‘사상:소거의 정치’는 제국주의의 과거에 대한 봉인이 사상의 차원에서 어떻게 역설적으로 ‘전전-전후’의 무반성적인 연속성을 가능하게 하는가를 보여 주는 글들로 묶여 있다. 「‘전후 일본’에 저항하는 전후사상」은 아시아에 대한 전쟁 책임을 봉인한 일본이 그 책임을 전쟁에서 패배했다는 피해자 의식으로 대체함으로써 비로소 ‘전후’가 구성될 수 있었다는 관점에서 일본공산당과 다케우치 요시미(竹內好)로 대표되는 ‘전후’ 아시아주의에 대해 비판적인 분석을 가하고 있다. 특히 일본공산당을 김두용(金斗鎔)과, 다케우치 요시미를 가지무라 히데키(梶村秀樹)와 충돌시키는 방식을 통해 ‘전후’ 일본 지식인들이 사상적으로 가지고 있던 문제의 핵심에 접근해 가고자 한다. 「사상의 사상화라는 방법」과 「전후복구와 식민지 경험의 파괴」는 '전후 민주주의'를 형성하는 데 직접·간접으로 지대한 영향을 미쳤던 일본의 대표적인 자유주의자들을 조선과의 연관 속에서 비판적으로 상대화하는 글들이다. 특히 「사상의 사상화라는 방법」은, 패전 후 일본 지식사회에서 가장 발 빠르고 선명하게 천황제를 비판하고 일본 사회의 비합리성을 극복하는 작업의 일환으로 일본사상의 계보를 새롭게 구축하고 동시대에 대해서 '전략적 글쓰기'를 왕성하게 펼침으로써 '전후 일본사상계의 천황'이라고까지 불렸던 마루야마 마사오(丸山眞男)에게 조선=식민지 문제가 사상(捨象)되어 있음을 그의 사상(思想) 형성의 근본 구조와 연결시켜 비판적으로 분석하고 있다. 요컨대 마루야마 마사오 자신이 조선 체류 경험과 피폭 경험을 가지고 있음에도 불구하고 조선=식민지 문제를 사상적으로 전혀 다루지 않고 있는 것을 그의 사상의 근본구조와 연결시키고 있는 것이다. 또한 「전후복구와 식민지 경험의 파괴」는 경성제대 교수의 자격으로 장기간 식민지 조선에 체류한 경험을 가지고 있는 대표적인 '올드 리버럴리스트' 아베 요시시게(安倍能成)가 특히 '패전'을 계기로 식민지 경험을 완전히 삭제하면서, 즉 사상의 장소와 존재의 장소 사이의 이율배반을 봉합하면서 상징천황제를 근간으로 '전후' 복구의 이데올로기를 생산했음을 드러내고자 했다.

　2부 '제도:배치의 역학'은 '전후' 일본 사회가 형성되는 과정에서 제국주의 시대의 일본의 흔적을 지우거나 은폐하는 제도적 전환의 실상을 문제 삼고 있다. 「'강제연행'과 '강제동원' 사이」는, 중일전쟁기 일본이 중국인을 대규모로 연행해 '내지'에서 강제노역에 종사시킨 사실에 대해 '강제연행'이라는 개념으로 책임을 물은 바 있지만 그로 인해 오히려 식민지에서의 노무동원의 강제성이 부인되어 왔던 역사를 되짚어 봄으로써 일본의 식민지 지배 책임을 묻지 않았던 '전후'의 맥락을 드러내고 있다. 「인권의 '탄생'과 '구획'되는 인간들」은 '평화헌법'이 천황의 신격화를 부정하고 신민을 '국민'으로 전환한 이래 법무성을 통해 인권제도 개선의 포즈를 취해 왔지만 실제로는 국적조항에 따라 재일조선인에 대한 차별과 억압을 정당화하는 등 '국민주의적 인권론'을 견지하고 있음을 드러냄으로써, 인권 개념에서조차 국민-국가의 경계를 자연화해 온 '전후' 일본의 모습을 비판하고 있다.

3부 '표상:교착의 풍경'은 '전후' 일본의 문화 또는 대중적 재현의 차원에서 '조선(인)'이 처리되는 방식을 통해 식민지/제국 일본의 과거는 물론 동시대 일본 내에 존재하는 타자를 배제하며 국민-국가의 신화를 만들어 가는 과정에 주목하고 있다. 「종단한 자, 횡단한 텍스트」는 패전 후 조선을 거쳐 일본으로 귀환한 후지와라 데이(藤原てい)의 자전적 인양서사를 다루면서, 그 횡단적 텍스트가 '전후' 일본과 남한에서 (재)생산되고 소비되어 온 과정에 식민지 경험과 냉전 경험이 교차하고 있는 양상을 분석하고 있다. 이 분석에서, 인양서사 텍스트의 번역 및 개작 과정 속에 미국의 동북아시아 안보체제와 냉전체제하의 일본과 한국이 국민-국가로 자기 구성되는 계기들이 각인되어 있음을 확인할 수 있다. 「나카노 시게하루와 조선」은 식민지/제국 시기 「비 내리는 시나가와역」 이라는 시에서 조선과 일본의 프롤레타리아트 연대의 구상을 주제로 삼았던 나카노 시게하루가 '전후' 시의 개작과 여타의 발언들을 통해 조선과의 관계를 재조정해 간 과정을 비판적으로 검토한 글이다. 이를 통해 '전후'의 나카노 시게하루(中野重治)는 조선을 과거의 그것으로만 소환할 뿐 아니라, 자신과 조선 사이의 근본적인 '차이'에 무감각하다는 점에서 타자성의 윤리에 심각한 한계를 갖고 있었음을 알 수 있다. 「'조선인 사형수'를 둘러싼 전유의 구도」는 1950년대 후반에서 1960년대 초에 걸

처 일본 사회를 떠들썩하게 했던 '고마쓰가와 사건'과 그 범인으로 체포된 소년 사형수 이진우(李珍宇)를 둘러싼 일본 사회, 재일조선인 사회, 한국 사회의 반응과 개입과정을 검토하고 있다. 이 글은 이들 각각의 서로 다른 반응을 통해, '전후' 일본의 국민-국가 체제와 그 안에서 배제되는 재일조선인 사회가 남한과 북한의 존재에 의해 더 한층 복잡하게 어긋난 관계를 맺고 있었음을 보여 준다.

이 책에 수록되어 있는 8개의 논문 모두가 합의된 문제의식하에 공통의 과제를 증명하기 위해 상호간에 정합적으로 배치된 주제를 각각 다루고 있는 것은 아니다. 하지만 이른바 일본에서 말하는 '전후'가 사실은 '조선'으로 표현되는 식민지를 그 역사적 사실에서뿐만 아니라 언설의 논리적 구성에서도 소거, 은폐함으로써 비로소 성립되었다는 문제의식에서는 모두 공통적이다.

성공회대 동아시아연구소 내에 일본연구팀이 조직된 것이 2008년 10월이니 벌써 4년이 넘었다. 권혁태, 차승기, 김예림 세 사람이 시작한 연구팀에 곧 조경희, 이정은, 한혜인이 합류하여 약 2주에 한 번 꼴로 이 책의 집필자이기도 한 나카노 도시오(中野敏男)와 오구마 에이지(小熊英二), 도미야마 이치로(冨山一郎), 다카하시 데쓰야(高橋哲哉), 마루카와 데쓰시(丸川哲史), 서경식, 테사 모리스-스즈키(Tessa Morris-Suzuki) 등 당대의 학자들의 글에 더해, 마루야마 마사오, 다케우치 요시미, 사카구치 안고(坂口安吾), 가지무라 히데키 같은 '과거'의 글들을 서두르지 않고 천천히 읽어 갔다. 개인의 전공도 다르고 관심영역도 다 달랐지만, 초기에는 구체적인 연구 성과를 염두에 두지 않고 비교적 '자유롭게' 독서에 열중하는 방식을 취했다. 이렇게 해서 공유된 문제의식을 바탕으로 전공과 관심영역에 맞추어 각각 연구 주제를 정하고 정기적인 발표를 거듭한 결과물이 이 책이다. 따라서 이 책은 공동연구이면서도 개별연구의 모음이기도 하다.

　이 책이 나오기까지 실로 많은 사람들의 도움을 얻었다. 우선 성공회대 동아시아 연구소의 백원담 소장을 비롯한 여러 선생님들, 그리고 성공회대 대학원 인터아시아문화학과 학생들에게 감사드린다. 이분들의 격려와 배려가 없었다면 이 책은 결실을 맺기 힘들었을 것이다. 그리고 일본연구팀의 구성원이 아니면서도 귀중한 원고를 주신 도쿄외국어대학의 나카노 도시오 선생과 서울대학교 일본연구소 서동주 연구교수에게 감사드린다. 이 두 분은 정기적인 모임에는 참석하지 못했지만 연구 발표회 등에서 귀중한 조언을 해주셨고 게다가 귀중한 원고까지 주셨다. 마지막으로 어려운 출판환경하에서 기꺼이 제작을 맡아 주신 그린비출판사에 감사드린다.

전체 집필자를 대신해서

2012년 12월 9일

권혁태·차승기

차례

1부

사상:
소거의 정치

1장_ '전후 일본'에 저항하는 전후사상
: 그 생성과 좌절

나카노 도시오(中野敏男)

권혁태 옮김

1. 들어가는 말—'전후 일본'이라는 내러티브

오늘날 일본에서 '전후'(戰後)라 하면 틀림없이 1945년 패전 이후의 시기를 가리킨다. 하지만 이 단어가 함의하는 것이 단순히 시간적인 시기 구분만이 아니라는 점에 주의를 기울여야 한다. 군국주의에서 평화주의로, 군부 전제(專制)의 시대에서 민주주의 시대로, 전쟁 재난의 시대에서 경제 번영의 시대로. 일본에서 일반적으로 넓게 회자되는 '전후'란 이같이 '전중'(戰中)으로부터 그 시대 기조가 변화했다는 인식을 전제로 한다. 그리고 이 전제하에서 많은 일본인들은 지금도 '평화와 민주주의'라는 특별한 시대에 살고 있다는 자기의식을 공유한다. 이런 의미에서 '전후 일본'이란 일반적인 일본인에게 하나의 가치개념이다.[1]

---

1) 미국에 의해 '강요된 헌법'이라는 이유로 일본의 헌법에 반발하는 우익보수 세력의 주장도 '전후'라는 시점에 서서 이전의 "좋았던 일본"의 상실을 한탄하고 있다는 점에서 반대의 의미에서 시대 기조의 가치 변화를 보여 주고 있다.

이 같은 가치개념으로서의 '전후 일본'이라는 인식은 새로운 헌법인 '일본국 헌법'의 성립에 의해 상징된다. 또한 일본국 헌법의 여러 조항을 통해 이해된다. 이는 이 시대의 일본에서 '전후 가치'의 옹호가 오랫동안 '호헌'(護憲)의 주장으로 표현되어 왔다는 점에 잘 드러난다. 특히 '전쟁 포기'를 규정한 제9조와 '기본적 인권'을 보장한 신헌법 조항은 메이지(明治) 헌법인 대일본제국헌법하에서는 실현되지 않았던 '평화와 민주주의'의 발전된 내용을 분명히 담고 있다. 이 점이 '평화와 민주주의 나라=일본'이라는 일본인의 전후의식을 지탱하였다. 그리고 이 전후 의식이 이전에 일본이 행한 식민주의와 침략전쟁에 대한 반성으로 자인(自認)된 점에 '전후 일본'이라는 시대인식에 부수된 일본에서만 통용되는 의식의 내향성과 독선성이 있다.

그런데 전후의 일본 헌법이 가리키는 이 국가체제를 일본인들의 자기의식에서 한발 물러나서 보면, 거기에 중요한 자기모순이 있음을 분명히 알 수 있다. 이 국가체제가 표방하는 '민주주의'는 헌법 제1조가 가리키는 것처럼 '천황제'라는 군주제를 여전히 떠받들고 있다. 그런데 이 나라는 과거에 천황의 이름으로 제국주의를 발동해 침략전쟁을 행했다. 같은 패전국인데도 제2차 세계대전 후에 커다란 변혁을 거친 독일이나 이탈리아와는 달리, 이 나라는 국제(國制)의 이 핵을 제거하지 않았다. 또 이 '평화주의'는 샌프란시스코 평화조약과 동시에 만들어진 미일안보조약과 한 몸이었다. 그리고 이 안보체제는 일본을 고성능의 '기지국가'로 만들었다. 이 '기지국가'가 존재함으로써 미국은 한국전쟁도 베트남전쟁도 수행할 수 있었다. 게다가 이 '기지국가'는 전쟁 '특수'를 통해 경제 부흥의 기반을 만들었다. 그리고 세계 최고의 경제대국으로 발돋움할 수 있었다. 그렇다면 '전후 일본'이 표방하는 '평화와 민주주의'라는 것은 지나치게 내향적인 표현이어서 편의주의적인 망각과 자기정당화를 포함하고 있다는 비판을 들어도 어쩔 수 없다.

따라서 지나치게 내향적인 '전후'의식이 일본의 패전 직후에 어떻게 성립되었는지는 매우 중요한 사상사적 주제이다. 이 글에서는 이 '전후 일본'이라는 의식공간이 성립하는 사정을 이 의식공간에 저항하는 시도가 성립되고 좌절되는 과정과 함께 검토한다. 이를 통해 이 시대의 일본의 자기의식을 그 심부에 있는 굴절부터 검토해 보고자 한다.

2. 연속하는 전시체제/봉인된 전쟁책임 — '전후 일본'의 생성의 문제상황

1) '8·15 혁명'이라는 신화

전후 민주주의의 정신적 지주로서 '전후 일본'의 의식 형성에 막대한 영향을 미친 인물로 정치학자 마루야마 마사오(丸山眞男)가 있다. 마루야마가 도쿄대학 법학부에 개설한 강의에 참가해 마루야마의 사상적 계보를 계승한 이시다 다케시(石田雄)는 패전에서 50년이 지난 1995년에 자신이 학문 세계에 발을 들여놓게 된 동기를 다음과 같이 증언한다.

> 나는 '와다쓰미 세대'의 한 사람이며 '학도출진'으로 전쟁에 참가했다. 패전 시에는 육군 소위였다. 나는 당시에 구미 제국주의로부터 '동아(東亞)를 해방한다'는 전쟁 목적을 믿었다. 그리고 군국청년으로 '진충보국'(盡忠報國)에 힘썼다. 그래서 나는 패전으로 아이덴티티의 위기에 직면했다. 나라 전체의 가치가 180도 전환한 전후 일본에서 살아가는 의미를 찾기 위해서는 전전의 일본을 사회과학적으로 분석할 필요가 있다고 생각했다.[2)]

"나라 전체의 가치가 180도 전환했다." 이 표현은 물론 군국주의에서 평화주의로 전환했다는 '전후 일본'의 공식적인 내러티브를 추인하는 것이다. 그리고 이 '전환'을 자신의 체험으로 말하는 이시다의 증언은 이 전환이 하나의 '위기'를 포함한 절박한 여정이었음을 시사하고 있다. 그러나 구미제국주의로부터 "동아를 해방한다"는 전쟁 목적을 믿었던 청년이 패전이라는 상황 변화를 바로 "나라 전체의 가치" 전환으로 받아들였다는 것은 사상의 내러티브로 볼 때 분명히 지나친 비약이다. 거기에는 '위기'를 내포한 사상의 우여곡절이 더 있었을 터이다. 그리고 근년의 연구에서 명확히 밝혀진 패전 전후의 사정을 보면, '전후 일본'의 출발점에 "180도 전환"이라는 인식과는 상반되는 사후 해석이나 바꿔치기가 사실로서 존재하고 있었음을 알 수 있다.

패전으로 일본이 크게 거듭났다는 '전환' 의식이 전후 일본에서 넓게 공유된 데는 마루야마 마사오와 미야자와 도시요시(宮澤俊義)라는 두 전후 민주주의자의 언설이 크게 개입되어 있다. 이 두 사람은 모두 1946년 5월에 「초국가주의의 논리와 심리」(마루야마), 「8월 혁명과 국민주권주의」(미야자와)라는 논문을 각각 발표해, 패전의 날=1945년 8월 15일을 일대 변혁의 날로 자리매김했다. 이 점에서 두 사람의 주장은 같다. 그리고 이 주장이 패전 후 사람들의 마음을 강하게 사로잡았다.

8·15는 일본군국주의에 종지부를 찍은 날이다. 그리고 동시에 초국가주의의 전(全)체계의 기반인 국체(國體)가 그 절대성을 잃고 비로소 처

---

2) 石田雄, 『社會科學再考』, 東京大學出版會, 1995, 2쪽. 강조는 인용자.

음으로 자유로운 주체가 된 일본 국민에 그 운명을 위탁한 날이다.[3]

너무나 유명한 마루야마 논문의 마지막 구절이다. 이 구절은 전후
일본에서 새로운 민주주의 시대의 출발을 실감케 하는 유력한 준거틀이
되었다. 그런데 요네타니 마사후미(米谷匡史)의 연구에 따르면, '8·15'
를 경계로 전전과 전후가 '단절'되었다는 마루야마의 인식은 실은 신헌
법의 골격이 '헌법개정초안요강'으로 발표된 1946년 3월 6일 이후에 만
들어졌다.[4] 나중에 마루야마의 회상에서도 확인되는 바와 같이,[5] 전시의
마루야마는 '일군만민'(一君万民) 사상으로서 천황제를 일정하게 평가
하고 있었다. 또 그는 전후 초기에도 입헌군주제를 긍정적으로 생각하고
있었다. 이런 생각을 가지고 마루야마는 도쿄제국대학 안에 조직된 헌법
연구위원회의 헌법 개정 토론에도 참가했었다. 이랬던 마루야마가 이윽
고 '주권재민'(主權在民)과 '상징천황제'를 기조로 하는 헌법 개정을 진
정 현실의 것으로 생각한 것은 GHQ민정국이 기초(起草)한 헌법 초안을
기본 골격으로 해서 만들어진 '헌법개정초안요강'이 발표된 다음이었
다. 즉 마루야마는 1946년 3월이 되어서 겨우 도달한 자신의 인식을 전
년인 1945년 8월에까지 거슬러 올라가 '8·15 혁명설'을 주장한 것이다.

이 사실은 중요하다. 전후 민주주의의 원점으로 인정받는 마루야마
의 주장이 미 점령군이 주도하고 천황을 포함한 일본 측의 위정자들이

---

3) 丸山眞男, 「超國家主義の論理と心理」, 『丸山眞男集』 第三卷, 岩波書店, 1995, 36쪽.
4) 米谷匡史, 「丸山眞男と戰後日本」, 『情況』 1~2合倂号, 1997, 36쪽 아래. 또는 丸山眞男, 「戰
    後民主主義の'原点'」, 『丸山眞男集』 第十五卷, 岩波書店, 1996.
5) 丸山眞男, 「昭和天皇をめぐるきれぎれの回想」, 『丸山眞男集』 第十五卷, 岩波書店, 1996.

가담해("미국과 일본의 포옹"![6]) 만든 전후 질서, 그리고 그 핵이 된 신헌법의 형성에 그 시작부터 뒤처져 있었을 뿐만 아니라, 거기에서 만들어진 전후 질서=신헌법을 수용해 사후에 그것을 '혁명'의 소산으로 정당화하려 했기 때문이다. 물론 마루야마는 가령 점령군 주도로 진행된 사태라 해도, 헌법 개정의 의미를 '천황 주권에서 국민주권으로'라는 주권의 이양에 두고 이를 '일본 국민'의 측에서 확인하고자 의도했을 것이다. 또한 주권 이양의 정당성의 근거를 패전이라는 사실로 소급해 올라가 주권자로서의 자각을 일본 국민에게 촉진시키려는 의도였을 것이다. 그렇지만 예를 들면 이시다 다케시가 그렇게 받아들인 것처럼, 전후 민주주의의 시작이라는 언설은 나라 전체의 가치가 180도 전환했다는 '혁명'='단절'의 실재를 사람들에게 실감시킴으로써 거기에서 태어난 전후 질서를 그대로 수용시키고 그 배후에 있는 다음과 같은 연속의 사실을 직시하지 않은 채로 그 연속을 포용하는 길을 열어 버린 것처럼 보인다.

패전과 국가주권과의 관련을 말하기 위해서는 당시 천황제와 '국체'의 존폐를 둘러싼 사태가 어떻게 전개되었는지를 반드시 알아야 한다. "국체호지(國體護持)의 명분보다 가장 우려해야 하는 점은 패전보다도 패전에 따라 일어날 수 있는 공산혁명에 있습니다"라며 전쟁의 조기종결을 주장한 '고노에(近衛) 상주문(上奏文)'을 끄집어 낼 것도 없다. 전쟁 말기가 되어서야 겨우 패전을 받아들이는 전쟁 종결의 움직임이 지배층에 있었고 '국체'가 내부에서부터 무너질지 모른다는 위기감이 동기로 작동하고 있었다. 이런 상황하에서 포츠담 선언 수락이라는

---

6) ジョン・ダワー, 『敗北を抱きしめて』(上・下), 岩波書店, 2001. 존 다우어, 『패배를 껴안고』, 최은석 옮김, 민음사, 2009.

선택은 천황을 비롯해 위정자들에게는 '국체'를 건 하나의 도박이었음에 틀림없다. 게다가 이 도박은 패전 시에 바로 결판이 나지도 않았다. 즉 점령이 시작된 후에도 천황 히로히토의 전쟁책임을 가차 없이 추궁하려는 미국이나 연합국의 여론을 배경으로[7] 천황제의 귀추를 예단할 수 없는 상황이 계속되고 있었다. GHQ가 최종적으로 천황 불기소를 결정한 것은 1946년 1월에 들어서의 일이다.[8] 그동안에 일본공산당 이외의 곳에서 천황제 폐지 주장이 훨씬 강력하게 등장했다면, 사태가 다른 방향으로 움직일 수도 있었다. 이 같은 천황제='국체'의 존폐를 둘러싼 공방에서 생각해 볼 때, 3월에 발표된 '헌법개정초안요강'은 그 기조에서 일본 정부가 준비한 이른바 마쓰모토안(松本案) 등에 비해 분명히 보다 민주주의적 지향이 강하기는 했지만, 이조차도 천황 불기소로 결정이 나고 천황제 유지가 확정된 결과로 보아야 할 것이다.

'천황제 민주주의'(존 다우어). 군주제에 민주제를 접목한 이 기묘한 정체(政體)의 성립은 그 때문에 '국체'가 호지되었다는 해석을 충분히 가능하게 만들었으며, 천황의 권위를 이용해 원활한 점령통치를 완수하려 했던 GHQ도 천황제와 민주주의는 모순되지 않는다는 해석을 최대한으로 바라고 있었다. 그래서 GHQ는 '민주화된 천황'이라는 이미지를 유포하기 위해 스스로 몇 가지 연출을 한다. 그 중 하나가 GHQ 민

---

7) 1945년 9월 16일, 미합중국 상원은 "일본국 천황 히로히토를 전쟁범죄인으로 재판에 회부할 것"을 결의하였다.

8) 맥아더 자신은 당초부터 천황제를 이용할 의향을 가지고 있었던 듯하다. 하지만 그 최종적인 태도표명은 1월 25일에 아이젠하워 육군 참모총장 앞으로 발신한 극비 문서를 통해 본국에 전해졌다. 이는 그 직전인 1월 22일에 통합참모본부가 맥아더 앞으로 보낸 전보를 의식했기 때문이다. 이 전보에는 런던의 전쟁범죄위원회에서 오스트레일리아 대표가 천황 히로히토를 포함한 전범 리스트 작성을 개시했다는 사실이 담겨 있었다(吉田裕, 『昭和天皇の終戰史』, 岩波新書, 1993, 80쪽; 中村政則, 『象徵天皇制への道』, 岩波新書, 1989, 168쪽).

간 정보 교육국 고문인 해럴드 헨더슨(Harold Gould Henderson)이 원안을 기초했다고 하는 이른바 '천황의 인간선언(연두조서年頭詔書)' 기획이었다. 이 '인간선언'에서 히로히토는 스스로 '5개조의 서문(誓文)'을 인용하면서 "만기공론(萬機公論)으로 결정한다"는 메이지 천황 무쓰히토의 의지가 민주주의로 직접 이어질 수 있다고 주장하는 것에 성공한다. 이에 대해 맥아더는 예정대로 바로 '인간선언'을 환영하는 성명을 발표해 천황제 민주주의라는 연속의 형태가 이 단계에서 드디어 굳어지게 된다.

1946년 6월 25일, 중의원 본회의의 '제국헌법개정안(일본국 헌법)'을 둘러싼 질의에서 제안 책임자로 답변한 수상 요시다 시게루(吉田茂)는 신헌법의 정체형태의 취지를 다음과 같이 설명하고 있다.

> 일본의 헌법은 아시는 바와 같이 5개조의 서문에서 출발한 것이라 말해도 좋습니다. 소위 5개조의 서문이라는 것은 일본의 역사, 일본의 국정을 문자만으로 표현한 이야기입니다. 서문의 정신, 이것이 일본국의 정체이며 이것이 일본국 그 자체입니다. 5개조의 서문을 보면, 일본국은 민주주의이며 '데모크라시' 그 자체이고 군권정치라든가 혹은 압제정치의 국체가 아니었음은 분명합니다. …… 때문에 민주정치는 신헌법에 의해 처음 창립된 것이 아니라 종래부터 나라에 있었던 것을 다시 다른 문자로 표현한 것에 지나지 않습니다.[9]

신헌법체제에 대한 일본 정부의 공식 견해이다. 새삼 다시 읽어 보

---

9) 일본 중의원(衆議院) 누리집의 「日本國憲法制定時の會議錄」.

니 너무나 거리낌 없는 말투에 놀라지 않을 수 없을 따름이다. 이같이 설명되는 신헌법체제를 전후 민주주의는 '혁명'이라 부르고 단절의 신화로 뒤덮어 연속의 현실을 외면해 온 것이다.

2) '온건파 리버럴'이라는 기만

사상사의 문제에서 볼 때, 전전과 전후가 '연속'되고 있었다는 사실은 폐부를 찌르는 하나의 사건으로 이어진다. 패전에서 한 달 이상 지난 9월 26일에 일어난 미키 기요시(三木淸)의 옥사(獄死)이다. 공산당이 궤멸 상태에 빠진 전시하 일본에서 미키는 눈에 두드러진 사상과 행동으로 여전히 비판의 정신을 계속 가지려 했던 청년들에게 강한 영향을 준 사상가 중 한 사람이다. 관헌에 체포되어 옥중에 갇혀 있던 미키는 전쟁이 끝났음에도 누구의 도움도 받지 못하고 옥중에서 고독하게 병으로 죽었다. 미키의 병사는 누군가가 의도적으로 개선(疥癬)이라는 전염피부병을 퍼뜨린 결과인 것으로 보인다. 말하자면 교묘한 계획하에 자행된 말살(抹殺)인 것이다. 전쟁이 끝나고 한 달 이상이 지났는데도 일본 인민 누구도 미키를 구하려 하지 않았다.

　게다가 미키가 옥사했다는 뉴스를 듣고 바로 움직인 것도 일본인이 아니라 로이터통신의 기자였다. 이 기자는 9월 말 시점에서 미키뿐만 아니라 모든 정치범이 아직 옥중에 있다는 사실에 놀라 취재를 시작한다. 취재 결과, "사상을 단속하는 비밀경찰은 여전히 활동 중이고 반(反)황실 선전을 행하는 공산주의자는 용서 없이 체포하"는 것을 당연한 듯이 말하는 야마자키 이와오(山崎巖) 내무상의 인터뷰에 성공한다. 그리고 기자는 점령군 장교를 대상으로 하는 신문 『스타즈 앤드 스트라입스』(*Stars and Stripes*, 1945년 10월 4일자)에 기사를 썼다. 그리고 이 기사는 이 문제에 전혀 신경을 쓰고 있지 못하고 있던 GHQ를 움직였고 같은 날 '정치, 신교 및 민권의 자유에 대한 제한의 철폐, 정치범의 석방'이라는 맥아더 지령의 발포로 이어진다.[10] 당시 히가시구니(東久邇) 내각은 이 지령에 화들짝 놀라 지령을 실행에 옮기지도 못한 채 다음 날 5일에 총사직한다. 그리고 히가시구니를 대신해 들어선 시데하라 기주로(幣原喜重郎) 내각하에서 10월 10일이 되어서야 겨우 도쿠다 규이치(德田球一)를 비롯한 약 500명의 정치범이 석방될 수 있었다.

일본 현대사에 대한 일반적인 이해는 이렇다. 일본의 전후 초기에 이상주의적 민주개혁이 진행되었고 이 시기에 실현된 전후 민주주의는 냉전의 그림자가 짙게 드리워져 점령정책이 변질함에 따라 이윽고 '역(逆)코스'의 길로 빠져들어 곤란을 겪게 되었다. 이것이 일반적이다. 패전을 전전과 전후의 단절의 계기로 보는 것도 이 같은 상식적인 현대사 이해와 관련이 있다. 그러나 지금까지 말한 사실로 비추어 볼 때, 패전 직후의 상황은 그리 단순하지 않았다. 거기에는 구체제를 유지하려는 힘, 변혁을 자신에 유리하게 왜곡해 되돌리려는 힘, 혹은 변혁을 회피하고 이를 이용하려는 힘이 여기저기 현실에 강하게 작동되고 있었다. 그렇다면 도대체 실제로 연속하고 있는 것은 무엇일까?

천황, 궁중(宮中) 그룹 그리고 '친(親)영미파' 정치가나 외교관들이 '온건파'라 불리는 그룹을 형성하여 전쟁 말기에는 국체호지와 전쟁종결을 위해 움직였고 패전 후에 도쿄재판이 시작되자 재판에 적극적으로 협력해 "모든 전쟁책임을 군부를 중심으로 한 세력에 떠밀고 그들을 내

---

10) 日高六郎, 『戰後思想を考える』, 岩波新書, 1980, 2~4쪽.

침으로써 살아남으려 했다"[11]는 점은 이미 많이 밝혀져 있다. 이 사람들을 '온건파'라 부른 것은 전전에 오랫동안 주일 미국 대사를 지낸 조지프 그루(Joseph Clark Grew)이다. 그루가 1944년에 쓴 『체일(滯日) 10년』은 외교관의 개인 기록이라는 수준을 넘어 미 국무성의 대일정책에 커다란 영향을 미쳤다.[12] 그루는 맥아더와 가까웠다. 또 GHQ는 천황제를 점령정책에 이용하려 했었다. 따라서 GHQ의 이런 방침이 '온건파'의 존재를 필요로 하고 있었다고 볼 수 있다. 그래서 이들은 GHQ에 빌붙어 광범위한 영역에 걸쳐 영향력을 행사할 수 있었다. 시데하라 기주로, 요시다 시게루, 아시다 히토시(芦田均). 패전 직후에 외교관 출신의 수상이 연이어 등장한 것은 결코 우연이 아닌 것이다.

여기서 주의를 기울여야 하는 것은 그루가 묘사하고 일본 측이 이용했던 '군국주의자 대 온건파'라는 전시 일본의 정치상황의 구도가 결코 절대적인 것이 아니었다는 점이다. 이 구도는 대부분 외교 및 군사에 관련된 전술이나 타이밍을 둘러싼 사소한 의견 차이에 불과했다. 히로히토가 그러했던 것처럼, 이 '온건파'들은 특히 아시아에서 일본 제국의 패권 확장에 커다란 야망을 공유하고 있었다. 게다가 미국과의 전쟁에 회의적이었던 사람들도 서전 단계에서 올렸던 몇 개의 전과에 감격해 대부분은 전쟁 지지로 돌아섰다.[13] 즉 '온건파'라는 네이밍 자체가 실은 '국체호지'를 명분으로 천황과 함께 전쟁책임을 회피하고자 했던 이들의

---

11) 吉田裕, 앞의 책, 229쪽. 원문은 *Ten Years in Japan*, Simon and Schuster : New York, 1944. 일본어 번역본은 石川欣一 譯, 『滯日十年』(上·下), 每日新聞社, 1948. 후에 ちくま 學藝文庫, 2011.

12) 中村政則, 앞의 책, 98쪽.

13) 吉田裕, 앞의 책, 216쪽.

생존 전략에 딱 맞아떨어지는 것이었고 GHQ도 또한 이를 점령정책에 이용했던 것이다. 요시다 시게루라는 인물이 그 상징이다. 이 '온건파'에서 전후 일본 정치를 움직이는 보수 본류가 태어났다는 것은 전시체제에서 전후체제로 이어지는 통로가 두텁게 존재했음을 보여 준다.

그런데 사토 다쿠미(佐藤卓己)의 연구에 따르면, '군국주의 대 온건파 리버럴'이라는 가공의 구도를 전후에 자기보신에 이용한 것은 결코 위에서 말한 정치 지도자만이 아니었다. 전후에 민주주의와 자유주의를 자랑거리로 삼았던 언론 출판계와 그리고 그곳에 진치고 있던 언론인들도 또한 전시에 있었던 자신들의 전쟁협력을 은폐하고 혹은 정당화하는 발판으로 이 구도를 이용했다.[14]

사토가 밝힌 것은 전시 언론통제의 중심기구로 악명 높았던 육군정보부 중에서도 "일본 사상계의 독재자"(기요사와 기요시淸澤洌의 말)라고까지 불리며 비난을 받았던 군인 스즈키 구라조(鈴木庫三)와 관련된 문제이다. 주오코론샤(中央公論社), 이와나미쇼텐(岩波書店), 고단샤(講談社) 등 대형 출판사의 사사(社史)에 판에 박은 듯이 등장해 "당신들의 출판사는 곧 때려 부수겠어"라고 위협하는 흉포한 정보장교로 그려지는 인물이다. 사토의 면밀한 조사에 따르면, 스즈키는 실은 시간을 아껴 가며 독서하고 술자리에서의 접대나 아첨 아부를 혐오하는 성실하고 지극히 합리적인 인물이었다고 한다.[15] 그렇다면 이 전설과 허상 사이의 커다란 간극을 만든 것은 누구일까? 사토는 이 문제를 세심하게 추

---

14) 佐藤卓己, 『言論統制』, 中公新書, 2004.
15) 총력전 체제의 지배는 일종의 합리성과 사회 복지적 시점을 특징으로 한다. 따라서 이를 비합리적이고 노골적인 폭력과 단순히 동일시하면 사태를 오인하게 된다. 물론 언론통제가 아무리 합리적이었다고 해도 이를 찬미할 수 없는 것은 당연하다.

적해, 흉포한 군국주의의 '칼'에 어쩔 수 없이 굴복했던 리버럴 지성의 '펜'이라는 지극히 단순화된 피해의 구도와, 이 구도에 의거해서 자신들의 전쟁협력을 은폐하고 면죄를 받으려 했던 전후 언론 출판계의 교묘한 허위와 바꿔치기의 사술(詐術)을 찾아냈다. 전시를 한결같이 폭력과 퇴폐로 그려 내고 전시와의 '단절'을 가장함으로써 연명을 꾀하는 또 다른 연속의 형태가 여기에 있는 것이다.

히로히토를 중심으로 종전사(終戰史)를 쓴 요시다 유타카(吉田裕)는 종전과 관련된 '온건파'의 책임전가와 연명의 실상을 풀어헤치면서 이를 가능하게 했던 전후 일본의 역사인식에까지 문제를 넓혀 다음과 같이 지적한다.

> 우리들 일본인은 너무나도 안이하게 다음과 같은 역사인식에 기대 전후사를 살고 있다. 즉 한쪽 끝에는 항상 군도를 허리에 차고 위협을 가하는 거칠고 흉포한 군인을 두고, 다른 한쪽 끝에는 국가의 앞날을 우려하면서 고뇌에 빠져 있는 리버럴하고 합리주의적인 시빌리언을 두는 역사인식. 그리고 양심적이지만 정치적으로는 힘이 없었던 후자의 사람들이 군인들에게 힘으로 꺾여 나가는 가운데 전쟁으로 가는 길이 준비되어 갔다는 역사인식이다. 그리고 많은 사람들은 후자의 사람들에게 자신의 심정을 가탁(假託)함으로써 전쟁책임이나 가해책임이라는 쓰디쓴 현실을 마셔 삼켜 버렸다. 말하자면 '당의'(糖衣)를 두른 것이다.[16]

---

16) 吉田裕, 앞의 책, 240쪽.

전쟁이라는 악의 근원이 "거칠고 흉포한 군인"에 있고 힘없는 자들은 그 폭력에 대항할 수 없었다는 것이 되면, 많은 일본인들은 피해자의 얼굴을 하면서 전후에 등장할 수 있게 된다. 그리고 모두가 피해자였다면 폭력에 굴복해 전쟁에 협력한 과거가 있어도 특별히 부끄러운 일이 아니게 된다. 상황이 바뀌어 "거칠고 흉포한 군인"이 물러났을 때 민주주의를 입 밖에 내기만 하면 되는 것이다. 그래서 전후가 되자 많은 사람들은 자신의 책임 등을 심각하게 고민하지 않고 민주주의로 '전향'할 수 있었던 것이다. 그리고 이같이 "거칠고 흉포한 군인"이라는 범인이 특정되고 가해와 피해의 관계가 강조됨으로써, 많은 일본인들은 자신들도 피해자였음을 자각할 수 있었다. 그리고 피해의식의 '당의'를 두르자 타민족에 대한 쓰디쓴 가해의 기억은 거꾸로 엷어져 갔다. 자신이 타민족에게 가혹한 짓을 한 것은 틀림없지만 자신도 사실은 피해를 입었으니 '억압이양'에 지나지 않는다는 것이다. 일본군 병사의 가해심리를 분석한 마루야마 마사오의 '억압이양'이라는 논리[17]는 많은 일본인에게 이런 심리적 정당화를 위한 변명으로 받아들여졌다. 그리고 이 심리상황이 패전 후의 '민족'을 둘러싼 언설에도 역시 투영되었다.

3) 가해의식의 봉인/피해의식의 해금—'전후 일본'의 생성

마루야마 마사오는 1964년 좌담회에서 패전 직후의 내셔널리즘과 민주주의를 둘러싼 언설 상황을 다음과 같이 회고하고 있다.

말할 것도 없이 패전 직후는 내셔널리즘의 가치가 폭락하던 시대였다.

---

17) 丸山眞男, 「超國家主義の論理と心理」, 32쪽.

······ 이 시기에 내셔널리즘과 민주주의는 완전히 협상교차(Schere)의 모양을 그리게 된다. 지배층은 수동적 복종의 태도를 취하면서 '밖으로부터' 민주주의를 받아들이고 몸속에 있는 전통적인 심정을 태중(胎中) 깊숙이 숨겨 놓았다. 한편 해방된 리버럴도 좌익도 전전형 내셔널리즘에 의해 철저히 봉쇄되고 있었던 보편주의적 가치——자유, 평등, 인간으로서의 존엄, 국제연대와 같은 것——를 자연스럽게 강조하였다. 이렇게 해서 세계에서 **찾아보기 힘든** 내셔널리즘 부재(不在) 현상이 일어난 것이다.[18]

"세계에서 찾아보기 힘든 내셔널리즘 부재 현상." 이런 현상이 두드러진 것에 대해 마루야마는 연이어서 "'세계에서 찾아보기 힘든' 국체 내셔널리즘의 뒤집기"라며 말을 바꾼다. 즉 전시의 국체 내셔널리즘의 극단적인 자기중심주의에 대한 반동 때문에 패전 직후의 민주주의가 바로 보편주의라는 반대편으로 기울어졌다는 설명이다. 내셔널리즘을 둘러싼 언설이 패전을 전후해서 이같이 양극으로 흔들린 것에 대해 역사가인 이시모다 쇼(石母田正)도 친동생에게서 받은 편지(1952년 9월 9일자) 형식을 빌려 동시대인의 심리를 다음과 같이 말한다.

나는 이번 침략전쟁에 무비판적으로 가담했습니다. 그래서 나는 '민족'이라든가 '조국' 같은 말을 사용하는 것에 언제나 일종의 주저함을 느꼈습니다. 나는 전시 중에 몇 번이나 이 같은 말로 많은 사람들에게 호

---

18) 丸山眞男·梅本克己·佐藤昇, 「現代日本の革新思想」, 『丸山眞男座談』 6, 岩波書店, 1998, 7쪽. 강조는 원저자.

소한 적이 있었기 때문입니다.[19)]

전중에 현양(顯揚)된 국가주의에 대한 고통스러운 기억, 그리고 여전히 산아 있는 생생한 그 기억 때문에 생기는 '주저'. 동시대인의 이 같은 심정에서 보면 패전 직후에 '애국' 따위를 간단히 입 밖에 낼 수 없었을 것이다. 이렇듯 패전 직후에 내셔널리즘이 '가치폭락'했다는 인식에는 일정한 리얼리티가 있었다고 볼 수 있다.

하지만 다른 한편, 패전 직후의 이런 사태를 마루야마가 설명하는 '보편주의적 가치'에 대한 지향으로 설명할 수 없는 몇 가지 문제점이 있음에 주의를 기울여야 한다. 이 점에 대해서는 자유나 평등이라는 보편주의적 가치를 강조했을 터인 전후 개혁을 구 식민지 출신 재일조선인이나 중국인의 입장에서 다시 보게 되면 잘 알 수 있다. 예를 들면, 1945년 12월의 중의원 의원 개정 선거법은 소위 '여성 참정권'을 규정했다. 전후 개혁의 민주주의적 성격을 상징하는 사건이었다. 하지만 이 '개정'에 의해 구 식민지 출신으로 일본에 재주하는 조선인과 중국인의 참정권이 부정되었다. 또 이들은 '일본국 헌법'이 시행되기 하루 전인 1947년 5월 2일에 발포된 마지막 칙령='외국인 등록령'으로 헌법이 규정한 인권 보호의 대상에서도 제외된다. 이뿐만이 아니다. 전후 민주주의의 바탕인 일본국 헌법은 인권의 주체를 '국민'에 한정해 국민 이외를 배제하였다. 다른 외국의 근대헌법에 비해 훨씬 더 국민주의적 성격이 짙은 것으로 만들어진 것이다. 만일 당시 일본인이 '보편주의적 가치'를 중시하였다

---

19) 石母田正,「歷史の人間についての往復書簡」,『續歷史と民族の發見』, 東京大學出版會, 1953, 217쪽.

면 이 같은 점들은 전후 개혁의 커다란 결함으로 반드시 문제화되었을 터이다. 하지만 패전 직후의 "세계에서 찾기 힘든 내셔널리즘의 부재"라 불리는 그 시기에서조차 일본인 측은 이렇다 할 비판도 저항도 하지 않았다.

이 같은 사실을 보면, 패전 직후에 내셔널리즘이 '가치폭락'하였다고 해서, '보편주의적 가치'가 이를 대신했다고 강조할 수 있을 정도로 단순한 이야기가 아니었음을 알 수 있다. 한마디로 내셔널리즘이라 말하고는 있지만, 그 안에 있는 국가주의는 분명히 '가치폭락'했다고 말할 수 있을지 모른다. 하지만 민족주의에 대해서는 결코 그렇게 말할 수 없다. 오히려 내셔널리즘의 실질적 일부가 국민주의 형태로 연명하였다고 보아야 한다. 즉 민족주의는 패전 직후에 단지 언설상 잠시 동안 대결을 피해 후경으로 밀려나 있었을 뿐이라고 말하는 편이 맞다.

게다가 놓쳐서는 안 되는 것은 이 시기에 민족주의와의 대결이 모호해지자 전쟁책임을 민족의 가해라는 의미에서 직시할 수 없게 되었고, 이를 대신해 오히려 앞 절에서 보았던 '억압이양'의 피해의식이라는, '당의'로 감싼 전쟁관이 전면에 나타나게 되었다는 점이다. 즉 패전 직후의 민족 문제의 잠재화가 그 시기에는 아직 생생했을 터인 민족의 가해라는 인식을 봉인하는 것으로 이어졌던 것이다. 게다가 모처럼 생겨나고 있었던 국가주의에 대한 반성이나 애국에 대한 주저도 이 같은 민족 문제의 잠재화에 유착함으로써 가해책임을 받아들이는 명확한 방향을 여는 힘이 되지 못했다. 다케우치 요시미(竹內好)는 패전 직후의 '내셔널리즘 부재'의 의미를 이런 차원에서 파악해 1951년 단계에서 다음과 같이 호소한다.

내셔널리즘과의 대결을 회피하는 심리에는 전쟁책임에 대한 자각 부족이 나타나 있다고 할 수 있다. 바꿔 말하면 양심의 부족이다. 그리고 양심의 부족은 용기의 부족에 근거하고 있다. 자신을 흠내는 게 두려워 피 철갑을 두른 민족을 망각하려 한다. 나는 일본인이다라고 외치기를 주저한다. 그러나 망각으로 피는 정화되지 않는다.[20]

이 다케우치의 발언이 1951년에 나왔다는 점에 주의를 기울이면 문제가 더욱 복잡하게 얽혀 있음을 깨닫게 된다. 같은 글에서 다케우치가 지적하고 있는 것처럼, 1951년 무렵에는 패전 직후의 '내셔널리즘 부재 현상'이 방향을 바꿔 "민족 문제가 다시 사람들의 의식에 오르"고 있었다. 하지만 이는 다케우치가 바랐던 "전쟁책임의 자각"을 통해서가 아니었다. 그것은 오히려 패전, 점령, 그리고 냉전 상황의 진행과 점령정책의 '역코스'라는, 몇 년 동안 지속되고 있었던 '민족의 굴욕'을 경험함으로써 피해의식으로 치닫는 민족 문제의 재각성으로 넘쳐 나오게 된 것이었다. 이시모다 쇼는 1950년 강연에서 "전후 수년간 우리 역사에서 나타난 근본적인 변화는 제국주의에 대해 일본 민족의 예속 경향이 명확해졌다는 것, 그리고 민족의 독립을 달성하지 않고서는 일본 민족의 생존과 진보는 있을 수 없는 정세가 되었다는 것"[21]이라 하고 "민족의 발견"을 주장한다. 민족 해방으로 향하는 중국혁명과 한국전쟁이 현실이 된 이 시기에 일본에서도 "민족의 독립" 문제에 대한 관심이 일반에게 공유

---

20) 竹内好, 「近代主義と民族の問題」, 『竹内好全集』 第七卷, 筑摩書房, 1981, 36쪽.
21) 石母田正, 「歷史學における民族の問題」, 『歷史と民族の發見』, 東京大學出版會, 1952, 101쪽.

되기에 이르러, 패전 직후에 일단 가라앉았던 민족 문제가 여기에서 재흥(再興)하여 일본인에게도 민족의 피해라는 의식이 전면 해금되기에 이른 것이다.

이렇게 이해해 보면, 패전이라는 사태로 '민족'이나 '전쟁책임'에 대한 절실한 의문이 생겨났으나, 이 의문은 패전 직후부터 계속된 상황변화 속에서 의문 자체를 변질시키는 매우 위험한 애로(隘路)로 빨려 들어갔음을 알 수 있다. 즉 먼저 패전 직후 민주개혁의 '보편주의'의 가장(假裝)하에 민족 문제와의 대결이 회피되고 잠재화됨으로써 가해의식이 최소한으로 봉인되고 전쟁책임의 자각과 물음이 억눌리는 과정이 있었다. 그리고 이어서 점령과 '역코스'를 배경으로 이번에는 그 피해의 형태로 민족 문제가 재흥한다. 그리고 여기에서 민족의 피해의식이 전면적으로 해금됨과 함께 가해 민족의 고통이나 전쟁책임에 대한 인식의 무게는 더욱 후경으로 밀려난다.

이런 전후 일본의 사상 프로세스는 단순히 침묵하거나 강하게 부인함으로써 전쟁책임을 회피하는 것보다 훨씬 교묘하고 뿌리 깊게 그 후의 일본인의 일반적인 의식상황을 규정하였다. 이 때문에 사람들은 우선 민족과의 대결을 회피하고 '보편주의'의 입장에 서서 전후 민주주의의 주체적 담당자가 되었다. 그리고 점령이라는 이민족 지배에 저항하는 민족적 저항주체가 되었다. 이런 일련의 프로세스를 통해 전후에 국민적 주체라는 아이덴티티를 확인할 수 있게 된 것이다. 이렇게 해서 '전후 일본'과 그 내향적인 '전후' 의식이 태어났다고 볼 수 있다.

물론 이 같은 '전후 일본'의 프로세스가 아무런 저항 없이 진행된 것은 아니다. 오히려 커다란 저항이 나타났다고 보아야 한다. 그리고 그 저항을 자신들 속으로 끌어 담음으로써 '전후 일본'은 보다 강고하게 전후 사회에 뿌리내려 갔다. 저항은 '전후 일본'에 나타난 민족에로의 내향에 저항한다는 의미에서 우선은 국제주의, 그리고 아시아주의의 형태로 등장하였다. 아래에서는 이 같은 저항의 생성과 그 궤적을 생각해 보기로 하자. 이는 전후 일본의 또 하나의 가능성임과 동시에 좌절이기도 하였다. 이는 이 시대의 사상적 의미를 이면에서 비추는 것이 될 것이다.

3. 자폐(自閉)해 가는 전후 혁명과 국제주의의 좌절─일본공산당과 재일조선인 운동

1) 일본공산당의 재출발과 국제주의

패전 직후의 상황에서 '전후 일본'을 생각할 때, 무엇보다도 재건의 형태로 등장한 일본공산당의 존재를 빼놓을 수 없다. 공산당은 전전 일본에서 총력전 체제가 형성되는 과정에서 먼저 탄압을 받아 1930년대 초반에 많은 체포자와 전향자를 내었고 이 때문에 조직으로서의 모습을 거의 잃었다. 그러나 이때부터 옥중에 갇히게 된 당 관계자는 옥중에 있었기 때문에 오히려 침략전쟁 가담 여부를 의심받을 필요 없이 패전 직후의 사상공간에 사상적, 정치적으로 거의 상처 없이 등장하였다. 그리고 폭발적이라 할 수 있을 정도로 단번에 지지자를 확대해 커다란 영향력을 획득하였다. 게다가 전시에 대일본제국 체제의 핵이었던 천황제에 가장 첨예하게 대립했었기 때문에 공산당의 등장은 이 시기의 사상공간에서 특별한 위치를 차지하였다. 옥중 시도사의 중심인물이었던 도쿠다 규이치(德田球一)나 시가 요시오(志賀義雄) 등이 옥중에서 작성해 출옥과 함께 『아카하타』(赤旗) 재간 1호에 발표한 「인민에게 호소한다」(1945년 10월)는 당시 이들의 주장의 핵심을 보여 준다.

우리들의 목표는 천황제를 타도하고 인민의 총의(總意)에 근거해 인민 공화국을 수립하는 데 있다. 오랫동안 봉건적 이데올로기에 근거한 포악한 군사 경찰의 압제, 인민을 짐승 이하로 다룬 잔학한 정치, 구타 고문, 감옥, 학살을 동반한 식민지적 착취야말로, 군국주의적 침략, 중국, 필리핀 기타 지역에 있었던 침략에 동반된 포학, 그리고 세계 천황에로의 망상과 내적으로 긴밀히 결합된 것으로 이것이야말로 실로 천황제의 본질이다.[22]

재건 초기 시점의 일본공산당의 주장은 아직도 생생한 전쟁의 기억을 그들이 지향하는 전후 혁명의 주제로 직접 연결하고 있다. 즉 이 주장에서 말하는 "천황제 타도"라는 과제도 식민주의와 침략전쟁을 수행했던 자국의 제국주의에 대한 투쟁으로 명확히 의식하고 있었다. 이는 자국 정부에 의한, 자국민에 대한 압정에 저항하는 것일 뿐만 아니라, 자국이 타국에 대해 행한 식민지적 착취나 군국주의적 침략에 대해서도 반대하고 그 권력의 핵에 있는 천황제를 자신들의 책임하에 타도하려는 지향을 가졌다고 볼 수 있다. 이런 점에서 본다면 국가를 넘어서는 사상으로서의 국제주의, 이른바 '프롤레타리아 국제주의'의 입장에 서 있다고 할 수 있다. 그렇다면 적어도 그 사상의 잠세력(潛勢力)에서 볼 때, 그 후에 점차 내향화가 진행된 '전후' 의식과는 명확히 대립관계에 놓여 있었다고 할 수 있다. 이런 의미에서 이 시기의 일본공산당은 '전후 일본'의 내러티브와는 근본적으로 다른 길을 열 수 있는 가능성을 지닌 저항세력이었다. 그렇다면 이 저항은 어디로 갔을까?

---

22) 神山茂夫 編著, 『日本共産党戰後重要資料集 第一卷』, 三一書房, 1971, 59쪽.

전후 초기의 일본공산당의 사상과 행동을 둘러싸고는 점령군을 '해방군'으로 잘못 보았다는 일본공산당의 인식 오류를 주로 지적해 왔다. 앞서 인용한 「인민에게 호소한다」의 서두에 나와 있는 다음과 같은 표현에는 연합국 군대에 대한 당시의 인식이 드러나 있다.

파시즘 및 군국주의로부터 세계를 해방하기 위해 연합국 군대가 일본에 진주함으로써 일본에 혁명의 단초가 열린 점에 대해 우리들은 깊은 감사의 뜻을 표한다.[23]

제2차 세계대전은 파시즘에 대한 전쟁이면서 세계 패권을 다툰 제국주의 간 전쟁의 성격을 아울러 가지고 있었다. 이 점을 고려하면, 이 성명은 제2차 세계대전을 오직 파시즘에 대한 전쟁으로만 보고 있었던 것으로 읽을 수 있다. 따라서 연합국 군대에 "감사"를 표하는 일본공산당의 인식은 제국주의에 철저히 반대하는 관점에서 보면, 역시 '오류'이다. 게다가 이런 오류 때문에 점령군에 대한 공산당의 행동도 유화적이 되어 상황에 뒤처지게 된 점이 있었다.

그러나 당시 일본공산당이 직면했던 초미의 과제가 패전 직전까지 식민주의와 침략전쟁을 수행하고 있었던 자국의 제국주의에 대한 투쟁이었다고 한다면, 일본 군대와의 전쟁에서 승리한 연합군과 일정한 협조 관계를 맺는 것은 역시 불가피했을 것이다. 따라서 적어도 초기에 미군을 '해방군'으로 보았던 일본공산당의 '인식'만을 가지고 공산당의 잘못을 논하기는 어렵다. 오히려 당시 일본공산당의 독자적인 '국제주의'의

---

23) 같은 책.

진가는 자국의 식민주의와 침략전쟁과의 대결과 투쟁에서 그 내실을 물어야 한다.

이렇게 생각해 보면, 점령군에 대한 '인식'보다 훨씬 더 중요한 다른 문제가 있다. 이는 일본의 식민주의에 의해 직접 만들어진 사태와 관련된 것이고 패전 직후 일본공산당의 국제주의의 질을 가늠하는 핵심적인 문제이기도 하다. 그것은 일본의 식민지였던 지역, 특히 조선의 독립과 해방, 그리고 당시 일본에 거주하고 있었던 조선인의 존재와 그 해방운동과의 관련이다. 일본공산당은 자국의 제국주의 타도 투쟁에 종사하면서 나아가서 그 연관 속에서 조선 및 일본 거주 조선인의 존재와 해방을 책임 있는 형태로 포착하고 행동함으로써 진정한 국제주의를 추구했어야 했다. 과연 그리했을까?

2) 김두용의 국제주의와 일본공산당의 책무

이 점과 관련해 먼저 생각하고 싶은 것은 패전 직후 일본공산당의 노선 재건과 이와 병행되었던 일본 거주 조선인운동과의 관련이다. 이 문제의 열쇠를 쥐는 존재로 여기에서는 김두용(金斗鎔)이라는 인물에 초점을 맞추고 싶다. 김두용은 전전에 일본에 건너가 도쿄제국대학에서 신인회(新人會)에 가입해 프롤레타리아 예술운동에 관계하였다. 일본이 패배하자 바로 정치범 석방운동의 중심에 서서 활동을 개시하였고 재건된 일본공산당에서 중앙위원 후보와 조선인부(부장 김천해金天海)의 부부장(副部長)에 오른 인물이다.[24] 김두용은 1946년 2월에 발간된 일본공

---

24) 이 점에 대해서는 鄭榮桓, 「プロレタリア國際主義の屈折―朝鮮人共産主義者金斗鎔の半生」, 明治學院大學法學部學士論文, 2002年度 提出 참조.

산당 중앙기관지 『전위』(前衛) 제1호에 「일본에서의 조선인 문제」라는 제목의 글을 집필했다.[25] 김두용은 이 글을 통해 이 시기의 일본공산당에서 '조선인 문제'에 관한 사상적 지도자가 되었다. 즉 김두용은 문제의 핵심에 있었던 인물이다.

김두용이 당의 중앙위원 후보이자 조선인부의 부부장이었다는 사실은 일본공산당과 재일조선인 운동과의 관계를 일본인과 조선인이라는 이원적 틀만으로 잘라 말할 수 없다는 것을 뜻한다. 즉 문제가 복잡하다는 것이다. 김두용은 일본 땅에서 일본공산당에 소속되어 활동하면서 재일조선인에게 "일본의 인민해방투쟁에 참가하"[26]도록 호소하고 나아가서는 "일본의 반동세력에 대한 투쟁만이 조선의 혁명과 민주주의전선의 승리를 위해 진정으로 도움이 된다"[27]고까지 주장하고 있다. 이 점에 대해서는 이미 일정한 평가가 내려져 있다. 예를 들면 박경식(朴慶植)은 "이 같은 지도방침 때문에 재일조선인 운동이 일본 혁명에 종속되었고 민족적 주체성이 상실되었으며 조선의 민주민족혁명이 부차적인 것으로 되어 버렸다는 점은 오늘날에 거의 명확해졌다"고 말하면서 김두용을 신랄하게 비판한다.[28] 물론 이 비판의 이면에는 "조선 혁명을 최우선으로 해야 할 조선인 혁명가를 일본 혁명을 위해 이용"한 일본공산당의 이용주의에 대한 비판이 포함되어 있다. 그러나 재일조선인 운동사 연구

---

25) 朴慶植 編, 『朝鮮問題資料叢書 第十五卷 日本共産党と朝鮮問題』, アジア問題研究所, 1991, 7~12쪽.

26) 金斗鎔, 「日本における朝鮮人問題」, 『前衛』 第1号, 1946. 2(朴慶植 編, 『朝鮮問題資料叢書 第十五卷』, 11쪽).

27) 金斗鎔, 「朝鮮人運動は轉換しつつある」, 『前衛』 第14号, 1947. 3(朴慶植 編, 『朝鮮問題資料叢書 第十五卷』, 14쪽).

28) 朴慶植, 『解放後在日朝鮮人運動史』, 三一書房, 1989, 90쪽.

자인 정영환(鄭榮桓)이 지적하고 있는 것처럼,[29] 김두용이 공산주의자로서 프롤레타리아 국제주의라는 이상을 가지고 자발적으로 이 길을 걸었다는 점을 생각하면, 처음부터 일본 혁명과 조선 혁명을 이원적으로 대립시킬 것이 아니라, 일단은 일본 땅에서 실현하려 했던 김두용의 국제주의의 성부(成否)에까지 들어가서 생각해야 한다. 이런 관점이 없다면 혁명적 사상가 = 김두용에 대한 정당한 평가라 할 수 없다.

여기서 물어야 할 것은 우선은 김두용의 국제주의의 내실과 의미이다. 그리고 그 다음에 김두용이 지도자로 참가한 일본공산당의 국제주의의 내실과 의미를 물어야 한다. 특히 사상의 평가라는 관점에서 주목해야 할 것은 일본공산당이 조선인 당원인 김두용의 국제주의의 뜻을 받아들여 당의 강령과 노선에서 실제로 결실 있는 국제주의를 실천하려 했는가에 있다. 일본공산당원인 김두용의 국제주의는 우선은 일본공산당의 노선에서 실현되지 않으면 안 되었기 때문이다.

이 점을 생각하기 위해 공산당 재건 당초에 김두용이 당시 상황에서 재일조선인 운동에 무엇을 요구하고 있었는지, 그리고 여기에서 말하는 국제주의가 어떤 것이었는지를 확인해 두어야 한다. 전후에 쓴 첫번째 논문인 「일본에서의 조선인 문제」(1946년 2월 15일)에서 김두용의 정리된 생각을 읽어 낼 수 있다.

이 글에서 김두용은 우선 조선의 정치정세가 대한민국 임시정부를 지지하는 우파세력과 첨예하게 대립하면서도 "조선의 완전 독립, 인민공화국 건설"의 방향으로 "전 조선 인민의 8할"의 지지하에 크게 전진하고 있으며, 이런 조선의 정치정세가 일본의 "민주주의 혁명운동의 급격

---

29) 鄭榮桓, 앞의 논문.

한 진전"과 아울러 일본에서의 조선인의 대중적 투쟁을 현저하게 전투화시키고 있다고 하면서 당면한 인민해방투쟁 상호간의 긴밀한 연동을 강조한다.[30] 또 김두용은 이 같은 정세하에서도 조선에는 여전히 통일 정부가 수립되지 못하고 있으며 산업도 부활되지 않은 탓에 재일조선인에게 절실한 귀국이 이루어지고 못하고 있으며 조선으로 돌아가도 생활의 길이 보이지 않아 모처럼 귀국했다가 다시 일본으로 돌아오는 경우가 있음을 지적한다.[31] 인민해방투쟁이 상호간에 크게 연동하고 있는 현실과 일본에 있는 많은 조선인들이 적어도 일정 기간 동안 귀국할 수 없는 현실, 이 두 개의 현실을 앞에 두고 재일조선인 운동의 "금후에 있어야 할 방향"이 무엇인가의 문제를 김두용은 먼저 제기하였다.

물론 일본의 조선인들은 한편에서는 조선의 '완전 독립'을 바란다. 또한 독립한 조국으로 절실하게 귀국하고 싶어 한다. 하지만 다른 한편에서는 이들은 당분간 일본에 계속 머물러야 하는 현실 속에서 생활 옹호를 위해서라도 적극적으로 투쟁해야 한다. 그래서 김두용은 생각한다. 그렇다면 재일조선인 운동은 당면한 생활 옹호를 위해 투쟁해야 하지만, 이 투쟁은 민족의 특수한 이익 옹호에 그쳐서는 안 되며 오히려 "광범한 인민적인 것"을 지향하는 방향으로 가야 한다. 왜냐하면 그렇게 해야 일본 인민의 호감과 협력을 얻을 수 있고, 또 조선 인민과 일본 인민의 투쟁의 합류를 회피하기 위해 분열정책을 구사하는 제국주의와 정면에서 대결할 수 있게 되어 조선의 독립과 해방에도 기여할 수 있기 때문이다. 그 때문에 "조선의 완선 독립의 보장, 세계민주주의 평화정책 지지를 위

---

30) 金斗鎔, 「日本における朝鮮人問題」, 7~8쪽.
31) 金斗鎔, 위의 글, 9쪽.

해서도 혹은 우리들 자신의 생활을 근본적으로 해결하는 입장에서도" 재일조선인 운동은 일본에서 "천황제 타도"를 근본 목표로 삼아 인민 해방 투쟁에 적극적으로 참가해야 한다고 김두용은 주장한다.[32]

여기에서 중요한 점은 "조선의 완전한 독립, 인민공화국의 건설"이라는 과제와 "천황제 타도"라는 과제가 현실에서 이어져 있다는 인식일 것이다. 김두용은 이 첫번째 논문에서는 이 두 가지 과제가 조선 혁명과 일본 혁명으로 각각 특화되어 관계되는 개별 과제가 아니라 밀접히 연동하고 있음을 명확히 보고 있다. 이 점은 같은 시기에 발표한 「조선인과 천황제 타도 문제」(1946년 2월 5일 발표)에서 더욱 명확하게 드러난다. 즉, "조선인의 당면한 임무는 무엇인가? 조선의 완전한 독립, 인민공화국 건설이다. 누구도 이를 부정할 수 없다. …… (그리고) 우리 조국의 독립이 침해받지 않기 위해서 우리들 모두는 세계, 특히 극동에서 침략전쟁이 일어나지 않도록 그 근원에 있는 모든 요소, 특히 당면한 일본 천황제에 대해서 철저히 투쟁할 임무가 있다."[33] "일본의 천황제 존폐의 문제는 일본 인민의 문제만이 아니다. 조선 민족에게도 관계되는 중대한 국가적 국제적 문제이다."[34]

이같이 "조선의 완전 독립"과 "천황제 타도"가 연동되고 있다는 인식은 사실 객관적으로 보아도 당면한 상황 속에서 일정한 현실적 기초를 가지고 있었다. 왜냐하면 당시 남조선을 점령한 미군정이 조선인민공화국을 부정하는 것과,[35] 일본을 점령한 GHQ가 히로히토를 면책해 천

---

32) 金斗鎔, 위의 글, 10쪽.

33) 金斗鎔, 「朝鮮人と天皇制打倒の問題」, 『社會評論』 第3卷 第1号, 1946, 37쪽.

34) 金斗鎔, 위의 글, 38쪽.

35) 조선건국준비위원회는 9월 6일에 조선인민공화국의 수립을 선언했지만 일본에서 김두용

황제를 점령정책의 수행에 이용하는 것은 미국의 극동전략에서 한 몸이었고 이런 면에서 두 개의 과제가 연동되고 있는 것이 현실이었기 때문이다. 서로 다른 장소에 있는 인민해방투쟁은 실제로 연동하고 있었고 투쟁하는 측이 전략적으로 이 연동을 사정(射程)에 넣고 과제에 맞선다면 한층 더 밀접한 연동이 일어날 것이다. 그렇다면 재일조선인에게 천황제 타도의 투쟁에 동참할 것을 호소하는 김두용의 주장은 실제의 행동지침으로서 현실성을 가지고 있었다고 보아야 한다. 그리고 국제주의도 단순한 관념상의 이상이 아니라 하나의 구체적인 요청으로 읽어야 할 것이다.

그런데 이같이 두 개의 과제가 서로 연동되고 있다는 인식은 같은 시기에 일본공산당의 중앙위원이었던 김천해(金天海)에게도 공유되어 있었다. 김천해는 조련결성대회(1945년 10월 16일)에서 "조선의 완전 독립과 통일을 달성하고 일본에서는 천황제를 타도해 민주정부를 수립하며 친일반역분자를 엄중히 처단하여 우리들이 살기 좋은 일본으로 만들자"라고 호소하고 있다.[36] 여기에서 주의를 기울여야 할 것은 김천해가 이미 재건 준비과정에 있었던 일본공산당의 입장에서 발언하고 있었고 또한 이를 조련에 모인 재일조선인들이 열렬히 지지하고 있었다는 점이다. 즉 이를 통해 일본공산당은 조선인 당원의 입을 통해서이긴 하지만,[37] 재일조선인에게 두 개의 과제의 달성을 당으로서 공약함과 동시에

이 진력한 정치범 석방 운동이 결실을 맺은 10월 10일, 도쿠다 규이치, 김천해 등이 석방된 같은 날에 서울의 미군정장관은 조선인민공화국의 부인을 발표했다.

36) 朴慶植, 『解放後在日朝鮮人運動史』, 56쪽.

37) 필자의 포지션에서 보면, 이 점은 조선인 당원인 김천해에 의해서가 아니라 오히려 일본인 당원에 의해 표명되었어야 했다고 생각한다.

이를 자신들의 국제주의적 책무로 받아들이고 있었던 것이다.

그렇다면 일본공산당은 이 같은 기대에 응답해 공약을 지키고 두 개의 과제를 실제로 자신들의 과제로 삼음으로써 진정으로 국제주의를 실천했다고 할 수 있을까?

3) 전후 혁명노선의 생성과 국제주의의 회피

조련결성대회에서 나온 김천해의 발언은 물론 공산당이 재건되어 가는 과정에서 있었던 것이다. 그렇다면 일본공산당이 국제주의적 책무를 받아들인다는 것은 우선은 당이 그 같은 내실을 가진 강령과 노선을 가지고 실제로 재건된다는 것에 다름 아니다. 천황제 타도와 조선의 완전 독립같이 커다란 전략문제라면 당의 원칙적 입장은 당이 공표하는 강령이나 대회결의를 통해 공식적으로 표명되어야 한다. 이 시기의 당이 두 개의 과제를 어떻게 다루고 있는가를 검증해 보기로 하자.

먼저 "조선의 완전 독립"이라는 항목이다. 이 항목이 처음 과제로 명시된 것은 1945년 12월 1일에 열린 제4회 당대회에서 채택된 행동강령 제2항이다. 이 항목은 『아카하타』 재간(再刊) 제1호(10월 20일)에 발표된 「인민에게 호소한다」에도, 제4회 당대회 준비 과정인 제1회 전국협의회(11월 8일)에서 만든 '행동강령(초안)'에도 실은 아직 없었다. 이 점에서 추정할 수 있는 것은 "조선의 완전 독립"이라는 과제가 제1회 전국협의회와 제4회 당대회 사이에 있었을 노선논쟁, 아마 김천해와 김두용 등 조선인 당원도 참가해 진행되었을 노선논쟁을 거쳐 드디어 행동강령에 가필되었을 것이라는 점이다. 당의 행동강령은 이런 과정을 거쳐 식민주의와의 투쟁을 구체적으로 명시하게 되었다. 그러나 이 같은 노력 덕분에 명시된 "조선의 완전 독립"이라는 과제가 이 제4회 당대회 행동강령을 특별한 예외로 하면, 그 후에는 강령 등의 중요 문서에서 점차 자취를 감추어 간다는 사실에 주의를 기울여야 한다. 이 중요한 변화는 이 시기의 당내의 사상 상황을 분명히 반영하고 있다.

그렇다면 "천황제 타도"는 어떻게 되었을까? 물론 일본 패전 직후 일본공산당은 천황제 타도를 선명하게 내세우고 출범했다. 이는 공산당 재건을 소리 높여 선언한 「인민에게 호소한다」에 나타나 있다. 그리고 전후 처음으로 열린 당대회인 제4회 당대회에서 채택된 행동강령에도 나타나 있다. 제4회 당대회의 행동강령은 서두에 "천황제 타도"와 "조선의 완전 독립"이라는 두 개의 과제를 전면에 내걸고 이를 축으로 해서 공산당의 혁명 구상을 제시하고 있다. 그렇다면 김두용의 논문 집필 시기로 보아도, 또 이 행동강령이 내건 두 개의 과제에 대한 언어 사용을 김두용이 그대로 답습하고 있는 것으로 보아도, 김두용의 첫번째 논문인 「일본에서의 조선인 문제」는 틀림없이 이 제4회 당대회 행동강령을 전제로 해서 쓰여졌을 것이다. 그런데 이와 대비해서 커다란 변화가 나타나는 것은 1946년 2월 25일에 개최된 제5회 당대회 대회선언이다. 이 대회선언에서는 당이 실현해야 할 첫번째 과제로 다음과 같은 항목을 내걸고 있다.

1. 봉건적 전제적 군사경찰제도로서의 천황제 폐지. 황실의 존부(存否)에 대해서는 민주주의인민공화국 성립 후, 일반 인민투표에 의해 이를 결정한다. 현 천황의 전쟁책임은 이를 추급(追及)한다. 나아가서 전쟁범죄인, 인권 유린 범죄인을 우리나라의 정치, 경제, 사회상의 중요 지위에서 청소한다.[38]

단적으로 "천황제 타도"를 서두에 내걸었던 제4회 당대회와 비교하면 여기에서의 변화는 문언상으로는 미묘하게 보이지만 기본자세에는 커다란 변화가 있다. 이는 매우 중요하다. 우선 천황제를 "타도"하는 것이 아니라 "폐지"한다는 표현으로 바뀌었다. 게다가 천황제를 "봉건적 전제적 군사경찰제도로서"라고 한정지어 천황제와 "황실"을 군이 구분하고 있다. 또 후자에 대해서는 "일반 인민투표에 의해"라는 형태로 민주주의와 모순되지 않는다면 존속시킨다는 여운(함축)을 남겨 두고 있다. 이같이 유보를 일부러 붙이는 것 자체가 천황제와 타협의 여지가 있음을 의도적으로 공표한 것으로 읽힌다.[39] 이 같은 표현의 배경으로 같은 해 1월 1일에 발표된 천황의 소위 '인간선언'을 떠올릴 수 있을 것이다. 이 선언으로 히로히토는 '5개조의 서문(誓文)'을 인용해 천황의 존재가 민주주의와 모순되지 않음을 역설하였기 때문이다. '인간선언'은 천황제를 점령정책에 이용하려는 GHQ가 기초하고 승인한 것이다. 공산당 제5회 대회의 선언은 실은 이와 타협 가능한 권역에까지 발을 들여놓은 것으로 보지 않으면 안 된다.

이 제5회 당대회 선언을 시작으로 공산당에게 천황제 타도라는 과제는 이후 점차 후경으로 밀려난다. 이런 흐름은 1947년 제6회 당대회에서 보다 분명해져, 천황제 문제는 표현을 한층 더 순화해 "천황제의 폐지를 동반한 국가기구의 완전한 민주화"라는 주장으로 바뀌었다. 그리고

---

38) 『日本共産党綱領集』, 日本共産党中央委員會出版局, 1962, 105쪽.
39) 실제로 공산당의 이 표명 때문에 천황의 전쟁책임을 강력하게 문제시하는 사람들은 크게 낙담했다. 예를 들면 소년병으로 해군에 종군했던 와타나베 기요시(渡辺淸)는 일기에서 공산당의 천황제에 대한 태도 수정을 언급해 "이는 명백히 커다란 후퇴이다", "지금까지 공산당에 기대했던 만큼, 뭔가 어처구니가 없었다"라는 기록을 남겼다. 渡辺淸, 『碎かれた神』, 岩波現代文庫, 2004, 185~186쪽.

과제의 순위에서도 제1위의 자리를 "포츠담 선언의 엄정 실시"에 양보하고 제4위로 밀려났다. 즉 당의 첫번째 목표는 일본의 주권 회복과 민주주의적 국가기구의 정비이며 이에 비하면, 천황제는 부차적인 과제가 된 것이다.

잘 알려져 있는 것처럼, 1946년 1월에 있었던 노사카 산조(野坂參三)의 귀국이 천황제에 대해 일본공산당이 점차 유화적인 태도로 바뀌어가는 데 커다란 계기가 되었다. 사실 지금까지 보아온 것과 같이 제4회 당대회로부터 제5회 당대회로의 변화는 그 사이에 있었던 노사카의 귀국을 생각하면, "사랑받는 공산당"을 표방하고 '점령하 평화혁명'을 지향하는 일본공산당의 전후 혁명노선의 생성으로서, 혹은 전후 혁명노선의 전환으로서 그 일면이 잘 드러난다.[40] 그런데 우리가 지금까지 봐온 것은 이 같은 프로세스가 그 이면에서 김두용의 첫번째 논문 「일본에서의 조선인 문제」(2월 15일 발표)를 사이에 두고 진행되었다는 사실이다. 이 사실에 주목해 '조선인 문제'를 논한 문맥에서 무엇이 가장 중시되고 있었는가에 확실히 주의를 기울여 생각해 보면, 이 노선이 다른 한 편에서 무엇을 내버리면서 무엇을 생성하였는가도 보이게 된다.

일본인에게 "사랑받는 공산당"으로 변해 가는 새로운 노선을 재일조선인 운동의 위치에서 보면 어떻게 될까? 틀림없이 김천해가 조련결성대회에서 당을 대표해 표명한 공약, 즉 천황제 타도와 조선의 완전 독립이라는 두 개의 과제를 국제주의적 책무로서 받아들인 그 약속을 일

---

40) 이 점에 대해서는 荒木義修, 『占領期における共産主義運動』, 芦書房, 1993, 120~153쪽. 기초자료를 사용한 이 책에서도 노선 전환과 재일조선인 운동과의 관련에 대한 언급은 전혀 없다.

본공산당이 여기에서 회피했거나 적어도 그 이행을 뒤로 미룬 것으로 간주할 수 있을 터이다. 그리고 이 두 개의 과제가 그 내용에서 일본의 제국주의와 식민주의에 직접 대결하는 것인 한, 그 회피(혹은 지연)는 혁명당으로서, 게다가 일본의 제국주의와 식민주의에 내적인 책임을 가진 자로서 지녀야 할 국제주의적 책무를 회피한 것이 되어 버릴 것이다. 일본공산당은 제5회 대회에서 이미 제국주의와 식민주의와의 대결을 회피하는 방향으로 한발 더 물러난 것으로 보아도 무방하다.

그렇다면 김두용이 재일조선인 운동에 입각해 구상하고 있던 국제주의, 특히 재일조선인에 대한 행동 제기는 이 같은 공산당의 전후 혁명 노선의 전환을 전제로 하면, 도대체 어떤 의미를 지니게 되는 것일까?

일본공산당은 제5회 당대회를 근거로 조선인에 관련된 일에 대해서 당 중앙으로서의 기본자세를 정리해 이를 '8월 방침'(1946년 8월)으로 당내에 제시하였다. 여기에는 구체적으로 다음과 같은 두 가지 항목이 있다.

> ① 각지에 있는 조선인만의 세포나 프랙션은 되도록 일공(日共)의 지역세포나 프랙션에 가입해 일본인 당원과 일체가 되어 활동한다.
> ④ 조련은 되도록 하부조직의 노골적인 민족적 편향을 억제하고 일본의 인민민주혁명을 지향하는 공동투쟁의 일환으로 그 민족적 투쟁 방향을 명확히 내세우는 것이 필요하다. 그리고 그렇게 하는 쪽이 조선인 자체를 위해서도 유리하다.[41]

---

41) 朴慶植 編, 『朝鮮問題資料叢書 第十五卷 日本共産党と朝鮮問題』, 109쪽.

즉 공산당 내의 재일조선인 당원의 독자적 활동을 부정하고 조선인 대중조직인 조련에 의한 독자적인 민족적 요구를 내거는 투쟁을 억제하려 하고 있는 것이다. 이런 점에서 당 중앙으로서 재일조선인의 독자요구와 독자활동의 억제를 표명하고 있는 것으로 이해할 수 있다. 게다가 일단 내세웠던 "조선의 완전 독립"과 "천황제 타도"라는 과제를 후경으로 밀어내고 있는 이 당, 그 때문에 일본인에게 사랑받기 위해 자기연출하고 있는 일본공산당이 재일조선인에게 말하고 있는 것이다. 이 같은 전후 혁명 노선하에서라면, 당 중앙의 지시가 재일조선인에게는 필연적으로 일본의 당과 일본인의 운동에로 동화를 요구하는 것이 되어 버린다. 일본공산당의 국제주의적 책무의 회피는 조선인부 부부장=김두용에 의해 제안되었던 재일조선인에 대한 행동제기의 의미를 변질시켜 이 8월 방침에서는 일종의 동화주의에까지 한 발 더 들여놓게 만들고 있는 것이다.

게다가 김두용도 이 같은 당의 방침에 따르는 형태로 새롭게 재일조선인을 대하고 있다. 김두용은 '8월 방침'이 나온 다음 해인 1947년 3월 1일에 발행된 『전위』에 「조선인 운동은 전환하고 있다」라는 제목의 논문을 발표했다.[42] 여기에서 김두용은 재일조선인이 일본의 민주주의 혁명운동에 전심(專心)해야 할 것을 강조하고 다음과 같이 말한다.

우리들의 운동은 한편에서는 조선의 민주주의 민족 전선에, 다른 한편에서는 일본의 민주주의 혁명운동에, 양다리를 걸치고 활동하고 있는

---

42) 집필 시기는 1946년 12월 25일로 기록되어 있다. 金斗鎔, 「朝鮮人運動は轉換しつつある」, 15쪽.

형태였다. …… 그러나 지금은 이미 이런 생각을 완전히 청산해야 하는 시기에 와 있다.[43]

첫번째 논문에서 김두용은 인민 해방을 향한 투쟁 상호간의 긴밀한 연동이라는 기본인식에서 출발했었다. 그런데 이 논문의 문제틀은 조선 혁명인가 일본 혁명인가라는, 이것 아니면 저것으로 이행하고 있다. 이는 역시 하나의 변질로 봐야 할 것이다. 물론 김두용은 이전에도 일본 땅에서의 활동을 강조하기는 했었다. 하지만 전제가 바뀌면 그 의미는 완전히 바뀌어 버린다. 조국의 독립과 통일을 절실히 바라고 있는 재일조선인이라면, 이같이 이것인가 저것인가라는 양자택일을 전제로 일본 혁명에 전력하라고 요청을 받아도 틀림없이 받아들이기 힘들었을 것이다.[44] 여기에 김두용의 국제주의의 분열이 있다. 또 양자택일을 조건부로 삼은 일본공산당 전후 혁명노선의 문제도 드러나 있다.

김두용은 이 1947년이라는 해에 일본에서 조선 민족의 이익을 지키는 당은 "일본의 프롤레타리아 당"인 일본공산당뿐이라는 점을 줄곧 주장하는 논문 「조선인 운동의 바람직한 발전을 위하여」[45]를 집필한 후, 서둘러 조선 북부로 귀국한다. 일본 혁명에 전심을 다할 것을 주장했던 김두용의 당돌하기까지 한 이 귀국이 도대체 어떤 의도에서 비롯되었는가

---

43) 金斗鎔, 「朝鮮人運動は轉換しつつある」, 13쪽.

44) 아마 김두용이 북한으로 돌아간 후에 역시 이 점이 일본공산당 내부에서 문제가 된 듯하다. "민족주의인가 계급주의인가, 조국 혁명이 우선인가 일본 혁명이 우선인가라고 면도칼을 들이대듯이 사물을 보는 것은 오류"라는 비판이 일본공산당 중앙위원회 서기국 이름으로 나왔다. 朴慶植 編, 『朝鮮問題資料叢書 第十五卷』, 114쪽.

45) 金斗鎔, 「朝鮮人運動の正しい發展のために」, 『前衛』 第16号, 1947. 5(朴慶植 編, 『朝鮮問題資料叢書 第十五卷』). 2월 27일 집필로 기록되어 있다.

에 대해서는 해명되지 않는 부분이 많다. 그러나 그 직접적인 이유가 어디에 있든, 국제주의를 주장해 온 원칙적인 공산주의자=김두용의 귀국이 일본이라는 땅에서는 더 이상 활동의 장이 없다는 것을 최종적으로 확인한 끝에 이뤄진 것이라는 점은 분명해 보인다. 그리고 김두용의 사상과 행동은 일본공산당이 하나의 축으로 삼고 있었던 일본의 '전후'라는 사상공간, 즉 일본인으로만 향하는 자폐와 관계없을 수 없는 것이다.

4) 1955년의 결별

일본에서 일반적으로 회자되는 전후 혁명운동사에서 1955년은 '6전협'(일본공산당 제6회 전국협의회)이 있었던 해로 기억되어 서술된다. 따라서 1955년은 어떤 사람에게는 일본공산당의 '50년 분열'이라 불리는 혼란, 즉 소감파(所感派)와 국제파(國際派)로 분열되어 격렬하게 항쟁했던 혼란의 시기가 일단은 종식되고 당이 새롭게 통일된 행보로 접어든 획기적인 해로 기억된다. 하지만 어떤 사람에게는 인생을 다 바쳐 무장투쟁에 헌신했으나 당이 손바닥을 뒤집듯이 노선을 바꾸어 자신의 자리를 박탈당한 배반의 해로 기억된다. 1955년이 전후 혁명운동 기억을 구획하고 있는 것이다. 혹은 어떤 사람에게는 일본공산당을 혁명의 전위로 인정하지 않고 공산당 밖에 이와는 별도의 다른 전위당을 건설하려고 노력한 흔적과 함께 그 원점으로서 반복되어 상기되는 것이 '6전협'으로서의 1955년이다. 하지만 일본인들 사이에 기억되어 온 이런 1955년에 더해 또 달리 상기해야 하는 것은 1955년이 일본공산당의 재일조선인 운동 방침이 전환되어 공산당에 소속되어 있던 조선인 당원이 모두 일본공산당 당적에서 이탈한 해였다는 것이다. 그렇다면 이 전환은 어떤 의미를 지닌 것이었을까?

이 사태를 일본공산당사가 아니라 재일조선인운동사의 문제로 보면 사정은 매우 간명해서 운동의 역사와 그 논리적 귀결을 매우 명확하게 이야기할 수 있다. 왜냐하면 조선인 공산주의자는 코민테른의 '1국 1당' 원칙에 묶여 일본에서는 일본공산당에 소속되지 않을 수 없었지만, 한편에서는 코민테른의 속박이 해체되고 다른 한편에서는 1948년에 조선민주주의인민공화국이 창건되어 자신들의 조국이 모습을 갖추게 되자, 독자적인 전위조직을 가질 가능성과 그 현실적인 의의가 명료해졌기 때문이다.

실제로 재일조선인 공산주의자가 일본공산당에서 이탈하게 된 계기는 조선민주주의인민공화국의 대외정책의 전환이었다. 스탈린이 죽고 중국 주도로 '평화5원칙'이 제창되는 가운데, 제네바 협정이 조인되었고, '제3세계' 등장에 대한 기대가 높아졌고, 아시아 아프리카 회의(반둥 회의) 준비도 진행되어, 때는 '평화공존'에로의 이행이 여러 형태로 입에 오르내리기 시작한 시대였다. 이 같은 국제환경의 변용 속에서 한국전쟁 휴전 협정을 거친 북한은 소련과 중국에 의존하고 있던 그때까지의 '진영외교'에 변화를 꾀해 국제적으로 독립을 인정받기 위해 평화공존외교를 시동한다.[46] 이런 외교의 일환으로 1955년 2월 25일에는 일본과의 국교외교정상화에 대한 의지를 표명하기 위해 남일(南日) 외상이 '대일관계에 관한 조선민주주의인민공화국 외무상의 성명'을 발표하였다.

이 남일 성명에 호응해 재일조선인 운동의 전환을 주장한 것이 같

---

46) 朴正鎭, 「歸國運動の歷史的背景：戰後日朝關係の開始」, 高崎宗司·朴正鎭 編著, 『歸國運動とは何だったのか』, 平凡社, 2005.

은 해 3월 11일 재일조선통일민주전선(민전) 제19회 중앙위원회에서 있었던 한덕수(韓德銖)의 연설이었다. 후에 재일본조선인총연합회(조선총련)의 초대 의장이 된 한덕수는 연설 서두에서 다음과 같이 말한다.

> 재일조선인 운동은 어떻게 전환되고 있는가? 한마디로 재일조선인 운동의 방향과 투쟁 방침이 독립된 국가공민의 입장, 즉 조선민주주의인민공화국 공민의 입장에 서서 직접 조국의 통일독립과 권리를 지키는 방향으로, 그리고 양 진영의 평화공존 쟁취에 적합한 투쟁방법으로 바뀌고 있는 것이다.[47]

"독립된 국가공민의 입장"에 서서 "직접" 조국의 통일독립을 지킬 것을 선언했다는 점에서 재일조선인 운동의 일본 혁명운동으로부터의 독립을 선언한 것이다. 또한 "양 진영의 평화공존"이라는 관점을 제시하고 있다는 점에서 일본(인)과 조선(인)과의 관계를 국가 간 관계의 차원에서 포착하려는 입장을 표명하고 있는 것으로 이해할 수 있다. 그리고 이 관점에 따라 당시 재일조선인 운동의 기반이었던 재일조선통일민주전선(민전)은 해체되었고 같은 해 5월에 재일본조선인총연합회(조선총련)가 결성되었다. 이 같은 움직임은 "평화공존"에 대한 지향이 전 세계 공통의 관심사가 되면서 코민테른 및 소련공산당의 '족쇄'(테두리)에서 벗어나 각국의 공산주의 운동이 에스노 내셔널리즘(ethno-nationalism)

47) 한덕수, 「재일조선인 운동의 전환에 대하여」, 朴慶植 編, 『朝鮮問題資料叢書 第九卷 解放後の在日朝鮮人運動 I』, 三一書房, 1983, 610쪽.

의 경향이 짙어져 가는 시대 상황 속에서 어떤 '필연'[48]성을 가지고 일어난 것으로 이해할 수 있다.

하지만 일본공산당(일본의 혁명운동)과 재일조선인 운동의 결별은 재일조선인의 입장에서 볼 때, 혹은 오늘날의 입장에서 볼 때 다시 생각해야 할 문제가 많다. 물론 식민주의가 계속되는 '전후'의 현실 속에서 '민족'이라는 개념이 여전히 중요한 의미를 계속 지니고 있었다는 점은 의심할 바 없는 사실이다. 하지만 그렇다고 해서 바로 혁명운동 조직이 민족별 조직으로 나누어지는 것이 불가피한 일이었다고만은 할 수 없다. 본디 '재일'이라는 존재가 싫든 좋든 그 내부에 다양성을 품고 있을 수밖에 없다면, 민족이라는 단일 지표로 엄격히 선을 긋는 조직화는 오히려 다양한 아이덴티티를 파열시키고 여러 문제를 은폐할 가능성이 있기 때문이다. 실제로 일본공산당원으로 헌신하였던 조선인들은 1955년에 위로부터 "당을 그만두든가, 아니면 조선인을 그만두든가"라는 선택의 기로에 놓였다. 그리고 갑자기 이당 권고를 받았고 이 때문에 깊은 좌절감을 맛본 사람들이 결코 적지 않았다.[49] 그리고 재일조선인 운동의 일본공산당과의 결별은 1959년에 본격적으로 개시된 귀국운동으로 일직선으로 이어진다.[50] 재일조선인은 일본 사회에서 생활할 정당한 권리를 가지고 있었고 또한 일본 사회의 변혁 주체가 될 수도 있었다. 이런 역사적 가능성과 연결지어 생각하면 그 의미가 달라질 수 있는 것이다.

---

48) 朴慶植, 『解放後在日朝鮮人運動史』, 三一書房, 1989, 353쪽.
49) 고사명(高史明)은 스스로 이 같은 체험을 말하고 있다. 高史明, 『闇を喰むII 焦土』, 角川文庫, 2004, 394쪽.
50) 고사명의 증언에 따르면, 1955년 결별 시, 일본공산당 내부에서 "가까운 장래에 조선인은 모두 조국 조선으로 돌아가게 될 것이다"라고 말했다고 한다. 高史明, 위의 책, 396쪽.

5) 혁명노선의 방향전환/해금된 민족주의

일본공산당과 재일조선인 운동의 결별에 대해 위에서는 북한과 관련지어 설명했지만, 이를 일본공산당의 당내 논의의 문맥으로 되돌려 생각해보면, 전혀 다른 의미를 부여할 수 있다. 위에서는 1955년 6월 하순에 열린 민대전국회의 보고에서 인용했지만, 이에 앞서 같은 해 3월 3일에 열린 민대전국회의의 상위(上位)인 중앙민대회의에서는 같은 사항을 다음과 같이 확인하고 있다.

> 신강령은 일본 혁명을 위한 것이다. 그 목적이 달라졌기 때문에 우리들은 조국을 지키기 위해 당적을 이탈한다.[51]

'신강령'이란 1951년 8월에 제기되어 같은 해 10월의 제5회 전국협의회에서 채택된 '일본공산당의 당면 요구—새로운 강령'(소위 '51년 강령')을 가리킨다. 당적 이탈의 이유를 단순한 정세변화나 운동방침상의 전환이 아니라 강령상의 분기에 근거를 두고 있음을 알 수 있다. 이는 혁명정당의 조직 원칙에서 보면 어떤 의미에서는 당연하다고 할 수 있기는 하다. 게다가 이 강령상의 분기는 1955년이 아니라 1951년에 일어났고, 다음 해인 1952년에는 '51년 강령'과는 별도로 '재일조선민족의 당면한 요구(강령) 초안'(소위 '민족 강령초안')이 발표된 적이 있다(당내에 두 개의 강령!).[52] 즉 3월 3일의 중앙민대회의의 인식에 서면, 일본공산당과 조선인 공산주의자들과의 결별은 사상 노선적으로 이미 1951년에 결

---

51) 朴慶植 編, 『朝鮮問題資料叢書 第十五卷』, 388쪽.
52) 위의 책, 133~134쪽.

말이 나 있었던 것이다.

생각해 보면, 민족을 점차 강하게 전면에 내세우게 되는 일본공산당의 노선전환이 결국 전면적으로 "민족해방"을 주제로 한 혁명노선의 형태로 명확하게 통합된 것은 '51년 강령'에서였다. '51년 강령'은 서두에 다음과 같은 문장으로 시작한다.

현재 일본 국민은 **일본의 역사가 시작된 이래**, 미증유의 고통에 빠져 있다. 전쟁과 패전은 국민에 파멸을 가져다주었다. 전쟁 후 일본은 미제국주의의 예속하에 놓여 자유와 독립을 잃었고 기본적인 인권조차 잃어버렸다. 현재 우리의 모든 생활──공업, 농업, 문화 등은 미 점령당국에 의해 관리되고 있다.[53]

전후 재일조선인 운동을 명확히 의식하면서 지금 다시 읽어 보니, 일본공산당 중앙민대회의에 모였던 조선인들이 "신강령은 일본의 혁명을 위한 것이고 우리들은 조국을 위해야 하니 그 목적이 다르다"며 당과 결별하고 싶어 했던 마음이 이해가 간다. 자국의 침략전쟁이 끝나고 몇 년도 지나지 않았는데, 또 일본공산당 스스로가 자국의 제국주의에 항거해 그 원흉인 천황제 타도를 내건 지도 얼마 지나지 않았는데, 여기에서는 그런 역사는 후경으로 밀려나고 오직 미국에 의한 일본 점령의 '피해'만을 전면에 내세우고 있다. 물론 이 주장은 혁명당의 프로파간다의 성격이 강하다. 하지만 '전후 개혁'을 거쳐 '부흥'이 진행되기 시작했던 1951년의 일본의 상황에서 보면 냉철하지 못한 분석이다. 게다가 민

---

53) 神山茂夫 編著, 『日本共産党戰後重要資料集 第一卷』, 619쪽. 강조는 인용자.

족의 '피해' 구도도 단순하고 또 리얼리티도 너무 없다. 따라서 계속되는 식민주의[54]의 피해가 오히려 은폐되어 버린다. 또한 식민주의와 침략전쟁에 대한 인식에서 보면 51년 강령은 더욱 문제이다. 강령의 기술은 다음으로 이어진다.

> 타국의 영토를 약탈하기 위한 침략전쟁의 길은 일본에서는 이미 실험이 끝난 일이다. 모두 알고 있는 것처럼, 앞선 전쟁은 나치스 독일과 동맹하에 이루어졌다. 그리고 우리나라는 패배와 파멸로 끝났다. 당시의 중국은 약했지만 지금은 강해지고 있다. 또한 소련 동맹은 더욱 훨씬 강해지고 있다. 미제국주의와의 동맹이 승리를 가져다준다는 보증이 어디에 있단 말인가? 미국인은 독일인보다 얼마간은 나은 군대일까?[55]

이 같은 주장을 액면 그대로 받아들이면, 미국이 유도하는 침략전쟁의 길을 거부해야 하는 것은 그것이 "승리를 가져다준다는 보증"이 없기 때문이라는 논리가 된다. 그렇다면 일본이 행한 앞선 침략전쟁이 잘못된 이유는 전쟁에서 패배했기 때문이라는 것이 되는 것일까? 승리했다면 괜찮다는 것일까? 이런 천박한 주장으로는 천황제와 침략전쟁에 반대해 일관되게 투쟁해 왔다고 자부하는 일본공산당의 간판이 부끄러워진다. 어찌 되었든 여기에는 식민주의 그 자체를 진지하게 반성하려는 지향이 보이지 않는다. 또 일본이 행한 식민주의에 대한 고려도 없다.

민족의 피해라는 노식과 식민주의의 망각. 일본 민속의 해방을 표방

---

54) 岩崎稔 外 編, 『継続する植民地主義』, 青弓社, 2005.
55) 神山茂夫 編著, 『日本共産党戦後重要資料集 第一巻』, 621쪽.

한 51년 강령은 지금은 거의 읽히지 않는다. 따라서 논의의 대상조차 되지 못한다. 하지만 당시에는 지금까지 말한 사상 내용을 포함하고 있었기 때문에 매우 중대한 정치적 의미를 지녔다. 『일본공산당의 80년』이라는 제목의 현재 일본공산당의 정사(正史)에 따르면, 51년 강령은 '50년 분열'이라고 이름 붙여진 당의 혼란기에 당시 베이징에 피난해 있었던 일부 당 간부가 모스크바에 불려가 스탈린의 주장에 굴복해서 만든 것이다.[56] 즉 외부의 강제에 의한 것이라는 변명이다. 그러나 이런 공식설명에도 불구하고, 실제로는 일본공산당의 행보가 이미 본 바와 같이 제6회 당대회 무렵부터 이 51년 강령에 가까운 방향으로 점차 흘러가고 있었다는 사실을 놓쳐서는 안 된다.

되돌아보면, 연합국의 일본 점령이 장기화되고 또 냉전의 심화를 배경으로 점령정책이 '역코스'를 걷게 되자, 반공을 지향하는 점령당국과 공산당 사이의 알력도 격렬해졌고 이 과정에서 생겨난 반미감정과 함께 '민족'이 전후 일본공산당에서 다시 강하게 의식되기에 이르렀다. 이런 변화는 맥아더가 1946년 식량 메이데이에 "폭력 데모는 허용하지 않겠다"는 비난성명을 내고 다음 해 1947년에는 2·1 총파업에 대해 중지명령을 발령한 것이 계기가 되었다. 그래서 점령군을 해방군으로 보았던 그때까지의 규정에 의문을 품게 되었고, 점령군과 알력을 반복하는 가운데 이윽고 점령을 식민지화된 민족의 피해로 보게 된 것이다. 이 인식의 변화가 당의 강령/노선 변화로 이어진 것이다. 이는 1947년 12월 공산당제6회 대회에서 "일본의 완전한 독립"이라는 행동강령 항목의 제기로

---

56) 日本共産党中央委員會, 『日本共産党の八十年』, 日本共産党中央委員會出版局, 2003, 111쪽.

나타났고, 1948년 3월 '민주민족전선'을 제창하는 형태로 이어졌다. 그리고 이것이 51년 신강령에서 드디어 '민족해방민주혁명' 노선으로 정식화되기에 이른 것이다.

이런 변화를 결과에서 보면, 천황제의 형태를 취한 일본 제국주의와 식민주의의 '가해'에 저항해야 하는 투쟁은 일본 민족의 피점령이라는 '피해'에 저항하는 투쟁으로, 그리고 해방군이었던 미국은 일전(一轉)해 제국주의의 원흉이며 주된 타도대상으로 바뀌었다. 즉 대역전으로 귀결된 것이다. 불과 몇 해 사이에 일어난 이 전회(轉回)는 주변에 있던 조선인들에게는 혁명 그 자체의 변질이었고 자신들이 관여해야 할 입장 그 자체의 상실이었음에 틀림없다. 그리고 이 흐름에서 조선인 배제는 점차 확실히 진행된다.

이 시기의 일본공산당과 재일조선인 운동의 관계를 실질적으로 보면, 재일조선인의 존재는 계속되고 있는 일본의 식민주의와 구조적인 연관을 가지기 때문에, 공산당 측의 이 같은 노선전환에도 불구하고 양자의 관계는 실은 이를 넘어서 점차 확대되어 왔다고 할 수 있다. 특히 1948년 무렵부터 수년간은 일본공산당도 재일조선인 운동도 그 활동에서 점차 점령당국과의 긴장관계가 고조되어 극히 엄혹한 시련에 내몰려 있을 때였다. 그런 가운데 조국 조선에서 전쟁 가능성이 높아 가던 이 시기에 일본공산당에 거는 재일조선인의 기대는 매우 높았고 그래서 조선인 당원 수도 많이 늘어났다. 많은 증언에 따르면, 이 시기에 감행된 많은 실력투쟁의 선두에 선 것은 조선인이었고 또한 이 때문에 가혹한 탄압의 대상이 된 것도 조선인이었다.

그럼에도 불구하고 재일조선인의 자리매김을 둘러싼 논의는 공산당 내에서는 다음과 같이 진행되고 있었다. 먼저 '민주민족전선'이 제기되는 과정에 있었던 1947년 12월, 일본공산당 제6회 대회는 "당은 일본 민족의 독립과 세계 평화를 확립하기 위해 전력을 다한다"고 선언한 당규약 전문을 채택했다. 그리고 조선 문제에 대해서는 행동강령 말미에 "조선 및 남방제국의 완전한 독립"이라는 항목을 내걸었다. 즉 조선 문제를 세계평화와 민족 자결의 일반 문제에 짜 넣은 것이다.[57] 이어서 1951년 2월에 열린 제4회 전국협의회에서는 재일조선인을 중국인과 함께 일본 민족과는 다른 "재일소수민족"으로 새롭게 자리매김하고 "부당한 압박을 받고 있는 재일소수민족의 이익과 권리를 지키는 투쟁에 적극적으로 협력하고 원조해야 한다"고 주장했다.[58] 그리고 같은 해 10월에 열린 제5회 전국협의회에서는 당면 임무에 "재일 제(諸)민족과의 제휴(提携)"를 내걸었고 "재일 조중(朝中) 인민"은 "확고한 독립국가의 인민"으로 자리매김하는 것으로 바뀌었다.[59] 그리고 이 같은 논의를 거쳐 1952년에는 51년 강령에 호응해 재일조선인 운동을 당 외부에 독자적으로 자리매김하기 위해 기초된 '민족강령초안'이 제출되기에 이르렀다.

이 같은 과정을 다시 되돌아보면, "재일소수민족"이든, "독립국가의 인민"이든, 재일조선인에 대한 자리매김이 우여곡절을 거친 것처럼 보이지만, 사실 당의 노선에서 볼 때는 일정 방향으로 움직이고 있었음을 알 수 있다. 즉 이는 모두 일본인을 민족으로서 기동시키려는 노선의 흐름하에서 민족인 일본인들의 공동전선과 그 외부라는 관계로 재일조선인을 분리해 자리매김해 가는 사상적 방향에 다름 아니었다. 그리고 일

---

57) 위의 책, 314쪽.
58) 朴慶植 編, 『朝鮮問題資料叢書 第十五卷』, 130쪽.
59) 같은 책, 131쪽.

본공산당과 재일조선인 운동의 결별도 당의 노선의 관점에서 보면, 일본인이라는 민족에 자기기반을 두려했고 그리고 점차 그 기반에서 헤어나지 못하게 된 일본공산당 노선 전환의 필연적인 귀결로 이해하지 않으면 안 된다.

이렇게 해서 패전 직후 일본공산당 재건 초기에 가능성으로서 존재했던 국제주의는 1950년대에 접어들면서 명확하게 하나의 민족주의로 변질해 '전후 일본'이라는 틀 속으로 완전히 편입되기에 이른다. 게다가 이 민족주의가 '공산당'이라는 일본 국내의 반대세력에 뿌리내림으로써 '전후 일본'이 내셔널 의식으로 내향하는 정치적 틀이 보다 강고하게 구축(구성)되었다. 이 과정을 동시대에 목격하고 있었던 다케우치 요시미는 1950년에 발표한 「일본공산당에 제시한다」는 글에서 다음과 같이 말하고 있다.

> 일본공산당에 대한 나의 불만을 파고 들어가면, 결국은 일본공산당이 일본의 혁명을 주제로 삼지 않고 있다는 점에 있지 않을까 하고 생각한다.[60]

'방법으로서의 아시아'라는 입장을 제기해 전후 일본에 이채로운 시각을 주었던 다케우치의 사고는 이같이 일본공산당을 포함한 '전후 일본'에 대한 또 다른 저항으로 시작하고 있었다. 다음에는 다케우치 사상의 영위에 대해 생각해 보자.

---

60) 竹內好, 「日本共産党論」, 『竹內好全集』 第六卷, 筑摩書房, 1980, 133쪽.

4. '방법으로서의 아시아'라는 함정

1) 일본인의 가해책임과 자기해방

일찍이 쓰루미 슌스케(鶴見俊輔)가 지적한 사실이지만, 전후 일본의 전쟁을 둘러싼 언설, 특히 전쟁책임을 둘러싼 언설은 1955년 무렵을 경계로 그 양상이 크게 변화했다. 쓰루미에 따르면, 1955년 무렵까지는 "전쟁책임의식이 제도적으로 형성되던 시대"였다.[61] 그때까지 전쟁책임에 대한 의식형성을 촉진하는 몇 가지 발언은 있었다. 하지만 이 발언들이 동시대 일본의 언설세계에 주체적으로 받아들여지는 일은 없었다. 오히려 점령군에 의해 주어지는 형태였다. 즉 공직추방이나 도쿄재판같이 모두 제도적인 형태로 문제화되었을 뿐이다. 그런데 1955년 이후가 되면, "전쟁책임의식을 자력(自力)으로 만들어 내려는 움직임"이 나타난다.[62] 즉 드디어 전쟁책임을 사상 내재적으로 어떻게 물을 것인가가 문제가 된 것이다. 주목해야 하는 것은 정치가나 군인이 아니라, 일본공산당 관계자 등, 전후 민주주의의 중심적 담당자를 포함한 지식인들의 사상이나 행동에 대해서도 전쟁책임이 문제화되기에 이른 점이다. 그 도화선이 된 것은 요시모토 다카아키(吉本隆明)이다. 요시모토가 「다카무라 고타로(高村光太郎) 노트 : 전쟁기에 대하여」를 『현대시』(現代詩) 지상에, 또 「동시대의 시인들 : 쓰보이 시게지(壺井繁治)·오카모토 준(岡本潤) 평가에 대하여」를 『시학』(詩學)에 각각 발표한 것은 1955년의 일이다. 이어

---

61) 鶴見俊輔, 「戰爭責任の問題」, 『鶴見俊輔著作集 第五卷 時論·エッセイ』, 筑摩書房, 1976, 37쪽.
62) 鶴見俊輔, 위의 책.

서 쓰루미 슌스케가 「지식인의 전쟁책임」을 『중앙공론』(中央公論)에, 마루야마 마사오가 「전쟁책임의 맹점」을 『사상』(思想)에 발표한 것은 그 다음 해인 1956년의 일이다.

하지만 전쟁책임론의 "재대두"(再台頭)[63]라고도 할 수 있는 이 같은 언설을 이해하기 위해서는 그 배경에 있는 '전후 일본'의 일본인의 일반적 의식상황에도 주의를 기울여야 한다. 민족에 대한 지향이 다시 강해진 1950년대, 특히 패전에서 10년이 경과한 1955년 무렵이 되면, 강화조약을 기회로 진행되던 추방해제도 거의 끝나 전쟁체험과 그 책임 문제를 이제는 과거의 일로 치부하려는(하고 싶어 하는) 의식이 일본인들 사이에 점차 퍼져 간다. '진무(神武) 경기'라 불리는 상황이 시작되던 이 해에 사람들의 관심은 이제 경제성장과 풍요로운 생활에 쏠려 있었다. 이 때문에 쓰루미가 이 시기에 찾아냈던 "전쟁책임을 자력으로 만들어 내려는 움직임"은 한편에서는 분명히 전쟁책임 문제의 사상적 진전 혹은 심화였지만, 다른 한편에서는 전쟁을 과거로 내몰았던, 당시에 만연해 있던 의식에 저항하는 벼랑 끝의 노력이기도 했다.

다케우치 요시미는 이 같은 상황하에서 일본인의 전쟁책임론을 질적으로 한 단계 심화시키기 위해 발언한다. 이때 다케우치의 염두에는 가해책임을 묻지 않고 재차 민족에 대한 지향을 강화하게 된 '전후 일본'에 대해 커다란 우려가 있었음은 분명하다. 이를 의식한 다케우치는 일본이 걸어온 근대화의 길을 재차 전체적으로 되묻는 길을 택했다.

아시아를 뒤덮고 있는 제국주의의 힘을 제거하기 위해서는 자신이 제

---

63) 久野收·鶴見俊輔·藤田省三, 『戰後日本の思想』, 勁草書房, 1966, 238쪽.

국주의를 택하든지, 아니면 세계에서 제국주의를 근절하든지 이 두 가지 길밖에 없다. 아시아 제국 중에 일본은 전자를 택했고 중국을 포함한 다른 많은 나라들은 후자의 방향을 택했다. …… (그러나) 노예가 자유인이 되기 위해서는 자신이 노예소유자로 바뀌는 것만으로는 불완전하며 지배 피지배 관계 그 자체를 배제하지 않으면 안 된다.[64]

일본 제국주의에 의한 가해와 이에 대한 전쟁책임. 일본인이 이 점을 분명히 인식해야 하는 것은 타자를 해친 죄를 갚아야 한다는 정치적, 윤리적 책무 때문만은 아니다. 덧붙여 중요한 것은 일본이 선택한 근대 그 자체가, 그 내셔널리즘의 행태가 일본인이라는 주체의 존재형태를 근본에서 규정하고 있기 때문이다. 즉 일본 제국주의의 가해성은 일본인의 주체에 각인된 노예성(루쉰[魯迅]적인 의미에서)과 깊게 관련되어 있기 때문에 전자가 청산되지 않는 한, 후자의 멍에는 계속 유지된다고 생각해야 한다. 때문에 가해책임을 회피하지 않고 이를 받아들인다는 것은 일본인의 주체의 존재형태를 근본에서 바꾸어 가는 것이다. 다케우치는 이것을 일본인 자신의 자기변혁과 자기해방의 핵심과 관련된 문제로 보았다.

다케우치는 1950년대 초반의 국민문학논쟁에서 "피 철갑을 두른 민족"의 전쟁책임을 다시 상기하기 위해, 우선 사람들의 내면 정신에 넓게 울려 퍼질 수 있는 문학의 기능에 기대를 걸었었다.[65] 1950년대를 통

64) 竹内好,「アジアのナショナリズム」,『竹内好全集』第五卷, 筑摩書房, 1981, 7쪽.
65) 이 점에 대해서는, 中野敏男,「'民族解放革命'と'民族の魂の解放'」,『前夜』6号, 2006 참조.

과한 다케우치는 전쟁책임의 계승 그 자체가 점차 곤란해져 가는 시대 상황 가운데서 "가해의식의 연속"[66]을 더욱더 절실하게 생각하게 되었고 그 가능성을 "민족감정"과 "책임감의 전통"에서 찾았다. 이 점에 대해 다케우치는 1960년의 논고 「전쟁책임에 대해서」에서 이렇게 말한다.

> 죄는 객관적으로 존재하지만, 책임은 '책임의식'으로 주체화되지 않으면 존재를 증명할 수 없다. 적어도 설득은 불가능하다. 그런데 전쟁책임이란 '면책되어도 부끄럽지 않은' 것이어야 한다. 이를 구제하기 위해서는 민족감정에 자연스러운 책임감의 전통을 근거로 할 수밖에 없다. 그 같은 전통으로서는 아시아, 특히 중국에 대한 침략의 고통밖에 없다.[67]

여기에서 분명히 다케우치는 '지식인의 자기책임'에 입각해 언설 수준에서 재대두하고 있었던 전쟁책임의 문제를 "전통으로서"의 감정에 호소함으로써 일본인의 주체에 내재하는 견고한 기반에 두려 했다.

하지만 이때 다케우치가 가려 했던 길은 동시에 아주 커다란 위험이 있는 길이기도 했다. 왜냐하면 다케우치는 그런 사상적 에너지를 뿜는 원천으로 일본인의 민족 감정에 뿌리내리고 있는 "전통"과, 일본의 근대와는 대조적으로 포착되는 아시아 근대의 '원리'에 기대를 했기 때문이다. 그리고 그런 전통과 원리에 자신의 길을 걸었다. 물론 그런 전통과 원리가 실체로 현존하는 것으로 믿었을 만큼 다케우치는 순진하지는

---

66) 竹內好, 「戰爭責任について」, 『竹內好全集』 第八卷, 筑摩書房, 1980, 212쪽.
67) 竹內好, 위의 책, 217쪽.

않았다. 그래서 스스로에게 독자적인 형태로 사상적인 에너지를 내뿜는 전통과 원리에 입각해 역사의 주체가 되기 위해, 기존의 사상에 내재하는 가능성을 구성적으로 넓혀 가는 안목을 택한다. 여기에서 다케우치의 '방법으로서의 아시아'라는 입장이 생겨난다.

문화적인 되치기, 혹은 가치상의 되치기를 통해 보편성을 만들어 내야 한다. 서양이 낳은 보편적인 가치를 동양의 힘으로 한층 더 높이기 위해 서양을 변혁한다. 이것이 동양과 서양이 대립하고 있는 오늘날의 문제다. …… 그 되치기를 할 때 **자신 안에 독자적인 것이 없으면 안 된다.** 그게 무엇이냐 하면, 아마 실체로서 존재하지는 않을 것이다. 그러나 방법으로서는, 즉 주체형성의 과정으로서는 있을 수 있지 않을까? 그래서 '방법으로서의 아시아'라는 제목을 달았다.[68]

그렇다면 이같이 전통으로서 유지되어 온, 자신 안에 있는 "독자적인 것"을 주체형성을 위해 구성적으로 창출하려 했던 '방법'은 도대체 무엇을 가져다주었을까?

2) 아시아주의라는 애로(隘路)

문제는 '방법으로서의 아시아'라는 입장에서 다케우치가 근대 일본에서 태동한 '아시아주의'의 흐름을 아시아와 연대를 모색했던 사상전통으로

---

68) 竹內好, 「方法としてのアジア」, 『竹內好全集』 第五卷, 筑摩書房, 1981, 115쪽. 「방법으로서의 아시아」, 『내재하는 아시아』(다케우치 요시미 선집 2), 마루카와 데쓰시·스즈키 마사히사 엮음, 윤여일 옮김, 휴머니스트, 2011, 64쪽. 강조는 인용자.

재평가하려 했던 점에 있다. 다케우치의 아시아주의 재평가는 일본 식민주의의 가해책임을 물으려는 입장 내부에 심각한 균열을 낳았고, 피하려 해도 피할 수 없는 문제점을 내포했다. 다케우치는 전쟁책임의 전통을 근대 일본의 기초로 삼으려 했다. 그런데 그 기반을 다름 아닌 일본의 아시아주의에서 찾으려 했다. 이는 역사의 현실을 보는 한, 완전히 위험투성이의 도박이었다. 이는 부정할 수 없는 사실이다. 조선사 연구자인 가지무라 히데키(梶村秀樹)는 현실의 역사에 비추어 다케우치의 이런 시도에 중대한 의문을 제기하면서 다음과 같이 지적하고 있다.

왜 오늘날 적어도 '관점에 따라서는 철두철미 침략적'이라 할 수밖에 없는 현양사(玄洋社) = 흑룡회(黑龍會)를 저 정도로 평가해야 할까?[69]

다케우치가 적극적으로 평가하려 한 아시아주의, 그 중핵에 놓여 있던 현양사=흑룡회는 사실 근대 일본의 식민주의와 침략의 첨병 집단이었다. 그리고 다케우치 자신도 이를 "철두철미 침략적"이었다고 인정한다.[70] 그런데도 다케우치는 "현양사=흑룡회 이데올로기가 처음부터 침략적이었는가 하면 그렇지 않다"고 반복해서 주장한다.[71] 가지무라에게 이는 완전히 이해할 수 없는 일이었다. "적어도 '황실을 경대(敬戴)하고' '민권을 신장한다'는 강령을 표방한 현양사에는 처음부터 국권론(國權論) → 침략주의(侵略主義) 요소가 잠재되어 있었다. 이것이 객관적인

---

69) 梶村秀樹, 「竹內好氏の「アジア主義の展望」の一解釋」, 『梶村秀樹著作集第一卷』, 明石書店, 1992, 97쪽.
70) 竹內好, 「日本のアジア主義」, 『竹內好全集』 第八卷, 筑摩書房, 1980, 107쪽.
71) 竹內好, 위의 책, 111쪽.

조건에 의해 일정한 시기에 개화했을 뿐이라는 논리를 완전히 부정할 수 없을 터이다."[72] 그런데 일본의 침략주의의 가해성을 물어야 할 다케우치가 명백히 침략주의 이데올로기를 가진 현양사를 구출하려 한다. 도대체 어떤 의도일까?

다케우치의 '방법으로서의 아시아'라는 입장은 그 내부까지 파고들어가 보지 않으면 그 의도를 이해할 수 없다. 물론 다케우치도 현양사=흑룡회에 침략주의가 있다는 것을 부정하지는 않는다. 그럼에도 다케우치가 현양사=흑룡회를 재평가하려는 것은 흑을 백이라 우기고자 함이 아니다. 오히려 비록 아주 조금이라도, 존재했을 터인 아시아의 '원리'에 연결지으려 했던 사상을, 그런 방향으로 사람들을 움직이게 한 에너지를 지녔던 사상을 의식적으로 끄집어내기 위해서이다. 즉 다케우치는 현양사=흑룡회의 침략주의 이데올로기에서 아시아의 원리를 지향하는 사상을 분리 추출해 아시아의 원리를 지향하는 "전통"을 근대 일본에서 구성적으로 창출하려고 시도한 것이다. 다케우치는 말한다.

> 사상에서 이데올로기를 박리(剝離)하는 것, 혹은 이데올로기에서 사상을 추출하는 것은 아주 곤란하다. 거의 불가능에 가까울지 모른다. 그러나 사상 차원의 체제로부터의 상대적 독립성을 인정하고 사실로서의 사상을 곤란을 무릅쓰고 분리 해체하지 않으면, 묻혀 있는 사상에서 이데올로기를 끌어낼 수 없다. 즉 전통 형성이 불가능하게 된다.[73]

---

72) 梶村秀樹, 「竹内好氏の「アジア主義の展望」の一解釋」, 99쪽.
73) 竹内好, 「近代の超克」, 『竹内好全集』 第八卷, 筑摩書房, 1980, 12쪽.

다케우치는 의도적으로 위험을 무릅쓰고 불 속으로 뛰어든 것이다. 때문에 '방법으로서의 아시아'라는 다케우치의 시도는 커다란 위험성을 동반한 하나의 도전이었다. 그렇다면 마음에 걸리는 것은 이 도전에 그가 무엇을 걸었는가이다. 물론 모든 사상에는 조금이라도 긍정적인 가능성이 있을 터이니 가령 적대적인 사상이라도 그 가능성을 최대한 찾아야 한다. 따라서 이런 시도 자체를 나쁘다고 할 수는 없다. 더구나 사람들을 움직일 정도의 힘을 가진 사상이라면 사상 안으로 헤치고 들어가는 용기는 때로는 아주 중요하다. 하지만 그런 경우에도 그에 대한 대가로 무엇을 지불해야 하는가가 가장 중요하다. 그 사상의 근간을 양보해 버리면, "혹 떼러 갔다가 혹 붙이는 격"이 되어 함정에서 헤어날 수 없게 된다. 다케우치의 아시아주의 재평가에는 이런 점이 없었을까?

그렇다면 다케우치는 초점이 된 현양사=흑룡회를 어떻게 다루고 어디서 방위선을 긋고 있을까? 미묘한 뉘앙스의 차이를 잘 살펴보면 이 점이 분명히 드러난다. 예를 들면, 현양사=흑룡회를 '침략주의의 화신'이라 비판했던 허버트 노먼(E. Herbert Norman)의 주장에 대한 다케우치의 단호한 변명을 보자.

> 일본의 대외팽창을 모두 현양사의 공(혹은 죄)으로 귀결시키는 것은 너무 지나치다. 초기 내셔널리즘과 팽창주의의 결합은 불가피했다. 만일 이를 부정하면 처음부터 일본의 근대화는 있을 수 없는 것이 된다. 문제는 그것이 인민의 자유와 어떻게 관계되는가에 있다.[74]

---

74) 竹內好, 「日本のアジア主義」, 153쪽.

그렇다. 현양사=흑룡회가 아무리 침략적이었다 해도 그들의 존재만으로 일본의 대외팽창의 책임을 모두 말할 수는 없다. 따라서 그 책임 범위를 한정하려는 다케우치의 반론은 일단은 정당하다. 그러나 이어서 다케우치가 초기 내셔널리즘과 팽창주의의 결합을 "불가피"한 것으로 시인하고 게다가 이를 "일본의 근대화" 때문에 긍정해 버리는 것은 도대체 왜일까? 앞서 본 바와 같이, 다케우치는 "스스로 제국주의를 택하든지, 아니면 세계에서 제국주의를 근절하든지"라는 아시아 근대화의 두 가지 길을 지적했다. 그리고 전자의 길을 걸은 일본을 후자로 바꾸기[轉轍] 위해, '방법으로서의 아시아'를 출범시켰다. 그런데 여기에서는 현양사=흑룡회의 존재를 시인하기 위해서 팽창주의를 "불가피"한 것으로 인정해 버린다. 이는 다음으로 이어진다.

> 현양사(및 흑룡회)가 당초부터 일관되게 침략주의였다고 규정하는 것은 절대평화주의에 의거하지 않는 한, 역사학적으로 무리가 뒤따른다. …… 중국혁명 간섭과 만몽(滿蒙)점령의 시기로 고정해 보면, 일본의 국책은 명백히 침략적이다. 하지만 이 책임을 현양사=흑룡회에게만 씌우는 것에는 역시 무리가 뒤따른다.[75)]

일본 침략주의의 책임을 일관되게 현양사=흑룡회에게만 씌우는 것이 "무리"라 지적하는 다케우치의 주장은 그 자체로는 틀리지 않았다. 그렇지만 이를 주장하기 위해서 다케우치는 일본의 국책이 침략적이었던 시기를 "중국혁명 간섭과 만몽점령의 시기만"으로 굳이 한정하고 있

---

75) 竹内好, 「日本のアジア主義」, 153쪽.

다. 이런 주장은 일본의 침략을 식민주의에서 생각해 보면, 이에 역행하는 논법이라 하지 않을 수 없다. 의도가 어디에 있든지 두 시기 이외의 시기에는 침략적이지 않았던 팽창주의 국책이 있었고 또한 침략적이지 않았던 현양사=흑룡사가 존재했다는 주장이다. 실제로 다케우치는 현양사가 조선에 보낸 천우협(天佑俠)이라는 비밀조직이 조선의 동학당과 관계가 있는 것처럼 쓰고 있다. 그런데 "사정을 모르는 독자"가 읽으면, "천우협이 동학당을 도왔"던 사실이 있었던 것으로 이해되기 때문에 "잘못된 이미지"를 전해 줄 수 있다(조선사 연구자인 가지무라에 따르면, "그와 같은 사실은 실제로는 없었"다).[76] 게다가 다케우치는 일본의 국책이 "명백히 침략적"으로 보였던 시기와 장소를 위에서 인용한 바와 같이 굳이 한정하고 있다. 이렇게 한정해 버리면 침략성을 묻는 논의 안에 조선의 식민지화 문제가 전혀 포함되지 않게 된다. 다케우치의 논의에서 조선의 결락(欠落)은 종종 지적되는 점이다. 그러나 이는 다케우치가 실제로 어느 정도로 조선을 언급하고 있었는가의 문제라기보다 다케우치의 논의 구조 때문에 조선의 식민지 문제가 결락되어 버리지 않았나라는 의심이 생긴다. 이런 점을 염두에 두고 위의 인용부분을 읽으면, 이 의심이 정말로 맞아떨어진다. 나아가서 조선의 결락이 일본의 아시아주의를 평가하는 이유의 귀결이라면, 이는 너무나 잃는 것이 많다고 하지 않을 수 없다. 다케우치는 아시아주의 재평가를 지향하는 자신의 논의를 마지막에 정리해서 다음과 같이 말한다.

뒤처져 출발했던 일본의 자본주의가 내부의 결함을 대외진출로 커버

---

76) 梶村秀樹, 「竹內好氏の「アジア主義の展望」の一解釋」, 98쪽.

하는 형태를 반복하면서 1945년에 이른 것은 사실이다. 이는 근본적으로는 약한 인민에 근거한 것이다. 하지만 이런 형태를 성립시키지 않을 수 있었던 계기를 역사상으로 발견할 수 있는가라는 점에 오늘날 아시아주의의 가장 큰 문제가 걸려 있다.[77]

하지만 이같이 "이런 형태를 성립시키지 않을 수 있었던 계기를 역사상으로 발견"하기 위해 현실의 아시아주의자를 어떻게 해서든 구출하고 이를 위해 초기 내셔널리즘과 팽창주의의 결합을 "불가피"한 것으로 시인해 버리는 것은 너무나 가슴 아픈 도착(倒錯)이다. 게다가 조선의 식민지화라는 문맥에서 보면, 아시아주의에 대한 "잘못된 이미지"를 만들어 실제로는 침략주의로 행동한 아시아주의자를 구출하려 한 것이다. 이로써 다케우치는 '방법으로서의 아시아'라는 위험천만한 도박에 실패했고 그 함정에 빠져 버렸다.

3) 민족감정이라는 함정

그렇다면 다케우치는 무엇을 잘못했을까? 중국의 일본 사상가인 쑨거(孫歌)는 다케우치의 중국론과 관련해 이를 논하는 방법에 주의를 기울여야 한다고 말한다.

어떤 의미에서는 다케우치의 중국론은 중국연구로 쓴 것이 아니다. 일본 사회의 표면적인 근대인식을 바로잡기 위해 대상을 뒤집어 자신이 만든 구상 자체를 보여 준 것이다. 오늘날 다케우치의 중국분석에서 결

---

77) 竹內好,「日本のアジア主義」, 153~154쪽.

론을 끌어내 그것의 당부(當否)를 논하는 것은 무의미한 일이다.[78]

쑨거의 지적은 다케우치의 아시아주의 재평가에 대해서도 마찬가지로 적용될 수 있다. 다케우치는 현실의 아시아주의자들의 실상을 그린 것이 아니라 그의 중국론과 마찬가지로 "대상을 뒤집은" 것이다. 따라서 마찬가지로 다케우치의 사실 인식의 당부만으로 논의하는 것은 무의미한 일이다.

그렇다면 문제는 훨씬 근본에 있다. 즉 다케우치를 '방법으로서의 아시아'로 내몬 모티브를 생각해야 한다. 이미 본 바와 같이 그는 일본 제국주의의 가해책임에 대한 자각을 일본인의 근본적인 자기해방에로의 길로 향하게 하기 위해, 사상적 에너지의 원천으로서 일본인의 민족감정에 뿌리내리고 있는 "전통"과, 일본의 근대와는 대조적으로 포착되는 아시아 근대의 '원리'에 기대를 안고 이에 모든 것을 걸었다. 다케우치가 일본 근대의 아시아주의를 재평가하고 싶었던 것도 아시아주의에 아시아를 지향하는 사상적 에너지가 있음을 인정하고 그런 점에서 민족감정에 근거한 "전통"이 창출될 것으로 생각했음에 다름 아니다.

그러나 그렇다면, 사상적 에너지를 결집하기 위해 민족감정을 동원하고 민족으로서 책임주체를 세우려는 시도가 원래부터 타당한 것인가를 생각해야 한다. 가지무라는 이 같은 다케우치의 발상이 내셔널리즘의 심볼에 대한 조작이며, 이를 통해 민중의 에너지를 교묘하게 결집해 온 근대 일본의 전쟁동원 방식과 같은 형태라고 비판한다.

---

78) 孫歌, 「なぜポスト"東アジア"なのか?」, 孫歌 外 編, 『ポスト"東アジア"』, 作品社, 2006, 118쪽.

에너지의 결집이라는 한 가지 목적을 위해 나쁜 전통이라도 이를 이용할 수밖에 없다는 것이라면, 이는 이기면 장땡이라는 논리이다.[79]

본디 이 같은 발상이 나오는 근저에는 민족의식이야말로 우리들 아이덴티티의 뿌리를 이루는 것이고 내셔널한 심볼에 의해서만 주체가 성립되고 그 주체의 행동도 가능하다는 '국민적 주체'에 대한 고정관념이 완강하게 깔려 있다. 그래서 전쟁책임을 물을 때 우선은 그 전제로서 민족감정을 기반으로 내셔널한 책임주체를 기동하려는 발상이 나오게 되는 것이다. 이 고정관념으로부터 다케우치도 자유롭지 않았다. 이에 대해 가지무라는 다음과 같이 항변한다.

국가권력이 미치는 한계에 규정된 상태에서 사상이 기능하는 범위는 우선 국경의 틀 안에 있다. 하지만 그렇다고 해서 그것이 내셔널한 심볼에 의해서만 주체의 논리가 성립된다는 것을 뜻하는 것은 아니다.[80]

그렇다. 일본제국의 식민주의에 대해 일본인이 가해책임을 다하기 위해서 그 전제로서 일본인이 민족감정에 의거해 내셔널한 주체를 우선 기동시켜야 하는 것은 아니다. 그럼에도 다케우치는 이 구별을 명확하게 하지 않았고 '전후 일본'에 저항한다는 본래의 뜻에도 불구하고 역시 내셔널한 사상적 틀을 부수지도 못했다. 이렇게 해서 '전후 일본'에 대한 다케우치의 저항은 국민적 주체에 대한 바람을 더욱 강화함으로써 오히

---

79) 梶村秀樹,「竹内好氏の「アジア主義の展望」の一解釋」, 101쪽.
80) 梶村秀樹, 같은 글.

려 그 '전후 일본'의 내러티브 그 자체를 강화하는 것이 되어 버렸다.

이 점과 관련해서 1990년대에 일본에서 일어난 '역사주체논쟁'과 그 논쟁에서 재차 발생했던 전쟁책임과 그 책임주체를 둘러싼 논의가 상기된다. 여기에서도 논쟁의 한쪽 당사자인 가토 노리히로(加藤典洋)는 침략전쟁에서의 아시아 피해자에 대해 사죄할 일본의 주체가 결여되어 있다고 하면서, 그 때문에 우선은 300만 명의 일본인 사자(死者)를 애도함으로써 '일본인'으로서의 주체를 기동시켜야 한다고 주장해 커다란 반향을 불러 일으켰다.[81] 1964년의 다케우치와 가지무라의 논쟁에 비추어서 가토 노리히로의 주장을 생각해 보면, '주체'에 대한 인식이라는 점에서 30년 동안 사상논쟁의 구도가 전혀 바뀌지 않았음을 알 수 있다. 즉 국민적 주체를 지향해 내부에서만 "평화와 민주주의"를 말하는 '전후 일본'은 그 사상 구성에서 90년대까지 줄곧 변하지 않은 것이다. 게다가 일본 제국주의의 가해성이 온존됨으로써 다케우치가 말하는 일본인의 주체에 각인된 노예성도 청산되지 않았다. 그리고 가치개념으로서의 '전후 일본'도 계속 살아 있다.

5. 일본 민중의 식민주의에 대한 물음으로

그렇다면 어떻게 여기에서 벗어나는 길을 열 수 있을까? 이 소론에서 전면적으로 이를 탐색하는 것은 불가능하다. 그러나 지금까지의 고찰을 통해 실마리의 한 끝을 잡을 수 있을지도 모른다. 왜냐하면 지금까지 본

---

81) 加藤典洋,『敗戰後論』, 筑摩書房, 1995.『사죄와 망언 사이에서』, 서은혜 옮김, 창작과비평사, 1998.

1964년의 다케우치의 실패를, 적극적인 가능성을 시사하는 귀중한 경험으로 현시점에서 생각할 수도 있기 때문이다. 즉 다케우치의 '방법으로서의 아시아'의 좌절을 통해 국민적 주체를 기동시키려는 '전후 일본'의 사상적 회구 그 자체가 실은 일본의 가해책임을 다하려는 지향과 완전히 역립(逆立)되는 것이라는 점을 알았기 때문이다. 나는 이전에 이를 다음과 같이 표현한 적이 있다.

> 조금 역설적으로 들리겠지만, '일본인'으로서 가해에 연루(連累)되었음을 자각하고 이에 대해 책임을 다하는 것은 '일본인'이라는 것을 확립함으로써가 아니라 오히려 '일본인'이라는 것을 분열시킴으로써 가능하다.[82]

물론 이는 지나치게 추상적이다. 그렇다면 다케우치와 같이 민족감정에 의거하지 않고, 가해성의 자각을 국민적 주체의 청산으로 이어가 일본인이라는 것을 분열시킨다는 것은 구체적으로 어떤 것일까? 아시아주의의 원점(심정적 출발점)을 현양(顯揚)하려는 다케우치의 시도를 엄정하게 비판한 가지무라의 다케우치 비판은 실은 바로 가지무라 자신에게로 되돌아와 그에게 역사에 대한 물음의 의미를 새삼 다시 생각하게 만들었다. 일본인이라는 것을 분열시키기 위한 하나의 실마리가 여기에 있다.

원래 가지무라는 다케우치를 비판할 때에도 다케우치의 본뜻을 부

---

82) 中野敏男,『大塚久雄と丸山眞男』, 青土社, 2001, 297~298쪽.『오쓰카 히사오와 마루야마 마사오』, 서민교·정애영 옮김, 삼인, 2005.

정하지는 않았다. 즉 전쟁의 가해책임을 인정하고 그 위에서 한발 더 나아가 "일본인의 주체에서 미래를 열어 가"려는 다케우치가 제기한 "가장 근저적인 문제설정"[83]에 대해 적극적으로 응답하려 했다. 때문에 가지무라는 다케우치와 마찬가지로, 혹은 역사가로서 역사 내재적으로 아시아 역사 속에서 식민주의에 저항해 분투한 일본인의 사상과 행동의 사례를 찾고자 했다. 가지무라야말로 진정으로 절실하게 침략에 저항해 민중 연대를 모색했던 일본인의 주체적 모습을 역사 속에서 찾으려 했다. 그럼에도 불구하고 가지무라는 사실을 응시하는 역사가로서 결국 다음과 같은 사실을 인정하지 않을 수 없었다.

조선 근대사의 사료에 구체적으로 등장하는 일본인을 밑바닥까지 들어가 아무리 찾아보아도 가설적으로라도 전향적인 사상과 삶의 태도를 발견하기 힘들다. 식민지 사회의 일본 민중 가운데 위로부터 부여된 침략과 지배의 사상에 과감하게 역행해 조선인과의 연대를 지향했다고 할 수 있는 층은 아무리 해도 찾을 수 없을 듯하다.[84]

그렇다면 이 문제에 관한 한, 역사로부터 아무것도 배울 수 없는 것일까? 이런 의미에서 역사에 대한 물음은 '헛고생'일까? 여기에 역사가=가지무라의 딜레마가 있다. 이 딜레마에 직면한 가지무라는 방법을 찾는다. 그리고 역사상의 현실에 생기(生起)했던 것이 아니라 오히려 생기하지 않은 것에서 배우는 방향으로 걸어 들어간다. 즉 경우에 따라서는 저

---

83) 梶村秀樹, 「朝鮮から見た明治維新」, 『梶村秀樹著作集』 第一卷, 明石書店, 1992, 142쪽.
84) 梶村秀樹, 같은 글, 143쪽.

항의 방향으로 갔을지도 모를 민중의 "미발(未發)의 계기"에 주목하는 것이다. 그리고 이 계기가 좌절되어 식민주의에 "포섭되어 간" 장면에서 배우려 한다. 역사에서는 올바른 의도를 가진 것이 반드시 실현되는 것은 아니다. 역사 속에는 그리고 그 역사에 사는 민중 안에는 여러 형태로 전제권력과 침략 정책에 저항해 "민중의 연대"를 시도했던 움직임이 틀림없이 있을 것이다. 그렇다면 그런 시도가 결과적으로 어떻게 좌절되었고, 그리고 실제로 민중이 침략의 사상에 어떻게 "포섭되어" 침략에 적극적으로 가담하게 되었는가를 정면에서 진지하게 생각해야 한다.

> 아무리 단편적인 것이라도 위로부터 주어진 침략적 근대에 거슬렀던 것을 찾기 위해서는 우선 포섭되면서 고민하고 불만을 품는 모습을 있는 그대로 부둥켜안을 수밖에 없지 않을까? 포섭된 채 살아가면서 어떤 식으로 충족되지 않는 마음을 품고 있었을까? 불만을 품으면서 단순한 물리적 압박만이 아닌 자신의 주체적 이유에 의해 왜 불만을 터뜨릴 수 없었을까? 이 정도까지 파헤치지 않으면 미발의 계기론도 조선 문제의 영역에서는 단순한 과거의 영탄적(詠嘆的) 설명밖에 되지 않는다.[85]

다케우치 요시미는 아시아주의의 심정적 출발점을 재평가하려 했다. 하지만 가지무라는 침략과 식민주의에 조우해 이에 불만을 가지고 고민하면서도 실제로는 포섭되어 갔던 민중의 경험을, 그 경험에서 느꼈을 터인 고통을, 혹은 자신의 사정(주체적 이유) 때문에 타자의 고통에 무자비하게 응대했다는 것과 관련해 상기되어야 할 고통을 중요한 것으

---

85) 梶村秀樹, 같은 글, 146~147쪽.

로 포착하려 한 것이다.

이같이 "포섭된" 민중을 보는 가지무라의 눈길은 조선사가로서 식민지 조선에서 재조 일본인의 모습을 포착할 때, 특히 엄정하고 예리하고 절실한 것이 된다.

실제로는 역사에 등장하는 조선 식민자의 삶의 방식은 놀랄 정도로 섬뜩하고 변호의 여지없이 사악하다. 서민에 이르기까지, 때로는 서민이 관헌 이상으로 강렬한 국가주의자였다. 그들은 조선인에 대해 국가의 논리로 완전무장한 냉혹한 에고이스트였고, 거리낌 없는 편견을 가진 차별과 가해의 실행자였다. 조선인의 일이라면 구석구석까지 다 알고 있다고 자부하는 주제에, 실제로는 아무것도 모르고 있었다.[86]

이는 전장에서 일어난 비일상적인 사태가 아니다. 식민지의 일상적인 현실이다. 이 같은 재조 일본인을 그리는 역사는 그때까지는 "연구자들이 완전히 회피해 온 영역"[87]이었다. 그러나 가지무라가 보기에는 여기에 물어야 할 문제가 응축되어 있었다.

일본이 패전한 1945년 시점에서 식민지 조선에 거주하고 있던 일본인은 70만 명을 넘는다. 가지무라는 어떤 형태로든지 식민지 조선에 체재하거나 발을 들여놓은 일본인의 수를 추계하였다. 그리고 또한 다른 아시아 제국에 건너간 방대한 일본인 식민자들에게까지 상상력을 발휘하였다. 그리고 "자신의 주변에 식민지 경험자가 없는 일본인은 아마 한

---

86) 梶村秀樹, 「植民地と日本人」, 『梶村秀樹著作集』第一卷, 明石書店, 1992, 194쪽.
87) 梶村秀樹, 같은 글, 193쪽.

사람도 없을 것"[88]이라고 추정한다. 실제로 군인, 군속을 포함해 패전 시에 해외에 있었던 일본인은 660만 명을 넘는다. 1983년 후생성(厚生省)의 집계에 따르면, 패전부터 그 시점까지의 '인양자'(引揚者)는 조선 인양자만 91만 9,903명, 총계 629만 1,820명에 달한다.[89] 아시아태평양전쟁을 통해 외지(外地)에서 사망한 일본인이 250만 명을 넘으니 이들의 가족, 친척 및 지인까지를 포함하면 분명히 전후에 살아남은 대부분의 일본인에게 "놀랄 정도로 섬뜩하고 변호의 여지없이 사악"했던 식민지 체험이라는 것은 말 그대로 남의 일이 아니었을 것이다.

게다가 중요한 것은 이 보편적인 식민지 체험이 전후 일본인의 내향적이고 이기적인 국민의식을 형성하는 기반이 되었다는 점이다. 전후에 많은 일본인은 전쟁을 일으켰던 것에 대해 "잘못된 국책"이라 말하고 군인이나 군국주의자들의 탓으로 돌려 왔다. 그러나 그 이면에서는 광범한 사람들에게 체험된 식민주의의 의식은 반성되지 않은 채로 계속되었다. 그리고 국가와 국민의 현재를 만들었다. 가지무라는 말한다.

> 그 정도로 보편적인 식민지 체험이 '사악한 국가권력과 선량한 서민'이라는 보기 좋은 도식만으로 명쾌하게 결론을 내릴 수 없는 굴절/착종된 심층의식을 만들어 내었다는 점이 더욱 중요하다. 무언가로 상처받은 마음이 그만큼 강렬하게 권위에의 귀속의식을 희구하게 만들었고, 그 의식에서 이기적/독선적인 국가의식과 아시아 인식이 나왔다. 이 패턴이 지금까지도 살아 이어지고 있음을 분명히 느낀다.[90]

---

88) 梶村秀樹, 같은 글, 194쪽.
89) '引揚げ'項目, 『CD - ROM版 世界大百科事典』, 日立デジタル平凡社, 1998.

만일 침략전쟁이 군국주의자에게 "속아서" 행해진 전쟁이고 위로부터의 교육이나 선전에 휘둘려 범한 "착오"에 지나지 않는다면, 일은 오히려 간단하다. 착오에서 "눈뜨면" 괜찮은 것이기 때문이다. 일본의 전후 계몽은 그같이 주장했다. 그리고 국민적 주체로서의 각성을 요구하는 언설로 전후 논단에서 확고한 자리를 얻었다. 그러나 실은 이 "보기 좋은 도식"으로는 식민지 체험에서 발화하는 "굴절/착종된 심층의식"을 포착할 수 없었다. 오히려 그 심층의식을 은폐하고 그 온존에 기여해 버렸다.

식민지 제국으로서 일본의 식민주의가 일본인들을 오히려 그 저변에서 포섭해 침략전쟁과 식민지 경영에 동원해 나간 방법은 그대로 식민주의에 대한 비판을 봉인하는 장치와 연동하고 있다. 또한 이는 일본인들만을 주연배우로 상정하는 언설공간을 전제로 하는 한, 매우 유효하게 기능할 수 있는 것이었다. 그리고 실제로 '전후 일본'에서 유효하게 기능해 왔다. 가지무라의 사상적 영위는 이러한 구조를 응시해 이를 내측에서 분쇄하려는 것이었다. 이런 역사가=사상가가 있었던 것이다.

나는 이 점에 하나의 실마리가 있다고 생각한다. 국민적 주체에 대한 자각을 호소하며 외치는 '전후 일본'의 주체 언설에 저항해 민중의 식민주의 그 자체를 내재적으로 해체하는 것, 이는 세기가 바뀐 현재에도 아직 과제로 남아 있다.[91]

---

90) 梶村秀樹, 「植民地と日本人」, 194쪽.
91) 필자는 일본 민중의 식민주의를 그 내부에서 해체하기 위해 최근 새로운 책 『詩歌と戰爭 : 白秋と民衆, 總力戰への「道」』(NHK出版, 2012.5)를 간행하였다.

2장 _ 사상捨象의 사상화思想化라는 방법

: 마루야마 마사오와 조선

권혁태

1. 들어가는 말

그리하여 권력이 한쪽에 높은 벽을 세워서 이단(異端)을 가두고 다른 한쪽에는 경계에 가까운 영역의 주민들을 안쪽으로 '서서히' 이동시켜 벽과의 거리를 멀게 할수록, 두 세계의 커뮤니케이션의 가능성은 점점 더 차단된다. 그렇게 되면 벽의 다른 쪽에서 일어나는 일은 이쪽의 세계에 거의 충격으로 다가오지 않는다. 이단자는 설령 문자 그대로 강제 수용소에 집중시켜 놓지 않더라도 '스스로' 사회의 한쪽 구석에 몸을 웅크리고 모여들게 되며, 그로 인해서 또 전체적인 세계상만이 아니라 일상적인 생활양식이나 감수성에 이르기까지 대다수의 국민과 점점 더 거리가 멀어져 고립화가 촉진된다. 나치화는 직접적인 '폭압'의 확대라기보다는 그런 사이클의 확대라고 할 수 있었다.[1]

---

1) 丸山眞男, 「現代における人間と政治」, 『丸山眞男集』 9卷, 岩波書店, 1996, 29쪽. 『현대정치의 사상과 행동』, 김석근 옮김, 한길사, 1997, 536쪽.

앞의 인용문은 마루야마 마사오(丸山眞男)가 1961년에 발표한 「현대의 인간과 정치」라는 에세이의 한 구절이다. 이 에세이는 1960년대 일본 사회에 불기 시작한 반동화 바람에 위기감을 느낀 마루야마가 나치 파시즘의 성립 과정을 정신사적으로 분석한 글이니, 이 글의 주제와는 다소 거리가 있다. 하지만 여기서 말하는 "벽"을 일본 사회가 식민화/탈식민화하는 과정에서 쌓아 올린 '경계'로 바꿔 놓는다면, 마루야마 본인의 의도와 관계없이 일본 사회는 "벽의 안쪽"에 자리함으로써 조선이라는 타자가 거의 "충격으로 다가오지 않"게 된다. 나치 치하의 '유대인=이단자=타자'에 주목하는 이 같은 마루야마의 상상력이 어째서 일본 파시즘 분석(형성과 해체)에서는 나타나지 않을까 싶을 정도로, 앞에 인용한 에세이는 마루야마 저작 중에서 매우 '예외적'이다. 그렇다면 필자가 쓰는 이 글의 주제는 명확해진다. 일본을 대표하는 '근대주의자' '민주주의자' 마루야마 마사오에게 '이단자=조선'이 왜 등장하지 않는가를 그의 생애와 사상을 통해 분석하는 것이 목적이다. 즉 일본을 대표하는 전후(戰後) 지식인의 생애와 사상을 조선 문제와 관련지어 제국 일본의 형성 및 해체의 논리 구성에서 식민지/민족 문제가 어떻게 사상(捨象)되었는가를 고찰하고자 한다.

1996년 마루야마의 사망 이후, 그에 대한 연구는 '마루야마 현상'이라 할 수 있을 정도로 붐을 이루었다. 유명 신문들은 그의 죽음을 기리는 사설과 기사를 앞다퉈 실었고, 그와 관련된 책들도 봇물처럼 쏟아져 나왔다. 그의 저작집뿐 아니라 그가 진행한 좌담회도 책으로 엮여 나왔고, 강의록은 물론 사적인 일기나 메모를 담은 기록도 연이어 출간되었다.[2]

---

2) 논문과 에세이 등을 모은 『丸山眞男集』(全16卷, 別卷1冊), 岩波書店, 1995~1997, 군 시절의

심지어 마루야마를 회상하고 그의 기록을 수집해서 출판하는 '마루야마 수첩의 회'라는 시민기구가 탄생했을 정도다.

생존 시 '마루야마 정치학'이라는 말이 생겨났고 '일본 정치학의 아버지'로 불릴 정도로 일본의 학문과 지성에 절대적인 영향력을 행사한 그였지만, 그에 대한 연구는 오히려 그의 사망 이후 훨씬 더 본격화되어 많은 연구서가 출판된 것이다.[3] 정치학자 미타니 다이치로(三谷太一郎)의 말을 빌리자면, 출판을 주도한 것은 1950~1970년대에 학생으로서 마루야마로부터 절대적인 지적 영향력을 받았던 "마루야마 체험에 의한 마루야마 세대"[4]였다. 그가 살아 있을 때는 그를 거의 주목하지 않았던 한국에서도 사망 뒤에는 주요 저작이 대부분 번역 출간되었고 연구논문도 적지 않게 발표되었다.[5] 하지만 그와 조선의 관련 여부를 본격적으로

메모를 모은『丸山眞男戰中備忘錄』, 日本図書セン−, 1997, 일기와 메모를 모은『自己内對話―3冊のノートから』, みすず書房, 1998, 강의록을 모은『丸山眞男講義錄』(全7卷), 東京大學出版會, 1998~2000, 좌담회 기록을 모은『丸山眞男座談』(全9卷), 岩波書店, 1998, 개인 서한을 모은『丸山眞男書簡集』(全5卷), みすず書房, 2003~2004, 직접 인터뷰를 통해 그의 생애를 대담 형식으로 묶은 松澤弘陽·植手通有 編,『丸山眞男回顧談』(上)(下), 岩波書店, 2006, 에세이 등을 모은 丸山眞男手帖の會 編,『丸山眞男話文集』(全4卷), みすず書房, 2008~2009 등이 출판되었다.

3) 그가 사망한 1996년부터 2005년까지 '마루야마 마사오'라는 표제가 붙어 출간된 연구서는 모두 35권에 이른다(竹内洋,『丸山眞男の時代』, 中公新書, 2005, 19쪽).

4) 三谷太一郎,「わが青春の丸山体験」,『みすず』編集部 編,『丸山眞男の世界』, みすず書房, 1997. 이른바 1960년대 전공투 세대에 마루야마가 끼친 영향력이 크다고 해서 전공투와 마루야마의 관계가 '우호적'이었다는 뜻은 아니다. 전쟁책임과 전후 민주주의에 대한 평가를 둘러싸고 양자는 현격한 인식 차이를 나타냈다. 이 점에 대해서는 권혁태,「전후 평화주의에 대한 반란」,『일본의 불안을 읽는다』, 교양인, 2010 참조.

5)『일본정치사상사연구』, 통나무, 1995;『일본의 사상』, 한길사, 1998;『현대정치의 사상과 행동』, 한길사, 1997;『문명론의 개략을 읽는다』, 문학동네, 2007;『전중과 전후 사이』, 휴머니스트, 2011 등이 모두 김석근의 번역으로 출간되었다. 마루야마의 생애와 사상에 대한 한글 자료는 앞의 번역서에 딸린 김석근의 '해제'와 김석근,「마루야마 마사오: 현대일본의 지성」,『사회비평』20호, 나남출판사, 1999; 박양신,「일본의 전후 민주주의와 마루야마 마사오」,『역사비평』89호, 역사비평사, 2009를 참조. 이 밖에 마루야마 마사오에 관한 주요 논문으로는

다룬 연구는 현재로서는 존재하지 않는다. 남기정의 연구[6]는 한국전쟁을 전후로 만들어진 '평화문제담화회'를 중심으로 당시 일본 지식인들의 조선 인식을 다루는 가운데 마루야마 마사오의 조선 인식을 언급하고 있지만, 그렇다고 마루야마 마사오의 조선 인식을 계통적으로 추적했다고는 보기 힘들다. 나카노 도시오(中野敏男) 등은 마루야마의 '국민주의'에 대한 계통적인 비판 속에서 마루야마 정치사상에 나타나는 식민지=조선 부재를 언급하고 있지만, 이 역시 마루야마와 조선의 관련이 주제는 아니다.[7] 이 글에서는 마루야마와 조선의 직간접적인 관련 여부를 밝히고, 그가 조선을 왜 사상(捨象) 혹은 후경화(後景化) 했는가를 그의 내셔널리즘론 및 파시즘론과 관련지어 분석한다. 다시 말하면 '조선을 말하지 않음으로써 조선을 말한 마루야마'를 분석하는 것이 이 글의 주제다.

노병호, 「일본의 민주주의와 1960년: 시미즈 이쿠타로와 마루야마 마사오」, 『동양정치사상사』 제9권 제2호, 2009; 노병호, 「마루야마 마사오의 모델상으로서의 요시노 사쿠조」, 『일본연구』 제42호, 2009; 김항, 「'결단으로서의 내셔널리즘'과 '방법으로서의 아시아' : 근대일본의 자연주의적 국가관 비판과 아시아」, 『대동문화연구』 제65집, 2009; 김항, 「알레고리로서의 4·19와 5·16 : 박종홍과 마루야마 마사오의 1960」, 『상허학보』 30집, 2010 등이 있다.

6) 남기정, 「일본 '전후지식인'의 조선경험과 아시아인식 : 평화문제담화회를 중심으로」, 『국제정치논총』, 50집 4호, 2010.

7) 中野敏男, 『大塚久雄と丸山眞男 ―動員·主体·戰爭責任』, 靑土社, 2001(『오쓰카 히사오와 마루야마 마사오 : 동원, 주체, 전쟁책임』, 서민교·정애영 옮김, 삼인, 2005). 마루야마의 '국민주의'에 대한 비판은 이 밖에도 다수 존재한다. 예를 들면 姜尙中, 「いま丸山眞男を語る意味」, 石田雄·姜尙中, 『丸山眞男と市民社會』, 世織書房, 1997; 姜尙中, 「丸山眞男と'體系化'の神話'の終焉」, 『現代思想』, 22卷 1号, 靑土社, 1994; 酒井直樹, 「丸山眞男と忠誠」, 『現代思想』 22卷 1号, 靑土社, 1994. 이 밖에 1960년대의 마루야마에 대한 비판으로서는 吉本隆明, 『柳田國男論·丸山眞男論』, 筑摩書房, 2001 참조.

2. 마루야마와 조선의 접점, 그리고 조선 '체험'의 후경화

마루야마 마사오의 생애와 사상을 조선과 직접 관련짓는 것은 사실상 불가능하다. 그가 남긴 방대한 연구와 기록 어디에도 독립적인 주제로 조선을 다룬 글이 존재하지 않기 때문이다. 하지만 조선을 말하지 않았다고 해서 조선에 대한 그의 생각을 분석하는 것이 불가능하지는 않다. 침묵이나 묵살이야말로 무엇보다도 중요한 정치적 표현 방법 중의 하나이기 때문이다. 하지만 여기서 '조선을 말하지 않음으로써 조선을 말한 마루야마'라는 이 글의 과제를 설정하는 태도가, 역사적 리얼리티를 무시하고 결과적 혹은 사후적인 지식과 사고를 가지고 과거의 사상가를 '단죄'하려는 윤리적인 태도를 의미하는 것은 아니다. 무엇이 조선에 눈을 돌리지 못하게 만들었는가, 혹은 조선이 마루야마의 사고체계 속에서 어떤 정합성을 가질 수 있었는가 또는 가질 수 없었는가가 중요하기 때문이다. 시대 구속성이라는 점에서 볼 때 개인의 사상체계가 그 개인이 산 시대와 무관하지 않다고 한다면, 사상가 개인을 둘러싼 직간접의 체험이 사상의 전제를 이룬다는 것은 상상하기 어렵지 않다. 마루야마에 관한 많은 연구가 그가 살았던 전시체제와 전후기를, 그중에서도 군대 체험을 그의 사상적 궤적과 연결시키는 것은 이 때문이다.

　물론 그의 전공이 일본 정치사상이고 그의 생애도 조선과 직접적으로는 관련이 있다고 할 수 없으니, 그에게 나타나는 조선 '부재'가 이상스러운 일은 아니다. 하지만 1914년에 태어나 1996년에 사망할 때까지 80년 이상에 이르는 그의 생애가 '제국 일본'의 형성, 붕괴, 재건의 시기와 거의 직접적으로 겹쳐 있고, '제국 일본'의 역사가 아이누·오키나와·타이완·조선·'만주'·동남아시아로 확대되는 식민지 제국의 역사였다는 점을 고려하면, 식민지 제국의 전성기와 그 붕괴 후에 나타나는 전후 일본 사회의 '재건' 과정에서 식민지 문제가 그의 시야 속에서 통째로 빠져 있는 것은 매우 부자연스럽다. 더구나 그가 직접 체득한 '제국 일본'의 경험이 그의 사상적 자양이 되고 있었다는 점을 감안하면, 그에게 나타나는 조선 '부재'는 일본 지식인들의 일반성이라고 간주하기 힘든 매우 중요한 문제이다.

그는 정치를 "복잡한 악기 편성으로 이루어진 인간사회를 지휘(conduct)하는 기술"로 이해하고 "이에 관련된 과학적 체계"를 정치학이라 하면서, 정치학자를 오케스트라의 지휘자[8]에 비유했다. 만일 그를 오케스트라의 지휘자로서의 정치학자라고 한다면, '주요 악기=식민지'가 제국 일본이라는 오케스트라에 어떤 화음 또는 불협화음을 내고 있었는지, 그리고 식민지라는 악기가 빠져 버린 전후 일본에 어떤 영향을 미쳤는지를 분석하는 것은 그의 정치사상에 매우 중요한 일이다. 더구나 제국 일본과 전후 일본을 분석하기 위해 동원되는 그의 연구영역은 정치학에 머물지 않고, 음악, 영화, 연극, 문학, 역사 등 거의 모든 영역에 걸쳐 있었다. 그는 존 스튜어트 밀을 인용하면서 교양인을 "모든 것을 알고 있는 사람"[9]으로 규정하고 있다. 하지만 식민지 문제에 한해서 보자면, 그는 "모든 것을 알고 있지만", '식민지에 대해서는 모르거나 눈을 돌린 교양인'이었다.

개인의 체험이라는 측면에서 봤을 때 그는 분명히 조선을 '의식'할 위치에 서 있었다. 그의 반생 동안 일본제국주의의 지배하에 조선이 놓

---

8) 「政治學」(1956), 『丸山眞男集』 6卷, 196쪽.
9) 위의 글.

여 있었고 많은 재일조선인 등이 일본에 거주하고 있었다는 일반적인 의미에서가 아니다. 그의 조선 '체험'은 좀더 직접적이다. 단편적인 기록을 통해 현재 확인 가능한 그의 조선 체험은 아버지, 관동대지진, 유치장, 군 생활을 통해서다. 먼저 그의 아버지 마루야마 간지(丸山幹治, 1880~1955)와 조선의 관련, 그리고 이에 대한 마루야마의 회상을 살펴보자. 그는 1979년에 가진 대담에서 아버지와의 관계를 다음과 같이 기록한다.

> 나는 다음 해 3월에 렌고(聯合)통신(지금의 교도통신의 전신) 시험이라도 볼까 생각하고 있었습니다. 왜냐하면 렌고통신은 국제보도를 주로 취급하고 있었기 때문에 외국에 갈 수 있다고 생각했지요. …… 아버지 (마루야마 간지)는 신문기자입니다만, '신문기자는 한 대(代)로 충분하니 신문기자는 되지 말라'고 말했어요. 일반론으로 '하고 싶은 것을 해라'라고 말했지만……. 아버지는 8개 신문사를 전전했어요. 지금은 생각조차 불가능하지요. 일본자본주의라는 것은 오히려 옛날이 모빌리티가 있어서 '기업 일가'가 종신고용제가 된 것은 아주 나중입니다. 그러나 신문사를 여덟 번이나 옮기니 그때마다 힘들었지요. …… 그럼에도 나는 렌고통신에 들어가려고 했습니다.[10]

이 인용문을 포함해 아버지에 대한 마루야마의 회상에는 몇 가지 공통점이 있다. 첫째는 해외를 돌아다니는 언론인으로서 아버지의 삶을 보고 자신도 기자의 꿈을 키웠다는 것이고, 둘째는 아버지가 무려 8개 언

---

10) 「日本思想史における'古層'の問題」(1979), 『丸山眞男集』 11卷, 154~155쪽.

론사를 전전한 자유주의적 언론인이었다는 점이다.[11] 그런데 아버지 간지는 엄연한 식민자(植民者)였다. 「연보」(年譜)에 따르면, 그의 아버지 간지는 조선총독부 기관지 『경성일보』에 1907년 3월부터 1909년 4월까지 편집국장으로, 1925년부터 1928년 11월까지는 주필로 재직한 것으로 기록되어 있다.[12] 조선 체재 기간이 5년 이상에 이른다. 첫번째 조선 체재는 마루야마 출생 이전이었지만, 두번째 조선 체재는 마루야마의 나이 11세부터 13세까지 해당하는 시기이다. 이 기간은 초등학교 고학년에서 중학교 초기에 해당된다. 그렇다면 대학 시절에 가졌던 기자에 대한 그의 '꿈'이나 8개 언론사를 전전한 아버지의 '자유주의' 언론인으로서의 경력은 식민지 조선과 분리할 수 없다. 마루야마의 아버지는 조선을 일본의 아일랜드 문제라고 하면서 조선 문제를 수시로 아들에게 말했다고 한다.[13] 이에 비춰 볼 때 제국 일본의 공간 범위 속에서 식민지 조선이 자리한 위치에 대해 그는 이미 아버지를 통해 인지하고 있었을 것이다. 그런데 아버지의 『경성일보』 시절에 대한 마루야마 마사오의 회상은 패전 초기부터 반복되지만, 아버지가 『경성일보』에서 어떤 역할을 했고 그런 역할이 자신의 사상에 어떤 영향을 미쳤는가에 대한 언급은 거의 찾아보기 힘들다.[14] 즉 아버지의 '이직'이 식민지 제국 일본의 공간 범

---

11) 마루야마 간지가 일했던 신문사는 『일본』(日本), 『아오모리(靑森)일보』, 『경성일보』, 『오사카아사히(大阪朝日)신문』, 『다이쇼니치니치(大正日日)신문』, 『요미우리(讀賣)신문』, 『주가이(中外)상업신보』, 『오사카마이니치(大阪毎日)신문』, 『도쿄니치니치(東京日日)신문』이다.

12) 『丸山眞男集』 別卷, 27~32쪽.

13) 『丸山眞男回顧談』(上), 197쪽.

14) 그는 아버지를 '자유주의자'라 규정하고 아버지 간지가 경성일보 시절에 조선자치론을 주장해서 조선총독부의 미움을 샀다고 증언한다. 이 증언으로 미루어 보건대, 조선자치론과 조선총독부의 입장이 반드시 대립적인 것만은 아니었다는 사실을 1990년대 중반의 그는

위 속에서 이루어졌고 따라서 그의 기자에 대한 '꿈'도 그 공간 범위를 전제로 하고 있었다는 자각을 찾을 수 없다는 것이다. 그에게 회상되는 『경성일보』는 조선총독부 기관지가 아니라 그의 아버지가 경험했던 많은 무기질의 언론기관 중 하나로서다. 그리고 그의 아버지는 식민자로서가 아니라 '자유주의' 언론인으로서만 기억되고 있는 것이다.

또 하나의 체험은 관동대지진이다. 아홉 살 초등학생 시절에 목격한 관동대지진을 그는 "전쟁 체험보다 오히려 강렬"[15]했던 경험이라 말하고 있다. 그가 관동대지진 당시에 쓴 「공포의 관동대지진 기억」이라는 글에는 초등학생이 썼다고 믿기 어려울 정도로 조선인 학살 기록이 생생히 담겨 있다.[16] 아홉 살에 경험한 "전쟁 체험보다 더 강렬"했던 관동대지진의 경험은 그 후 그에게 어떻게 기억되어 갈까? 다음 세 가지 글을 통해 관동대지진에 대한 그의 기억이 어떻게 변해 가는지를 살펴보자.

> [1923년] 아버지는 몽둥이를 들고 '터렁 터렁' 소리를 내면서 길가를 경계하고 있다. 조센진이 나쁜 짓을 하고 있기 때문이다. 매일 밤 동네 사람들과 교대로 수상한 사람을 보면 수하(誰何)를 한다. …… 지진이 일어났을 때, 조센진이 폭탄을 던졌다는 소리를 시끄러울 정도로 들었다. 그래서 많은 센진을 경찰만으로는 도저히 막을 수 없다. 그래서 자경단이 생긴 것이다. 그러나 자경단은 그런 역할을 하는 것이 아니다. 조센진 누구라도 덤벼라! 다 때려죽일 거야! 이런 마음은 안 된다. 조센

몰랐다고 유추할 수 있다. 그는 당시 『동양경제신보』를 중심으로 전개된 식민지 포기론에 입각한 '소일본주의'에 대해서도 몰랐다고 말했다(『丸山眞男回顧談』(下), 172~173쪽).
15) 「普遍的原理の立場」(1967), 『丸山眞男座談 7:1966~1976』, 1998, 106쪽.
16) 「恐るべき大震災大火災の思出」, 『丸山眞男の世界』, 17~27쪽.

진이 모두 악인은 아니다. 그중에도 좋은 조센진이 많이 있다. 이번에 조센진이 200명은 맞아 죽었다. 그중에 나쁜 센진은 아주 조금이다. 경찰만으로는 막을 수 없으니 자경단이라는 것을 만든 것이다. 결코 조센진을 죽이기 위해 만든 것이 아니다.

[1947년] 대지진 직후에 이곳저곳의 경찰서나 연대(聯隊)에서 사회주의자나 조선인의 학살이라든가 린치가 있었습니다. 가메이도(龜戶)나 스가모(巢鴨) 경찰서에서 있었던 린치를 요시노 사쿠조(吉野作造) 선생이 「후세를 위해서」라는 글을 통해 기록에 남겼지요. 이 기록을 보면 '주의자'도 아니고, 아무것도 아닌 사람들이 단지 조합운동을 했다는 이유만으로 차마 눈 뜨고 볼 수 없는 고문을 받았습니다. 조금 지나서 알려진 아마카스(甘粕) 사건입니다.[17]

[1966년] 그때 저는 완전히 어린아이로 아홉 살이었지만, 그래도 그 아마카스(甘粕正彦) 대위 사건의 충격은 잊을 수 없습니다. 그리고 지진 바로 뒤에 자경단이 조직되었는데, 그 사람들이 불을 피워 철야 경계를 하면서 이런저런 말을 하고 있는 것을 봤어요. 그걸 옆에서 듣고 '주의자'라는 말을 들은 것을 잘 기억하고 있어요.[18]

이 세 가지 인용문을 통해 시간적인 차이를 두고 관동대지진에 대한 그의 기억이 어떻게 변해 가는가를 알 수 있다. 1923년 그는 "전쟁 체

---

17) 「インテリゲンツィアと歴史的立場」(1949), 『丸山眞男座談 1:1946~1949』, 284~285쪽.
18) 「一哲學徒の苦難の道」(1966), 『丸山眞男座談 5:1964~1966』, 189~190쪽.

험보다 더 강렬했던" 관동대지진의 조선인 학살을 쓰고 있다. 그리고 1947년에는 요시노 사쿠조의 기록을 인용하면서 관동대지진을 조선인과 사회주의자에 대한 학살로 회상한다. 그런데 세번째 인용문에서 알 수 있는 것처럼 1966년에는 관동대지진을 "주의자"의 학살로만 기억하고 있다. 더구나 1966년의 인용문은 철학자 고자이 요시시게(古在由重, 1901~1990)가 현실에서 국가가 얼마나 폭력적일 수 있는가를 관동대지진 당시 벌어진 조선인 대량학살, 오스기 사카에(大杉榮) 사건, 가메이도(龜戶) 사건을 통해 체험했다고 말한 것에 대한 대답이다. 그렇다면 그에게 "전쟁 체험보다 더 강렬했던" 관동대지진은 조선인과 사회주의자 학살의 기억에서 사회주의자 학살의 기억으로 수렴되었다고 볼 수 있다.[19]

또 다른 조선 체험은 그의 군 생활이다. 조선에 대한 유일한 직접 체험이다. '무책임의 체계'와 '폭력의 이양'이라는 중요 이론을 마루야마가 군대 체험을 통해 이론화·사상화했다는 점은 잘 알려져 있다. 「연보」에 따르면, 그는 1944년 7월에 마쓰모토(松本) 소재 보병 제50연대 보충병으로 입대했다가 보병 제77연대 보충대로 전속되어 조선 평양에서 같은 해 9월까지 군 생활을 하고 각기병으로 평양 제2육군병원에서 입원 치료를 받은 다음, 일본으로 송환되어 같은 해 10월 소집해제 조치를 받는다. 그리고 다음 해 4월에 재소집, 히로시마에 있는 참모부 정보반에 배속되어 적 잠수함 등의 선박 정보와 국제정세에 관한 수집·정리를 맡는

---

19) 노병호는 마루야마의 소학교 시절 작문과 마루야마가 요시노 사쿠조를 인용한 점을 들어, 마루야마가 요시노 사쿠조의 조선인관에 공감하고 있었다고 말한다(노병호, 「마루야마 마사오의 모델상으로서의 요시노 사쿠조」, 앞의 책, 56쪽).

일을 하다가 1945년 8월 6일 히로시마 원폭을 경험하고 9월에 소집해제 조치를 받는다.[20] 약 9개월에 걸친 그의 군 생활 동안 조선에서 생활한 것은 약 3개월인데, 이 시기에 경험한 군 생활은 그에게 매우 중요한 사상적 자원을 제공했다.

평양 생활에 대한 기록이 처음 등장하는 것은 1949년 군대를 주제로 한 좌담회에서다. 그는 군대에서 행해지는 사적인 제재를 분류하고 분석하면서 "내가 처음 군대에 들어간 것은 조선의 평양"[21]이라고 했을 뿐, 조선 체험에 관한 별도의 언급은 없다. 하지만 1958년에 히로시마의 군 생활을 회상하면서는 "조선 시절에 비하면 육체적으로 실로 편했다"[22]고 증언하고 있는 것으로 보아, 그의 사상적 기반이 된 가혹한 군 체험은 거의 평양 생활에서 비롯되었음을 추측해 볼 수 있다. 평양 생활에 대한 그의 전후 회상이 구체적으로 드러나는 것은 1988년부터 1994년까지의 인터뷰 기록을 바탕으로 출간된 『마루야마 마사오 회고담』에서 우에테 미쓰아리(植手通有)로부터 "군대에서는 조선인 차별은 없었나요?"라는 질문을 받고 다음과 같이 답하는 대목에서다.

　　없었습니다. 조선인 상관에게도 자주 맞았으니까요. 그 점에서 보면 군대라는 곳은 엄청난 곳이지요. 계급뿐이지요. …… 평양에는 조선인 군인에게 위문단이 끊임없이 찾아와서 춤을 추기도 하는 등, 꽤 떠들썩했지요. 신참은 외출할 수 없으니 자주 가족 면회를 오지요. 그때마다 나

---

20) 『丸山眞男集』別卷, 44~46쪽.
21) 「日本の軍隊を衝く」(1949), 『丸山眞男座談 1:1946~1949』, 170쪽.
22) 「戰爭と同時代」(1958), 『丸山眞男座談 2:1950~1958』, 204쪽.

에게도 나누어 주었어요. 본 바로는 가족들도 군인들도 황국만세라는 느낌을 받았어요. 평등하게 기뻐하고 있다는 느낌. 그렇기 때문에 황민화정책의 죄가 깊다고 할 수 있지요.[23]

아버지 간지의 조선 경험을 무기질의 '직장 이동'의 경험으로만 회상하고 있듯이, 자신의 평양 생활도 군대 생활 일반에 매몰시키고 있음을 알 수 있다. 물론 '조선인 상관'으로부터 받은 폭력이 마루야마의 가공된 기억이라고 말하려는 것은 아니다. 문제는 그가 조선인 상관으로부터 받은 폭력을 '계급'이라는 군대의 일반적인 속성 속에 가둬 두려는 점에 있다. 군대라는 계급사회 조직에 식민자 – 피식민자라는 구도가 어떻게 복잡하게 얽혀 있는지를 성찰하려는 감수성이 마루야마에게는 없었던 것이다. 평양 생활에 대한 회상이 구체적인 일화를 통해 등장하는 것은, 시리아를 배경으로 식민자인 프랑스 백인 의사에 대한 피식민자의 '복수'를 그린 앙드레 카이야트(André Cayatte) 감독의 「눈에는 눈을」(Œil pour œil, 프랑스, 1957)을 보고 나서다. 그는 영화를 통해 평양 생활 시절에 경험했던 일화를 다음과 같이 떠올린다.

조선 평양에서 군인 생활을 할 때, 행군하는데 짐차를 끄는 조선인이 앞을 가로질렀다. 지휘관이 "야!" 하고 큰 소리를 지르자, 그는 굽실굽실 비굴하게 머리를 조아리고 서둘러서 소를 끌어 행렬에서 비켜났다. 지나가면서 조선인이 이쪽을 가만히 보았다. 그때의 눈이 아주 인상적이어서 견디기가 힘들었다. 영화를 보니 그때가 생각났다.[24]

---

23) 『丸山眞男回顧談』(下), 176쪽.

그의 군 회상 기록 중에 처음으로, 그리고 유일하게 등장하는 식민자와 피식민자라는 구도이다. "굽실굽실 비굴하게 머리를 조아리고", "행렬에서 비켜"나 "가만히 이쪽을 보"는 조선인과 "야! 하고 큰 소리를 지르"는 일본인 지휘관, 그리고 이를 바라보면서 "견디기가 힘들었"던 마루야마의 식민지 체험 원풍경은 매우 중요한 논점을 제공해 준다. 하지만 이 원풍경은 그 이후 진전되지 않는다. 군대 체험 속에 평양 체험이 무기질로 녹아들어 버렸기 때문이다. 그에게 평양 체험은 군 체험이었을 뿐, 식민지 체험이 아니었다. 왜 이런 일이 발생했을까?

마루야마는 파시즘 비판의 사상화를 위해 군대 체계 속에 있을 터인 식민지/민족 문제를 사상(捨象)하고 있다고 볼 수 있다. 1944년 당시에 이를 '인지'하지 못했을 수는 있다. 그러나 그가 '인지'하지 못했다는 것은 그의 사고체계 속에서 조선/민족문제/식민지 등을 보려는 사고회로가 작동되는 것을 거부하는 심성이 있었다는 점이 문제가 될 것이다. 마루야마는 1944년에 「국민주의의 '전기적' 형성」이라는 논문에서 당시 일본을 "우리나라는 예로부터 민족적 순수성을 지켜 이른바 민족 문제를 갖고 있지 않은 나라"[25]라고 규정하고 있다. 이에 대해 나카노 도시오는 다음과 같이 말한다.

'아이누'나 '오키나와' 등의 문제에 대해서는 여기서 묻지 않는다 하더

---

24) 「『眼には眼を』の問題点」(1958), 『丸山眞男座談 2: 1950~1958』, 197쪽.

25) "Nationalism은 민족주의로 번역되지만, 민족주의라 한다면 예를 들어 다른 한 국가의 본토에 소수민족으로 존재하거나, 혹은 식민지였던 나라의 민족이 독립하든가, 또 혹은 수 개의 국가로 분속(分屬)해 있던 민족이 한 국가를 형성하는 경우에는 적당하지만, 우리나라처럼 예로부터 민족적 순수성을 지켜 이른바 민족문제를 갖고 있지 않은 나라에서는 어떨까?"(「國民主義の'前期的'形成」[1944], 『丸山眞男集』 2卷, 230쪽).

라도, 관동대지진의 기억이나 아버지 마루야마 간지가 『경성일보』에 단신 부임했던 경험 등을 가진 마루야마가 자신의 도쿄제국대학 동료로서 식민지 정책학의 야나이하라 다다오(矢內原忠雄) 등의 거취에 관심을 두지 않을 수 없었을 터인데, 그런 그가 당시 민족 문제를 안고 있었던 일본제국의 현실에 눈을 돌리지 못했다는 것은 도저히 믿을 수 없다.[26]

마루야마의 '단일민족설'과 나카노의 지적대로라면, 식민지-조선 문제에 대한 그의 외면은 전후 사회 속에서 배양된 것이 아니라, 입대 전부터 갖고 있는 생각이 평양의 군 생활로, 그리고 전후 사회로 이어져 말년의 『회고담』으로 귀결된 것이 된다. 이 밖에도 민족 문제와 조선 문제에 대한 마루야마의 외면은 다른 기록에서도 간헐적으로 발견된다.

예를 들면, 1966년 좌담회에서 철학자 고자이 요시시게가 경찰서 유치장에서 혹독한 고문을 받는 조선인을 목격한 이야기를 들려줘도 마루야마는 "조선인도 치안유지법으로 잡혀 들어온 것이지요?"[27]라고 답할 뿐이다. 또 1950년의 좌담에서 중국을 연구하는 다케우치 요시미(竹內好)가 민족적 에너지와 관련해 "(조선은—인용자) 엄청나게 일본에 당했는데도, 여전히 계속해서 민족독립운동이 왕성하게 이루어지고 있다는 것은 대단히 큰 에너지를 갖고 있는 민족이 아닐까?"라고 발언해도, 마루야마는 조선에 관한 언급 없이 "그건 아시아의 경우 모든 전제가 되지요. 동남아시아의 민족운동에서도 어느 정도 그런 점은 말할 수 있

---

26) 中野敏男, 앞의 책, 183쪽.
27) 「一哲學徒の苦難の道」(1966), 『丸山眞男座談 5: 1964~1966』, 259쪽.

지요. 역시 그곳에서는 수백 년에 걸친 제국주의 예속에서 아시아가 해방되려는 거대한 세계사적인 전환을 인식할 필요가 있습니다"라고 말한다.[28] 치안유지법으로 잡혀 들어온 조선인이 받은 혹독한 고문마저 그에게는 일본인에게도 적용되는 치안유지법이라는, 민족적 구분이 없는 무기질의 제도로, 조선의 끈질긴 독립운동 역시 1950년 단계에서 불기 시작한 아시아 내셔널리즘 일반의 문제로 수렴될 뿐이다. 이는 관동대지진의 조선인 학살을 이른바 "주의자" 학살로, 군대 내의 조선인 병사 문제를 군대 내의 계급적 위계 관계 속에 용해(溶解)해 버리는 태도와 닮아있다. 이런 그의 태도가 윤리적으로 올바르지 못하고 따라서 그의 조선외면이 의도적인 왜곡 심리의 소산이라는 주장을 하려는 것이 아니다. 그가 말하는 일본 파시즘의 심화에도 불구하고, 혹은 심화 때문에 파시즘 내부에서 조선이라는 식민지가 어떤 위계적 위치를 지니고 있었는가에 대한 시야가 그에게 없었다는 점을 지적하려는 것이다. 그에게 조선(또는 조선인)은 존재하지 않거나, 또는 일본인과 동질의 위계적 위치를 지닌 '억압받는 대중'이었던 셈이다.

3. 마루야마의 파시즘론과 조선이라는 타자

그는 전후의 시점에 서서 국민주의적 내셔널리즘의 이론 구축을 위해 전전(戰前)의 일본 사회를 몇 가지 개념으로 정위한다. 초국가주의(극단적 국가주의), 일본(형) 파시즘, 내셔널리즘, 군국주의가 바로 그것이다. 그의 중요 개념인 파시즘부터 살펴보자. 그는 「일본 파시즘의 사상과 행

---

28) 「被占領意識」(1950), 『丸山眞男座談 2: 1950~1958』, 22쪽.

동」(1948)에서 운동으로서의 파시즘을 국가기구로서의 파시즘과 구별하고 운동으로서의 파시즘을 다음 세 단계로 구분한다. 1단계는 파시즘의 준비기로 1919~1920년부터이며, 마루야마는 이 시기를 "민간 우익운동의 시기"로 부른다. 2단계는 파시즘의 성숙기로 1931년 '만주사변'부터 1936년의 2·26사건까지다. 민간의 운동으로서 파시즘이 군부 세력의 일부와 결합해 군부가 파시즘운동의 추진 세력이 되어 점차 국정의 중핵을 장악해 나가는 시기이며, 그는 이를 "급진 파시즘의 전성기"라 부른다. 3단계는 1936년부터 1945년 패전까지의 시기로, "일본 파시즘의 완성 시대"이다. 군부가 위로부터의 파시즘의 노골적 담당자인 관료나 중신 등의 반봉건 세력, 그리고 독점자본 및 부르주아지 정당과 함께 불안정한 연합지배체제를 만드는 시기이다.[29] 이 단계에서 운동으로서의 파시즘이 국가기구로서의 파시즘과 일체화된다.[30] 그리고 1945년 8월 15일에 일본 파시즘은 종언을 고한다.[31]

그는 파시즘의 일반적 요소를 "개인주의적 자유주의적 세계관을 배제하거나 혹은 자유주의의 정치적 표현인 의회정치에 반대하며, 대외 팽창을 주장하고 군비 확장이나 전쟁을 찬미하는 경향을 가지며, 민족적 경향이나 국수주의를 강조하고, 전체주의에 근거해 계급투쟁을 배척하며 특히 맑스주의에 대한 투쟁과 같은 모멘트"[32]를 가진 이데올로기로 진단하면서 일본 파시즘에도 이 같은 파시즘의 일반적인 요소가 관철되고 있다고 말한다. 그리고 이에 더해 일본 파시즘의 고유한 특징으로 가

---

29) 「日本ファシズムの思想と行動」(1958), 『丸山眞男集』 3卷, 260~262쪽.
30) 위의 책, 271쪽.
31) 같은 책, 261쪽.
32) 같은 책, 271쪽.

족주의적 경향, 농본주의 사상, "대아시아주의에 근거한 민족해방이라는 과제"[33]를 들고 있다. 보편-특수의 총체라는 마루야마 정치학의 특징이 그의 파시즘 개념에서도 잘 드러나 있다. 그런데 여기서 중요한 것은 파시즘의 일반적 요소로서 지목되는 "대외 팽창" 이데올로기와 일본 파시즘의 고유한 특징으로 지목되는 "대아시아주의에 근거한 민족 해방"적 이데올로기이다. 일본 파시즘에 "대아시아주의에 근거한 민족 해방"이라는 요소가 실제 이데올로기로서 작동하고 있었는지의 여부는 논외로 하더라도, 일본 파시즘의 보편-특수의 요소가 국가기구로서 완성되는 것이 1930년대 후반부터라는 마루야마의 주장을 받아들인다면, 19세기 말부터 20세기 초중반에 걸쳐 국가기구를 총동원해 행해졌던 아이누, 오키나와, 타이완, 조선, 중국 등으로 이어지는 대외 침략사는 적어도 그의 파시즘 이론으로는 설명할 수 없게 된다. 그는 19세기 후반 일본의 대외 침략을 어떻게 설명하고 있을까? 다음 인용문을 보자.

> 일본 파시즘 안에는 자유민권운동 시대부터의 과제인 아시아 민족의 해방, 동아(東亞)를 유럽제국주의의 압력으로부터 해방시키려는 동향이 강하게 흘러 들어가 있었지만, 그것이 불가피하게 일본이 유럽제국주의를 대신해 아시아에 대한 헤게모니를 잡으려 하는 사상과 섞여 버렸다. 일본이 어찌 되었든 동양에서 처음으로 근대국가를 완성하고 '유럽의 동점(東漸)'을 막은 국가라는 역사적 지위에서 보면, 일본의 대륙 발전의 이데올로기에는 시종(始終) 이러한 동아해방적 측면이 붙어 있다. 물론 이 측면은 시간이 갈수록 제국주의 전쟁의 단순한 분식(粉飾)

---

33) 같은 책, 289쪽.

이라는 의미가 강해지지만, 그런 면이 완전히 소멸한 것이 아님은 현재 버마나 인도네시아에서 일어나고 있는 것을 주의 깊게 보면 알 수 있다.[34]

그는 자유민권운동 등의 "동아해방" 사상이 대외 침략적 성격으로 전화하게 된 것을 "불가피"했다고 말하고 있는데, 1959년에 발표한 글에서 이 "불가피함"을 "방위와 팽창의 구별"이 어려웠던 매우 독특한 국제적 조건 속에 일본이 놓여 있었던 데 기인한다고 밝혔다.[35] 즉 유럽제국주의의 동점에 대한 방위가 동아해방 사상의 대외 팽창 이데올로기로의 전환을 동반하지 않을 수 없었다는 것이다.[36] 게다가 전쟁 종결 후에 벌어지는 버마나 인도네시아의 반제국주의 투쟁을 일본의 "동아해방"과 연결해 설명하는 것이 얼마나 사실에 근거해 있는가는 문제 삼지 않더라도, 이 글을 보는 한에서는 그가 19세기 말에 벌어졌던 대외 침략의 역사에 주목하는 까닭이 1930년대 이후에 완성되는 일본 파시즘의 "동아해방"적 성격의 역사적 기원을 찾기 위해서이지, 실제로 이루어졌던 19세기 말 대외 침략의 이데올로기를 규명하기 위해서는 아니다. 왜 이런 생각을 했을까?

그는 파시즘과 민주주의라는 대립구도, 즉 파시즘이 얼마나 민주주

---

34) 같은 책, 289~290쪽.
35) 여기서 마루야마가 말하는 "방위와 팽창" 논리에 대해 강상중은 "일본의 독립이 동시에 후발 제국주의 국가의 탄생이었다는 이 양의성을 어떻게 풀어낼 것인가 …… 일본 근대사 최대의 난점(Aporia)"이라 하면서, 이 점에 대한 마루야마의 견해에 가장 큰 의문을 지니고 있다고 말한다(姜尙中, 「いま丸山眞男を語る意味」, 石田雄·姜尙中, 『丸山眞男と市民社會』, 世織書房, 1997, 72쪽).
36) 「日本における危機の特性」(1959), 『丸山眞男座談 3: 1958~1959』, 158쪽.

의와 그 가능성을 억압하는가를 문제 삼을 뿐, 파시즘이든 민주주의이든 그것이 어떻게 제국주의로 이어질 수 있는가에 대한 관심은 없다. 물론 그는 "유럽제국주의의 위협이라는 면만 강조한다면 일본이 과거 50년간 같은 동양의 이웃인 조선과 타이완과 중국에 대해 어떤 식으로 행동했는가라는 점을 잊기 쉽다"[37]고 말해, 일본제국주의의 식민지 지배가 얼마나 가혹했는가를 말하고 있기는 하다. 하지만 그것은 어디까지나 식민지 지배를 기성의 사실로 전제하고 그 지배가 얼마나 가혹했는가를 말하는 것이지, 제국주의화가 일본 파시즘과 어떤 관련이 있는가, 또 관련이 없다면 파시즘 이론으로 어떻게 일본의 근대를 설명할 수 있는가에 대한 관심에서 비롯된 것은 아니다. 따라서 그에게는 관동대지진의 조선인 학살도, 조선인 독립운동가에 대한 가혹한 고문도, 아버지 간지의 식민자로서의 모습도, 그리고 조선인 군인의 모습도 파시즘이나 파시즘으로의 전환 과정에서 자행되는 국가에 의한 '개인의 억압'일 뿐 식민주의의 모습으로 바라보지는 않는다. 그가 말년에 『회고담』에서 1990년 당시 대통령 노태우의 방일과 가이후 도시키(海部俊樹) 수상의 이른바 '사죄' 발언을 둘러싸고, "제국주의 국가에서 사죄한 국가가 있는가 하면, 없다. 도대체 영국이 인도에 사죄한 적이 있는가? 언제 독일이 자오저우(膠州) 만에 대해 사죄했던가? 언제 소련이 차르 러시아가 했던 것에 사죄했는가? 이런 것과 예를 들면 조선인의 강제연행 등 식민지 지배하에 행해진 인권침해와는 근본적으로 다르다. 이는 무조건적으로 확실히 사죄해야 한다"[38]고 말했던 것은 이 때문이다. 즉 그에게 문제가 되는 것은

---

37)「日本の運命 (二)」(1950),『丸山眞男座談 2:1950~1958』, 240쪽.
38)『丸山眞男回顧談』(下), 177~178쪽.

대외 팽창을 통해 획득한 식민지 통치에서 발생한 억압의 문제이지, 대외 팽창 그 자체가 아닌 것이다.

이는 그가 사용하는 내셔널리즘 개념에서도 드러난다. 그를 일약 유명 지식인으로 만든 「초국가주의의 논리와 심리」(1946)는 일본의 초국가주의 혹은 극단 국가주의의 사상구조와 심리적 기반을 주된 분석 대상으로 한 논문이다.[39] 그는 이 논문에서 근대국가는 국민국가이며 국민국가의 본질적 속성은 내셔널리즘인데, 왜 일본의 내셔널리즘이 극단적인 형태로 전개되었는가를 규명한다. 그가 여기에서 말하는 극단성이란 제국주의나 군국주의, 혹은 파시즘을 뜻한다. 국민국가 형성 초기에 나타났던 절대주의 국가들도 모두 노골적인 대외 침략전쟁을 일으켰으니 대외 침략은 "내셔널리즘의 내재적 충동"을 이루고 있다고 본다. 다만 그 같은 충동이 왜 일본에서 극단적으로 전개되었는가에 대해서는 카를 슈미트(Carl Schmitt)의 '중성국가' 개념을 차용해서 설명한다. 간단히 말해, 유럽에서는 개인의 내면화에 개입하지 않는 제도로서, 즉 법기구로서 국가가 형성된 데 반해, 일본에서는 인간의 내면적 가치에 개입·관할하는 국가가 형성된 것에 그 원인이 있다는 것이다. 유럽이 카를 슈미트가 말하는 인간의 내면적 세계에 개입하지 않는 '중성국가'인가의 문제는 일단 유보해 두자. 일본이 유럽과 같은 '중성국가'를 이루지 못한 것에 극단적 내셔널리즘의 원인이 있다면, 극단적 내셔널리즘의 대극에는 그가 말년에 반복해서 말하는 "새로운 진정한 내셔널리즘"이 자리하게 된다. 그에 따르면 "새로운 진정한 내셔널리즘"이란 내셔널리즘과 데모

---

39) 「超國家主義の論理と心理」(1946), 『丸山眞男集』 3卷.

크라시의 "행복한 결혼"[40]을 뜻한다.

이렇게 보면, 그가 내셔널리즘을 부정하지 않을 뿐만 아니라 근대 내셔널리즘이 낳은 대외 팽창도 문제 삼지 않는 것이 당연하다. 그가 문제 삼는 것은 일본 내셔널리즘의 왜곡, 그리고 "극단적"인 억압, 즉 중성 국가의 부재를 통해 인간의 내면에 개입하는 이른바 국체(國體)이다. 따라서 19세기 내셔널리즘 일반이 왜 제국주의 이데올로기로 전환했는가가 아니라, 일본 내셔널리즘의 '타락'(파시즘), 그리고 그 '타락'하에 자행된 반인권적 폭압만을 문제 삼을 뿐이다. 그에게 서구제국주의란 그것이 대외 팽창이라는 형태를 취한다 해도, 그 대외 팽창조차 기본적으로 내셔널리즘과 데모크라시의 "행복한 결혼"의 연장선상에 있다면, '근대의 완성'이라는 차원에서 문제가 되지 않는다. 그가 대외 팽창을 문제 삼을 때는 그것이 대내 억압과 함께 일본 내셔널리즘의 '극단성'이 발현된 형태라고 보는 차원에서이다. 그는 1945년 8월 15일 이후를 '극단성'의 제거, 다시 말하면 서구적 근대의 완성, 즉 내셔널리즘과 데모크라시의 "행복한 결혼"의 계기로 본다. 이렇게 보는 까닭은 극단적 내셔널리즘에서 대외 팽창이라는 요소가 제거(식민지 상실)되었기 때문이 아니라, 내셔널리즘의 '극단성'을 지탱하던 데모크라시의 '부재'라는 요소가 제거되고 내셔널리즘과 데모크라시의 행복한 결합 가능성이 현실화되었기 때문이다. 그렇다면 그가 보기에 내셔널리즘과 데모크라시의 행복한 결합, 즉 '근대의 완성'이란 반드시 식민주의와 모순되지 않는다. 오히려 식민주의는 '근대의 완성'을 지탱하는 매우 중요한 조건이라고도 볼 수 있다.

이런 사고는 파시즘론에서 말하는 이른바 그의 '매스'(mass) 개념

---

40) 「日本におけるナショナリズム」, 『丸山眞男集』 5卷, 66쪽.

에서도 확인해 볼 수 있다. 그는 히틀러의 연설문을 인용하면서 파시즘 하의 대중을 "직업적·계급적 한정"과 같은 "인간의 사회적 활동에 개성을 부여하는 모든 요소를 제거한, 모래 같은 무성격·무정형의 인간의 양적인 덩어리"라고 정의하는 한편, 파시즘은 "인간을 등질적인 매스로 해체함과 동시에, 이 매스로 만들어진 사회조직을 시멘트처럼 굳힌다"[41]고 말한다. 이 개념에 따른다면, '제국 일본'에 내재되어 있는 일체의 계급적·지역적·직업적 모순은 일단 '모래'처럼 해체되고, 파시즘을 지탱하고 이를 이끌어 가는 사회조직으로 재구성·고정화되며, 개인 아닌 개인은 모두 파시즘에 '강제적 동일화'[42]된다.

그렇다면 여기서 식민지는 그의 '매스' 개념에 어떻게 자리매김 되어야 할까? 그가 말하는 파시즘 – 사회조직의 해체와 재구성을 통한 강제적 동일화가 제국일본의 강력한 정치 이데올로기라고 한다면, 파시즘에 식민지는 어디에 자리하고 있는 것일까? 결론부터 말하면 제국과 식민지, 제국주의 본국인과 식민지 주민이라는 요소는 그에게 중요한 고려사항이 아니다. 그의 파시즘 개념하에서 민족 문제는 '매스' 개념에 매몰되고 있기 때문이다. 앞에서 말했듯이 그가 평양의 군 생활 경험을 회상하면서 조선인 상관으로부터 당한 폭력 경험을 들어 군대 내에 민족 차별이 존재하지 않았다고 주장하는 것도 제국 일본 내에서 존재하는 민족적 위계 관계를 대중 개념에 매몰시키는, 즉 '강제적 동일화'시키는 파시즘론의 연장선상에 있다.

---

41) 「ファシズムの現代的狀況」(1953), 『丸山眞男集』 5卷, 304쪽.
42) 그는 강제적 동일화·획일화(Gleichschaltung)가 "정통의 집중임과 동시에 이단의 강제적 집중을 의미"[「現代における人間と政治」(1961), 『丸山眞男集』 9卷, 29쪽]한다고 말한다.

오키나와인이나 조선인에 대한 잔혹행위라는 것과 바탄(Bataan)이나 버마에서의 잔혹행위가 이질적이라고는 생각지 않는다. 현실의 정치 세계는 다를지 모르지만, 일본 국내에서의 억압과 요소모노(타자)에 대한 대우는 그렇게 다르지 않다. 부락(部落 : 한국의 백정계급에 상당함―인용자) 문제도 마찬가지이다. 과연 피차별 '부락'만의 문제일까? 당과 대중단체에도 내외 논리와 완전한 차별관이 있다.[43]

그에게 제국 일본에 존재하는 모든 민족 문제는 파시즘이라는 만능 무기를 통해 모두 사상되거나 후경화된다. 즉 그는 국민주의적 내셔널리즘, 곧 내셔널리즘과 데모크라시의 "행복한 결혼"을 기동시키기 위해 파시즘론을 드러내고 식민지 조선을 버리는 것이다. 뒤에 말하겠지만 추상과 사상의 동시 작용이다. 나카노 도시오가 "'근대'의 의의를 말해 온 마루야마의 시아에 원리론으로서는 제국주의로서의 근대가 원래부터 보이지 않는다"[44]고 말하고 있듯이, 마루야마는 제국주의라는 개념을 거의 사용하지 않는다. 그에게 중요한 것은 근대의 완성이지, 근대와 제국주의의 관계가 아니다. 물론 마루야마가 초국가주의, 파시즘, 내셔널리즘, 군국주의를 반드시 제국주의를 부정하는 개념으로 사용하고 있는 것은 아니다. 하지만 이들 개념들은 특정 국가의 사회구성이 그가 말하는 '데모크라시'에 억압적인, 즉 반민주주의적인 요소를 구조적으로 또는 역사적으로 가지고 있는가를 분석하는 데 유용할 뿐이다. 따라서 대외 팽창(식민지 제국)은 파시즘, 초국가주의, 내셔널리즘, 군국주의의 외연적 발

---

43) 「点の軌跡」(1963), 『丸山眞男集』9卷, 140쪽.
44) 中野敏男, 앞의 책, 219쪽.

현 형태일 뿐, 파시즘 등의 개념 구성에 식민지가 어떤 자리를 차지하는 가에 대한 관심은 그에게 거의 없다. 이 때문에 그가 식민지 조선에 관심을 두지 않고 이론적 틀 속에서 식민지 조선을 사상한 것은, 그의 논리체계 속에서 보면 당연한 일이다.

4. 결론을 대신해서 — '사상의 사상화'라는 방법

이상 살펴본 바와 같이 그는 조선=식민지 문제를 그의 사상체계 속에서 '산뜻하게' 사상함으로써 파시즘 이론을 완성하고 국민주의적 내셔널리즘을 기동시켰다. 마루야마가 조선=식민지를 사상, 외면, 후경화한 것을 어떻게 이해해야 할까? 여기에서 마루야마의 '사상(捨象)의 사상화(思想化)'라는 방법을 상정해 볼 수 있다. 사물에 대한 개념 형성은 사상(捨象)과 추상(抽象)의 이중 작용으로 이루어지는데, 추상은 대상에서 공통성의 요소를 드러내는 것이고, 사상은 공통성의 요소(논리적 자기완결성)에서 어긋나는 다른 요소를 버리는 것이다. 드러내고 버리는 일이 추상이고 동시에 사상이다. 즉 추상과 사상은 동전의 양면과 같다. 지금까지 살펴본 바와 같이 마루야마에게 사상의 대상이란 식민지고 조선이다. 여기서 말하는 조선이란 물론 역사적 존재로서 일본 열도의 이웃에 자리한 실체만을 의미하지는 않는다. 이는 동시에 이른바 미개·저개발·야만의 땅이고, 아시아적 정체의 상징물이다. 따라서 제국주의 침략을 받아 식민지를 경험하는 제3세계 일반으로 수렴되는 조선이다. 마루야마에게는 아시아, 동양, 중국, 아시아/아프리카와 같은 명칭으로 호명된다.[45] 그가 조선=식민지를 사상함으로써, 혹은 사상할 수밖에 없는 과정을 통해 드러나는 추상은 무엇일까?

잘 알려진 것처럼, 그는 히로시마(廣島) 구레(吳)에 있는 군 기지에서 원폭의 피해를 당한 피폭자이다. 하지만 사적인 기록을 제외하면 원자폭탄에 대한 체계적인 사상화의 시도를 찾아볼 수 없다. 그는 실제로 회상 속에서 "원폭 체험의 사상화"를 하지 않은 것을 자신에게 가장 부족했던 점이라고 말한다. "가장 부족했던 것은 원폭 체험의 사상화이다. 내 자신이 삶과 죽음의 경계에 있었던 원폭 체험자임에도 불구하고."[46] 그는 왜 원폭 체험의 사상화를 포기했으며, 왜 자신의 사상에서 원폭문제를 사상(捨象)했을까?

히라노 유키카즈(平野敬和)는 "마루야마 마사오의 사상적 독자성은 전쟁 체험의 사상화"에 있었지만, 사상화되지 않았던 '체험'이 바로 원폭 체험이었다고 말한다. 그리고 "마루야마가 전쟁 체험의 사상화를 시도했던 입장이 필연적으로 원폭 체험의 사상화를 곤란하게 한 것으로 생각된다. 바꿔 말하면, 마루야마는 원폭 체험의 사상화를 희생해서라도 정치학자로서 전쟁 체험을 사상화하는 것에 집착한 것은 아닐까"라고 말한다.

> (원폭 체험은) 마루야마가 전쟁 체험의 사상화를 할 때 전전과 전후를 단절시킨다는 입장성과는 서로 섞일 수 없는 '체험'이었다. 따라서 전전과 전후를 단절시키고 전후에 새로운 국민주의를 주창했던 마루야

---

45) 마루야마가 사용하는 아시아, 동양이라는 정체성의 범주에 반드시 '조선'이 들어가 있는 것은 아니다. 마루야마가 말하는 아시아, 동양은 거의 중국을 뜻하는 경우가 많으며, 따라서 정체라는 규정을 부여받은 중국에 비해 조선은 그런 호명조차 필요 없을 정도로 가치 없는 곳이다.
46) 「普遍的原理の立場」(1967), 『丸山眞男座談 7: 1966~1976』, 106쪽.

마의 사상체계에서 보면, 원폭은 전전과 전후를 연속시키는 요소로서 매우 곤란하게 다가왔을 가능성이 크다. 그리고 그는 자신의 '체험'에서 이어지는 자기표현을 억제하고 그 사상화를 의식적으로 계속 거부한 것이다.[47]

히라노의 이 글에서 '원폭 체험'을 조선으로 바꾸어 놓으면, "식민지 조선의 사상화를 희생해서라도 전쟁 체험을 사상화하는 것에 집착"한 것이 된다. 이를 다른 말로 다시 바꾸면, "일본의 근대에서 일본이 가해자로 경험한 제국주의−식민지 문제를 희생해서라도 전쟁 체험을 사상화하는 것에 집착"한 셈이다. 즉 파시즘과의 대결을 자신의 체험 속에서 가꾸어 오면서 전전과 전후를 단절시킨 마루야마에게 전전과 전후가 단절되지 않는 원폭 체험이나 식민지 체험은 전쟁 체험의 사상화와 "서로 섞일 수 없는 체험"이었던 셈이다. 여기서 1945년 8월 15일을 그가 어떻게 맞이했을지 궁금해진다.

그는 8·15를 맞이하였을 때의 심정을 "어떻게 해서든 슬픈 얼굴을 하지 않으면 안 되는 것이 힘들었다"고 회상하면서, 8·15를 "무혈혁명", "역사적 전환"[48]으로 표현한다. 그는 당시 일본 사회 전체에 퍼져 있던 슬픔이나 허탈과는 전혀 다른 시점에서 8·15를 냉정하게 바라보고, 이를 새로운 출발점으로 삼았다. 그에게 8·15란 "일본 군국주의에 종지부를 찍은 날임과 동시에, 또한 초국가주의의 전 체계에서 기초인 국체(國體)가 그 절대성을 잃고 지금 비로소 자유로운 주체가 된 일본 국민에

47) 平野敬和, 「丸山眞男と原爆体験」, 『丸山眞男』(Kawade道の手帖), 河出書房新社, 2006.
48) 「若き世代に寄す」(1947), 『丸山眞男集』 3卷, 83쪽.

그 운명을 위탁한 날"[49]이다. 그래서 그는 19세기로 돌아가 파시즘에 '오염'되지 않은 국민주의 이데올로기를 찾는다. 그가 패전 직후에 쓴 글에서 후쿠자와 유키치(福澤諭吉)부터 구가 가쓰난(陸羯南)으로 이어진 침략의 흐름을 국민주의라는 이름으로 구출하려 했던 것은 이 때문이다.[50] 의욕에 불타 있던 마루야마와 대조적인 사람이 다케우치 요시미이다.

> 8·15는 내게 굴욕의 사건이다. 민족의 굴욕이며, 나 자신의 굴욕이다. 떠올리기 쓰라린 사건이다. 포츠담 혁명이 진행되는 참담한 과정을 보며 통절하게 느낀 것은 8·15 시기에 공화제를 실현할 가능성이 전혀 없었는가였다. 가능성이 있었는데도 가능성을 현실성으로 바꾸려는 노력을 게을리했다면 우리 세대는 자손에게 남긴 무거운 짐에 대해 연대책임을 져야 한다.[51]

다케우치 요시미는 8·15를 '포츠담 혁명'으로 부르면서 민족의 힘으로 그 혁명을 달성하지 못했다는 것과 인민의 힘으로 전쟁을 끝내지 못했다는 점을 들어 '민족의 굴욕'으로 받아들이고 있다. 이 같은 감수성이 마루야마에게는 없다. 마루야마에게 8·15는 전쟁을 끝내고 파시즘과 결별해 민주주의의 가능성을 현재화시킬 수 있는 "희망"의 계기였기 때

---

49) 「超國家主義の論理と心理」, 『丸山眞男集』(3卷), 36쪽.
50) "후쿠지와 유키치(福澤諭吉)에서 구가 가쓰난(陸羯南)으로 이어지는 국민주의의 시작부터 있었던 빈약한 동향은 결국 위로부터의 국가주의의 강력한 지배에 흡수되어 버렸다. …… 울트라 내셔널리즘의 오랜 지배에서 벗어난 지금이야말로 올바른 의미의 내셔널리즘과 국민주의 운동을 민주주의 운동에 결합하지 않으면 안 된다"[「陸羯南」(1947), 『丸山眞男集』 3卷, 105쪽].
51) 다케우치 요시미, 『다케우치 요시미 선집 1: 고뇌하는 일본』, 윤여일 옮김, 휴머니스트, 2011, 30쪽.

문이다. 마루야마는 내셔널리즘과 데모크라시의 "행복한 결혼"을 전후 사회에서 꿈꾸며 19세기의 아시아주의를 국민주의의 이름으로 다시 호출했다. 이에 반해 다케우치는 중국이라는 저항의 역사를 일본 사회에 던짐으로써 '역사의 되치기'를 꿈꾸는 이른바 '방법으로서의 아시아'를 택했다.[52] 그리고 19세기의 아시아주의를 침략의 사상으로부터 '구출' 해 저항의 사상으로 호출하는 길을 택했다. 19세기의 아시아주의를 마루야마는 국민주의로, 다케우치는 저항의 사상으로 호출한 것이다. 물론 마루야마가 제국주의 일반과 식민지와의 관계에 대한 자각을 전혀 하지 않은 것은 아니다. 예를 들면 영국의 인도 식민지 지배 문제에 대해 그는 아래와 같이 날카롭게 지적한다.

근대 유럽의 절대적인 테크놀로지의 진보나 자유주의·민주주의 같은 것이 세계 인구의 반 이상을 차지하는 아시아의 무지와 빈곤과 예정의 희생 위에 쌓아 올려진 것이라는 사실은 우리들이 잠깐이라도 잊을 수 없는 것입니다. 이 점에서 이미 오늘날의 자유라든가 민주주의라는 것이 가지고 있는 역사적인 한계가 결코 국제적인 규모의 자유주의와 민주주의라고 할 수 없는 근본적 이유를 엿볼 수 있습니다. 사람들은 자주 영국의 자유주의 양식과 온건함과 지성이라는 것을 찬미합니다만, 그와 같은 영국의 자유주의가 지닌 훌륭함이라는 것의 이면에는 지극

52) 다케우치 요시미, 「방법으로서의 아시아」, 최원식·백영서 엮음, 『동아시아인의 '동양' 인식』, 창비, 2010. 가지무라 히데키의 다케우치 요시미 비판에 대해서는 梶村秀樹, 「竹內好氏の「アジア主義の展望」の一解釋」, 「「日本人の朝鮮觀」の成立根據について―'アジア主義'再評価論批判」, 梶村秀樹著作集刊行委員會·編集委員會 編, 『梶村秀樹著作集』 第1卷, 明石書店, 1992 참조.

히 가혹한 인도 지배가 있었습니다. 그 바탕 위에 영국의 진보라는 것
도 있었다는 사실은 의심할 수 없는 바입니다. 그런 한에서 유럽의 진
보나 자유는 부유한 나라들의 자유이고 진보라고 말하지 않으면 안 됩
니다.[53]

영국 등 서구의 근대를 제국주의로 정위하는 한편, 민주주의 및 자
유주의로서의 근대가 식민지의 희생과 불가분의 관계에 있다고 보면서
제국주의 – 식민지의 비대칭성에 주목하는 마루야마의 이 같은 서구 비
판은 1990년대 일본에 나타나는 탈식민 이론을 선취하는 측면도 있다.
이 점에서 보면, 이 글은 '서구주의자'[54]라는 또 다른 이름을 지닌 마루야
마를 감안할 때 매우 이채롭다. 영국과 인도에 대한 이 같은 감수성이 제
국 일본과 식민지 조선이라는 관계 속에 반영되지 않았던 것은, 그가 일
본 근대의 정수(精髓)를 민주주의의 성취 여부에 두고 있었기 때문만은
아니다. 그는, 위의 인용문에 나와 있는 것처럼 서구 민주주의의 진행이
반드시 제국주의와 모순되는 것이 아닐 뿐만 아니라, 경우에 따라서는
동전의 양면처럼 서구 민주주의의 진행이 제국주의화와 동시에 진행될
수 있다는 자각을 갖고 있었다. 그의 일본 분석에 이와 같은 시각이 나타
나지 않는 것은, 일본의 근대가 강상중이 말하는 "양의성", 마루야마가
말하는 "방위와 팽창"이라는 매우 특수한 조건에 강하게 규정받고 있었

---

53) 「現代文明と政治の動向」(1953), 『丸山眞男集』6卷, 47쪽.
54) 마루야마의 간접적 제자를 자임하는 미즈타니 미쓰히로(水谷三公)는 이토 히로부미(伊藤
博文)가 모리 아리노리(森有礼)를 "일본에 태어난 서양인"이라고 명명한 것을 인용하면서
마루야마에게서도 같은 느낌을 받았다고 말한다(水谷三公, 『丸山眞男 : ある時代の肖像』, ち
くま新書, 2004).

다는 인식 때문이다. 이 때문에 그는 일본을 제국주의로 분석하는 것을 마지막까지 거부했다. 그래서 서구의 근대에 대해서는 제국주의론을, 일본의 근대에 대해서는 파시즘을 들이대는 분열적 시각이 기동된 것이다. 결국 그의 파시즘 사상은 필연적으로 식민지의 사상(捨象)으로 귀결될 수밖에 없는 내적 구조를 지녔던 것이다.

3장 _ 전후복구와 식민지 경험의 파괴

: 아베 요시시게와 존재/사유의 장소성

차승기

1. 우리와 제군(諸君)

우리는 같은 일본 국민으로서, 만만한 아첨의 무리가 아니라, 적이라면 오히려 두려울 만한, 믿음직한 제군과 함께 해나가고 싶다. 그것을 가능하게 하는 것이 우리의 책임과 노력에 달려 있음은 물론이지만, 제군이 공연히 과거에 사로잡히거나 눈앞의 이해에 집착하거나 현재의 결함에 국한하지 않고, 세계사적 대세에 눈뜨고 동아의 일각에 신문화를 건조(建造)한다는 장기적인 사업을 우리와 분담할 것을 절실하게 희망해 마지않는다.[1]

일본에서 이른바 다이쇼 교양주의자 또는 '올드 리버럴리스트'의 대표자 중 한 사람이자 패선 후 일본 헌법개정에 관여하고 교육세도 개혁을 주도한 인물로 평가되는 아베 요시시게(安倍能成, 1883~1966)는

---

1) 安倍能成, 「半島の學生に与える書」(1939), 『青年と教養』, 岩波書店, 1940, 197쪽.

1926년에서 1940년까지 경성제국대학(이후 '경성제대'로 약칭) 철학과 교수(이후 법문학부장)로 재직하며 약 15년간 경성에서 거주한 재조일본인이기도 했다. 위의 인용문은, 중일전쟁 발발 이후 식민지/제국 전체의 범위에서 총동원체제가 구축되던 시점에 아베가 조선의 일본인, '외지' 교육기관의 '내지' 교원, 아시아의 식민지에서 서양철학을 가르치는 일본인 교수로서 조선의 학생들에게 '일본 국민'으로서의 자각과 협력을 요청하고 있는 대목이다.

미나미 지로 총독의 '내선일체' 슬로건이 정책적으로 강화되는 분위기에서 아베는 조선의 학생들을 "같은 일본 국민"으로 호명한다. 적어도 그의 언술의 질서에서 조선인과 일본인은 '국민'으로서 동일하다. 그럼에도 불구하고 이곳에 미묘한 분할이 존재함을 무시할 수 없다. 바로 '우리'와 '제군'이라는 언술의 발신자와 수신자 사이의 분할이다. 애당초 '내선일체'가 '내지인'과 '조선인' 사이의 차별을 전제하는 동시에 은폐하면서 외쳐진 구호였지만, 이곳에서의 분할은 조금 다른 듯 보인다. 아베는 아첨꾼보다 오히려 두려운 적이 될 수 있는 존재, 동아 신문화 건설 사업을 "분담"할 동지를 호출하고 있기 때문이다.[2]

"적이라면 오히려 두려울 만한, 믿음직한" 존재를, 주어진 권력관계에 복종하면서 삶의 연장을 욕망하는 노예적 아첨꾼과 구별시키는 가장 중요한 요소는 '자기 의지'이다. 분명한 자립적 의지를 가지고 스스로 결정하는 존재이기 때문에 적이 되었을 때 두려울 수 있으며, 동지가 되었

---

2) 아베의 태도는 "내선일체는 상호간에 손을 잡는다든가 형태가 융합한다든가 하는 미지근한 것이 아니라 …… 형태도 마음도 피도 몸도 모두 일체가 되어야" 하는 것이라고 역설하는 미나미 지로 총독의 주장과 대비시켜 봐야 할 것이다. 南次郎, 「聯盟本來の使命 議論より實行へ:窮極の目標は內鮮一体 總和親・總努力にあり」, 『總動員』 1939. 7 참조.

을 때 믿음직할 수 있다. 이 언술의 목표가 '일본에의 협력'에로 지향되어 있음은 물론이지만, '자기 결정'에 입각한 협력을 요청하고 있다는 점에서는 단순한 '내선일체' 또는 '멸사봉공'이라는 동원의 논리와 대립되는 측면까지 있다. 적어도 "자유는 인간의 의지에 있다"[3]고 믿는 아베 요시시게에게 있어 독립된 자기 의지를 가지는 존재는 자유의 잠재력을 가지고 있기 때문이다.

사실 그는 경성제대에 부임해 온 직후, 경성(조선)과 경성제대의 독자성을 강조하는 글을 발표한 바도 있다.

경성제국대학은 하나의 독특한 사명을 가지는 **독립된 대학**이다. 그것은 **내지 대학의 출장소가 아니다**. 생각건대 당국자가 이 대학을 설립한 취지도 단지 반도의 자제를 기쁘게 하기 위해 대학이라는 허명을 붙인 데 있는 것은 아니다. 우리는 이런 의미에서 정실(情實)과 방편(方便)을 가능한 한 다해서 대학의 본령을 향해 나아가야만 한다. ……

…… 경성은 경성으로서 새로운 문화를 수용하는 동시에 **독특한 문화를 발휘**해야 하는 것은, 또한 경성제국대학이 그 독특한 사명을 다해야 하는 것과 마찬가지일 것이다.[4]

아베는 경성제대가 그 위치상 "동양연구의 중심"[5]으로서 독자성을 가져야 한다고 주장하고 있다. 물론 그의 생각과는 무관하게 경성제대는

3) 安倍能成, 「道德敎育及び「しつけ」について」(1951), 『一リベラリストの言葉』, 勁草書房, 1953, 62쪽.
4) 安倍能成, 「京城帝國大學に寄する希望」(1927), 『靑年と敎養』, 182~183쪽. 강조는 인용자.
5) 같은 글, 180쪽.

식민지 엘리트 교육기관이자 지식의 식민지를 구축하는 장치로서 기능할 수밖에 없는 위치에 있었지만,[6] 적어도 아베가 '내지'와는 다른 독자성을 경성(조선)과 경성제대에 기대하고 있었음은 짐작할 수 있을 것이다.[7]

식민지에서 식민본국 일본과 구별되는 독자성을 찾으려 하는 식민자의 시선은 쉽게 일반화하여 비판할 수 있다. 수량적 판단으로 위계화할 수 없는 타자의 문화 가치에 대한 인정이 그 배후에 정치적 지배-피지배 관계를 은폐할 수 있음은 이미 주지의 사실이기 때문이다.[8] 그러나 아베의 경우, 다이쇼 교양주의자로서 군국주의화되어 가는 일본에서의 '사유/존재의 분리'를 어떤 형태로든 해소해야 했고, 그 위에 조선의 일본인, '외지' 교육기관의 '내지' 교원, 아시아의 식민지에서 서양철학을 가르치는 일본인 교수로서 동일한 '분리'를 경험하고 처리해야 하는 위치에 있었다. 이렇듯 특이한 위치로 인해 식민지/제국주의 시기 아베의 조선 경험을 비판적으로 다룬 연구들은 제법 있어 왔다.[9] 그 중 의미

6) 경성제대와 관련된 연구로는 박광현의 「'경성제국대학'의 문예사적 연구를 위한 시론」(『한국문학연구』 21집, 1999) 이후 지속되어 온 일련의 작업들 참고. 또한 김재현, 「한국에서 근대적 학문으로서의 철학의 형성과 그 특징 : 경성제국대학 철학과를 중심으로」, 『시대와 철학』 제18권 3호, 2007 참조.

7) 물론 여기에는 재조일본인이 '내지'에 대해 가지는 미묘한 경쟁관계도 반영되어 있을 것이다. 특히 경성제대 설립 과정에서 나타난 재조일본인과 내지일본인 사이의 갈등 및 경쟁관계에 대해서는 박광현, 「식민지 '제국대학'의 설립을 둘러싼 경합의 양상과 교수진의 유형」, 『일본학』 28집, 2009 참조.

8) 가라타니 고진, 『네이션과 미학』, 조영일 옮김, 도서출판b, 2009; 박유하, 「상상된 미의식과 민족적 정체성 : 야나기 무네요시와 근대 한국의 자기구성」, 『기억과 역사의 투쟁』, 삼인, 2002 참조.

9) 현재까지 그의 조선 체재 경험과 관련된 연구는 거의 대부분 그의 '조선 인식'에 집중되어 있는데, 그의 조선 인식을 둘러싸고 모순적인 평가가 공존하고 있다. 아베의 조선 인식 및 식민지 지배에 대한 의식을 둘러싼 상충되는 평가들을 정리한 것으로는 남기정, 「일본 '전후지식인'의 조선 경험과 아시아 인식」, 『국제정치논총』 50집 4호, 2010, 59~60쪽 참조. 그에 따르

있는 연구들을 통해 그가 조선에 결코 짧지 않은 시간을 머물렀으면서도, 그리고 조선에서 보고 느낀 바에 대해 적지 않은 글들을 남겼음에도 불구하고, 경성제대라는 일종의 '치외법권적'인 공간 속에서, 또한 '대립 없는 세계'를 지향하는 그의 세계관으로 인해 조선을 '만날' 수 없었음이 지적된 바 있다.[10]

그러나 메이지-다이쇼 시기 일본의 근대사상 형성에서 이른바 '전후 민주주의' 형성에까지 주도적으로 참여한 그의 이력을 고려할 때, 그의 식민지 경험 또는 조선 인식만을 분리시켜 판단한다면, 아베 자신도 그의 '조선 인식'도 정당하게 이해할 수 없을 것이다. 더욱이 아베가 교양주의자 또는 자유주의자로서 취하고자 했던 사유의 장소는 식민지/제국 시기 '외지'(식민지 조선)와 '내지'(제국 일본)라는 존재의 장소와, 또한 '전시'(戰時)와 '패전'이라는 역사적 심급과 복잡한 연관을 가지고 있었다. 이 글에서는 아베의 조선 관련 텍스트를 그의 세계관 및 정치학이 드러나는 텍스트와 함께 읽음으로써 그의 사유과정에 출현하거나 은폐되는 '존재'의 위치를 확인하고자 한다.

사유와 존재는 각각 서로 다른 '장소성'을 갖는다. 그것들은 때로

면 지금까지 아베에 대한 평가는 ①조선의 전통 및 자연에 대한 높은 평가와 일본의 식민지 정책에 대한 비판 등에 주목해 아베를 휴머니스트로서 호의적으로 평가하는 입장, ②정치 문제에 대한 방관적 태도를 소극적으로 비판하는 입장, ③마지막으로 조선 민중에 대한 냉담한 시선, 그리고 일본의 조선 지배를 정당화하는 태도에 대해 엄격히 비판하는 입장으로 나눌 수 있다. 한편, 남기정의 이 논문은 평화문제담화회에 주도적으로 참여한 아베와 우카이 노부시게(鵜飼信成), 마루야마 마사오(丸山眞男)의 조선 인식과 아시아 인식을 그들의 조선 경험과 결부시켜 검토한 드문 연구이다. 일본 지식인의 조선 경험을 그들의 전후 발언과 연결시켜 다루고 있는데, 이들이 일본의 중국 침략에 대해서는 일정한 책임의 의식을 드러내지만 식민지 조선에 대해서는 거의 침묵하고 있음을 들어 비판하고 있다.

10) 박광현, 「'조선'이라는 여행지에 머문 서양철학 교수」, 『비교문학』 46집, 2008 참조.

극단적으로 멀어질 수도 있고 때로 과도하게 겹쳐질 수도 있다. 그러나 어떤 경우에도 두 장소 사이의 긴장 또는 환원불가능성이 사라지면 반성의 힘도 함께 상실하게 된다. 특히 일본의 근대는 사유/존재의 장소적 거리를 은폐(아시아를 이탈해 서양에 진입하고자 한 '탈아입구론')하거나 과장('일본'이라는 장소를 이데올로기적으로 본질화하고자 한 '근대초극론')해 온 극단적 경험을 가지고 있다. 식민지에 장기간 체제한 세계시민적 교양주의자 아베는 어떤 면에서 존재/사유의 장소적 거리를 민감하게 자각할 위치에 있었고, 패전과 제국 해체 이후 이 장소적 거리는 또 다른 유동성의 조건 위에서 조율되어 갔다. 이 점을 고려하여, 이 글에서는 식민지/제국 체제와 그 붕괴라는 격변의 과정을 거쳐 갔던 아베의 키워드들(개인, 도덕, 자유 등)의 함의를 분석함으로써 '존재'의 위치를 드러냄과 더불어 그가 식민지 경험을 파괴하면서 구축하고자 했던 일본 전후질서의 문제성 또한 포착하고자 한다.

2. 문화주의, 고유성, 다민족 국민국가

아베 요시시게는 이른바 '다이쇼 교양주의'의 대표적인 지식인 중 한 사람이라고 할 수 있다. 마쓰야마(松山) 중학교를 졸업하고 도쿄의 일고(一高)에 진학한 것은 나쓰메 소세키가 부임해 온 것과 같은 해(1902)였다. 소세키, 마사오카 시키(正岡子規), 다카하마 교시(高浜虚子) 등의 연고가 있는 지역에서 태어나 이미 중학 시절부터 문학과 평론에 관심을 갖고 있었던 아베는 일고 시절은 물론 도쿄제대 철학과에 진학한 후에도 소세키 등의 영향하에 이미 다양한 문필활동을 전개하고 있었는데, 이 시기부터 교양주의의 분위기 속에서 '개인주의'의 가치를 내세우는

글들을 발표한 바 있다.[11]

특히 소세키를 중심으로 형성된 교양주의의 분위기는 이와나미쇼텐(岩波書店)이라는 출판사와 결합되면서 철학·문학·역사 등 인문학적 교양을 토대로 자아를 경작하고 이상적 인격을 형성하도록 하는 대중교양의 시대를 주도해 갔다.[12] 물론 여기서 인문학적 교양이란 기본적으로 서양의 철학·예술에 대한 지식을 뜻하지만, 단순히 지식의 습득에 그치는 것이 아니라 '고매한 인격'의 형성을 강조했다는 점에서 다이쇼 교양주의의 특징을 찾을 수 있을 것이다.[13] 여기서 '인격'은 개인의 자유 및 자율성을 기본적인 권리로 내세우는 개인주의를 근본적으로 전제할 때 성립될 수 있는 것으로서, 다이쇼 교양주의의 '교양'이 '인격 형성'을 강조하고 있음에도 불구하고 전근대적인 '수양'과 구별되는 이유가 여기에 있다고 할 것이다. 경성제대에 부임한 후 수년이 지난 시점의 아베의 글에서도, 그가 이러한 개인주의를 사회구성의 기본 원리로 간주하고 있음을 알 수 있다.

---

11) 助川德是, 「安倍能成年表」, 『香椎潟』 14, 福岡女子大學, 1968 참조.

12) 다이쇼 시기의 자유주의, 세계시민주의, 교양주의의 분위기를 상징적으로 보여 주는 철학 총서 시리즈가 이와나미쇼텐에서 발간된 바 있는데, 아베는 이 총서 시리즈에 『서양고대중세철학사』(西洋古代中世哲學史, 1916)와 『서양근세철학사』(西洋近世哲學史, 1917)를 집필하며 참여했다. 이 총서의 기획과 아베의 참여에는 이와나미쇼텐의 창립자인 이와나미 시게오(岩波茂雄)와의 개인적인 인연(일고[一高] 동기)이 결정적으로 작용했다. 한편 이 총서는 대단히 성공하여 다이쇼 시기의 문화주의적 '교양' 개념이 형성되는 데 큰 역할을 수행한 것으로 평가받는다.

13) 신인섭, 「교양 개념의 변용을 통해 본 일본 근대문학의 전개양상 연구」, 『일본어문학』 23집, 2004 참조. 이 시기의 '인격주의적 교양주의'는 동시대 일본에서 유학을 경험했던 식민지 조선의 근대적 지식인들에게도 적잖은 영향을 미쳤는데, 그 대표자로 이광수를 들 수 있다. 이에 대해서는, 이철호, 「이광수 소설에 나타난 '인격'과 그 주체 표상」, 『한국어문학연구』 56집, 2011 참조.

실제 일본 가옥의 방이라고 하는 것은 서양인에게 있어서는 방이라고 할 수 없을 것이다. 그것은 타인의 침입을 막고 타인과 자기를 구분하고 자기의 영역[領分]을 분명하게 한정짓는 설비를 거의 결여하고 있기 때문이다. 서양의 방은 오직 열쇠로만 열 수 있다. 그래서 **그 열쇠를 가지는 자는 곧 그 방의 주인**이다. 하나의 집이 있다고 할 때 그 집은 대체로 이러한 방으로 조직된 것이라고 해도 좋다. 말하자면 각각의 방을 쌓거나 모아 전체의 가옥을 조직하는 방식으로 되어 있다. 서양문명에서 열쇠는 확실히 대단히 심볼리컬한 의미를 가진다.

…… 여기서 문제가 되어야 할 것은 우리나라도 역시 우리 구래의 문명에 열쇠의 문명을 채용하려 하고 있다는 사실이다. 우리가 지금 우리 자신의 일을 하거나 우리 자신의 생활을 가지기 위해 열쇠를 필요로 하고 있다는 것은 부정하려야 부정할 수 없다. …… 우리는 방에 있으면 자물쇠를 잘 잠그고 자기를 잘 지키고 자기를 키우고 자기를 성찰해야 한다. 이 방 속의 생활이 우리 생활의 전체는 아니다. 그러나 방 바깥의 생활이 있기 위해서는 우선 방 안의 생활이 있어야만 한다. 사회적 생활의 기초에 개인적 생활이 있어야 한다. 서양문명의 장점은 개인적 자각이 강하다는 데 있다. 개인적 자각이 없는 곳에 진정한 의미의 사회적 조직은 없으며, 따라서 사회적 조직의 개혁도 전혀 있을 수 없다. 문화 일반을 통해 우선 이 **개인적 자각**이 불가결한 조건이다. 모든 문화의 방향이나 성질의 분화는 이 기초 위에 비로소 발생하는 것이다.[14]

이러한 가치론적 진술을 뒷받침하는 도식으로 서양/동양(일본)의

---

14) 安倍能成, 「鍵の文明」(1928), 『青丘雜記』, 岩波書店, 1932, 102~104쪽. 강조는 인용자.

문화유형학이 놓여 있음이 틀림없지만, 정작 중요한 것은 서양/동양을 불문하고 '개인에 대한 자각'이 무엇보다 선행되어야 한다는 것이다. 게다가 '열쇠'라는 상징이 말해 주듯이, 아베에게 개인의 고유한(proper) 자율성이란 자신의 소유 재산(property)에 대한 배타적인 독점권과 등가관계에 놓일 수 있는 것이었다.

그러나 그는 추상적인 개인이 아니라 식민지(외지)에 거주하는 식민 본국인(내지인)이었다. 더욱이 식민지의 제국대학 교수로서 제국주의의 식민지 지배를 정당화하는 장치의 한 요소였다. 그는 이 사실에 대해 비교적 자각적이었다. 그리하여 그는 자신이 "조선의 식민지 경영의 일부분을 담당하고 있는 당사자라는 것을 강하게 인식"하고 그로부터 "기쁨과 자랑"을 찾는 한편으로 "고통과 부끄러움"을 느꼈으며, "당사자로서 노력하는 생활, 당위성이 요구되는 생활"을 영위하는 한편으로 "여행자로서의 관조하는(觀ずる) 생활"에서 도피처를 찾고자 했다.[15] 식민지 경영에 참여하고 있다는 당사자 의식은 필연적으로 일정한 윤리적 부담을 동반했던 것으로 보인다. 따라서 그가 여행자처럼 '관조하는 생활'을 도피수단으로 선택한 것은, 앞의 '열쇠'의 비유를 빌려 온다면, 자물쇠로 닫아 건 방 안에서 창문 너머로 세상을 바라보는 행위에 해당될 것이다. 따라서 그가 '소유'하고 있던 서구적 · 근대적인 교양은 식민지라는 '낯선'[16] 현실을 심미적으로(aesthetically) 받아들일 수 있을 뿐, 거기에 작용하거나 개입하는 것은 물론 '만나는' 일도 쉽지 않았던 것으로

---

15) 安倍能成, 「京城雜記」(1928), 앞의 책, 82쪽.
16) 여기서 낯설다는 것은 단지 재조일본인으로서 아베가 조선에 대해 느끼는 체험적 이질감을 뜻하는 것이 아니라 근대적 교양주의의 세계에 '식민지'의 자리가 존재하지 않는다는 것을 의미한다.

보인다.

그러나 그가 외지에서 관조하는 생활을 '도피수단'으로 선택해야 했다는 사실을 놓쳐서는 안 될 것이다. 즉 조선(또는 경성)이라는 장소 전체가 '여행지'였다기보다는 조선 내부가 당위적 생활과 도피적 생활로 분할되어 있었던 것이다. 그는 단순한 여행자가 아니라 체류자이기도 했기 때문이다. 그는 재조일본인으로서 거주자와 여행자 사이, 달리 표현하자면 당사자 의식과 관조자 의식 사이, 노동과 유희 사이, 관심(interest)과 무관심성(disinterestedness) 사이를 부단히 오갈 수밖에 없었고, 그 동요 속에서 일정한 반성적 지점을 찾을 수 있었던 것으로 보인다. 조선에서 그는 세계시민적 교양주의자이고자 해도 스스로 '일본인'이라는 한계 안에 붙들려 있지 않을 수 없었고, 이러한 제약에 대한 자각은 다시 그 한계를 벗어나거나 회피하고자 하는 지향을 품게 만들었다.

······ 경성의 마을에서도 종종 부인이 목을 새하얗게 하고 대낮에 목욕탕에서 돌아오는 모습을 본다. 이런 모습은 내지에서도 종종 보았지만, 이렇게 욕실에서 화장실로 이어지는 듯한 모습을 한 부인이 아무렇지도 않게 가두를 걷는 모습이 세계 어디에 있을지 알 수 없다는 의문을 일으킨 것은, 조선에 온 후의 일이다. 그것은 적어도 가두의 **조선부인**에게는 보이지 않는 현상이다. 이와 비슷한 광경도, 과거의 서민 마을 풍의 좁은 길이라도 걸어가는 아름다운 사람들이라면 일종의 우키요에(浮世繪) 풍의 아름다운 광경을 보여 주었을지도 모른다. 그러나 우리가 여기서 보는 것은, 이 위태로운 아름다움이 무너진 모습과, 게다가 어울리지 않는 배경이다. 이를 개괄적으로 말한다면, 내가 내 주위에서 보는 재래의 일본적 생활양식은, 한편으로는 조잡하고, 다른 한편으로는 환

경에 어울리지 않는다. 그것은 성장하고 발전해 가는 모습을 보여 주는 일이 적은 동시에, 또한 뛰어난 취미를 가진 사람을 끌어들이는 힘을 잃고 있다. 이는 일본에서도 점차 그렇겠지만, 조선에서는 특히 심하게 느낀다.[17]

사소한 에피소드에 불과하지만, 집 안에서나 보여 줄 만한 모습을 한 채 거리를 활보하는 일본인 여성들, 내지에서는 흔히 볼 수 있었던 그들의 모습이 "조선에 온 후" 이상하게 보이게 되었다는 점이 의미심장하다. 그들이 아베의 눈에 조잡하고 몰취미한 것으로 보이는 것은 무엇보다도 그들이 "어울리지 않는 배경"에 놓여 있기 때문이다. 아베 자신이 이 에피소드를 일반화하고 있기도 하지만, 중요한 것은 그가 '일본적 생활양식'에서 부정적인 것을 포착할 때, 그 시선에 '서양적 생활양식'이라는 준거가 도입되기 이전에 조선(경성)의 마을이 배경으로 우선 눈에 띄고 있다는 사실이다. 그가 근대적인 것과 전통적인 것이 혼재하고 있는 일본의 생활문화의 문제를 새삼 민감하게 발견하는 곳은 조선에서였다.[18] 조선에 체류할 때 그는 "조선을 문제로 삼을 때마다 동시에 일본을 문제 삼지 않을 수 없"었고, 서양적인 것과 일본의 재래적 요소가 뒤섞

---

17) 安倍能成, 「京城街頭所見 : 朝鮮で見る日本的生活」(1932), 앞의 책, 334~335쪽. 강조는 인용자.

18) 나카네 다카유키(中根隆行)는 아베의 이러한 '반성적 시선'을 "비교문화론적 관점"이라고 명명하고 그 형성 근거로 그의 "풍부한 여행 경험"을 들고 있다. 나카네 다카유키, 「재조선이라는 시좌와 여행철학」, 박광현·이철호 엮음, 『이동의 텍스트 횡단하는 제국』, 동국대출판부, 2011, 73~74쪽. 하지만 다양한 여행 경험을 통해 형성된 비교문화론적 관점이 자국 문화를 비판적으로 바라보게 했다는 점은 수긍할 수 있지만, 전시체제기와 패전 이후의 아베를 고려할 때 그의 '식민지 경험'과 거주자/여행자의 이율배반이 보다 주목되어야 할 것이다.

인 "착종의 일본"도 내지에 있을 때는 "이질적인 요소의 혼재에 비교적 무감하게 있었지만, 조선에 오면 또한 그것이 새롭게 눈에 들어오게" 된다.[19]

물론 그가 부정하고자 하는 일본 재래의 요소란, 이른바 '도쿠가와 시대적인 것', 즉 근대적인 문명 세계로부터 분리·고립되어 있던 "섬나라적"인 것, "비국제적"인 것[20]이다. 따라서 그의 판단의 결정적인 심급에 서구적·보편주의적 개념으로서의 '문명'이 놓여 있음은 부인할 수 없으며, 일본의 조선 식민지화 역시 "세계의 문화에 공헌하는 것"[21]이기 때문에 의미가 있는 것이었다. 그러나 그는 일원적인 문명 개념을 비판하며 서로 다른 '민족문화'의 독자성과 다양성을 강조했던 신칸트주의적 문화주의의 영향을 받은 이고, 그가 조선에서 집요하게 보고자 했던 것도 조선 '고유의 것'이었다. 그는 "조선인이 우리로부터 배우고자 하는 것은 저 일본적인 것[도쿠가와적인 것—인용자]이 아니라 서양적인 것"[22]임을 알고 있었지만, 총독부에 의해 시행되는 어설픈 근대적 개발에 대해 반복적으로 비판하며 자신이 관심을 갖고 있는 것은 "역시 조선 고유의 물품, 건축, 풍속 등"[23]임을 분명히 했다. 물론 경성과 아테네를 비교하며 "폐허의 아름다움"[24]에 주목한 데서도 드러나듯이, 조선의 고유성을 발견하고자 하는 그의 시선은 주로 과거로 향해 있다. 하지만 그

19) 安倍能成, 「電車の中の考察 : 現代生活に於ける德川時代的要素」(1932), 앞의 책, 341~342쪽. 강조는 인용자.
20) 安倍能成, 「朝鮮所見二三」(1927), 같은 책, 41쪽.
21) 安倍能成, 「京城の市街に就いて」(1928), 같은 책, 45쪽.
22) 安倍能成, 「京城街頭所見」, 337쪽.
23) 安倍能成, 「京城とアテーネ」(1928), 같은 책, 75쪽.
24) 安倍能成, 「京城風物記」(1929), 같은 책, 141쪽.

것은 모든 고유성 언술이 가지기 쉬운 한계이기도 하다. 아베 요시시게의 위치를 보다 정확하게 이해하기 위해 중요한 것은, 조선의 고유성에 대한 그의 관심이 조선과 일본, 식민지와 식민본국을 단순한 포섭관계로 이해하고 넘어가는 것을 방해하고 있다는 점이다.[25]

복수의 식민지를 거느리고 있는 식민본국 일본과 그 밑에 포섭되어 있지만 각각 문화적 '독자성'을 가지고 있는 식민지가 어떻게 하나의 '제국' 안에 통합될 수 있는가의 문제는 근대적 개인과 전체와의 관계를 지속적으로 다루었던 그의 정치학-윤리학적 사유의 중심과 연관되어 있다. 그가 식민지 조선에서 일본의 "지방적 한계"[26]를 절감하고 식민지 동화의 어려움, '다민족 제국 건설'의 곤란함을 토로한 것도 그의 식민지 경험과 무관하지 않을 것이다. "멸사보국도 전체주의도 노예로서가 아니라 자각된 국민으로서 비로소 이것을 인정하는 것이다. 자각이란 곧 자유의 처음과 끝이다"[27]라고 주장하는 그에게 "타이완을 영유하고 조선을 병합하고, 더 나아가 동아협동체의 중심으로서 대륙에 나아가고자 하는"[28] 일본이 서로 다른 민족들과 충돌하며 어떻게 공존의 질서를 만들어 낼 수 있는지는 어려운 문제였다.

---

25) 그러나 이렇게 조선의 고유성 또는 독자성을 대상화하는 감각 뒤편에서 '일본' 역시 하나의 독자적인 실체로 구성되고 있다는 점을 간과해서는 안 될 것이다. 비록 이곳의 맥락에서는 '섬나라적' 또는 '지방적'이라는 부정적 지표와 일체화된 방식으로 구성되고 있지만, 그것은 특정한 역사적 계기에 의해 긍정적 동일화로 전환될 수 있다. 이 측면에 대해서는 3절 이후를 참조.

26) 安倍能成, 「京城街頭所見」, 338쪽.

27) 安倍能成, 「個人と全体」(1938), 『時代と文化』, 岩波書店, 1941, 46쪽.

28) 같은 글, 48~49쪽. "이제 열국(列國)의 험난한 대립 가운데 대륙의 민족과 부딪치게 되어 종래의 안온함이 허락되지 않는 것은 물론 말할 필요도 없다. 우리는 민족으로서의 강한 원심력과 구심력을 동시에 요구받는다는 지난한 과제에 직면해 이것을 해결하지 않으면 안 되는 것이다." 같은 글, 49쪽.

3. 국가의 자유

아베는 1940년 9월 일고(一高) 교장으로 취임하면서 15년 만에 '외지' (경성)에서 '내지'(도쿄)로 복귀한다. 복귀와 더불어 '내지'에 팽배해 있는 정치 우위의 분위기를 실감하게 된다. 중일전쟁 발발 이후 강화되어 온 국가 총동원체제는 1940년 2차 고노에 내각의 '신체제 선언'과 더불어 더욱 강력한 고도국방국가를 지향하는 통제체제를 형성하고 있었던 것이다. 문화주의적 입장에서 개인(또는 개체)의 자유와 독자성을 중요시했던 그는 강력한 통제사회를 어떻게 받아들이고 있었는가?

> ⋯⋯ 현대를 일컬어 정치가 문화나 사상을 지배하는 시대, 현대의 문화나 사상을 일컬어 정치에 의해 지배된 문화나 사상이라고 부를 수 있는 이유는, 그 사상이나 문화가 현실의 정치적 필요에 의해 규정되는 정도가 극히 심대하다는 데 있다. 그리하여 그 정치적 필요라는 것도 결국엔 현실의 국민의 생활 또는 생사(生死), 국가의 위급 존망에 간섭함으로써 한층 그 통절함의 정도를 강화하는 것이다. 사상, 문화, 정치가 이러한 **절실한 생활적 요구**에 뿌리내린다는 것은 유무를 막론하고 필연성으로부터 오는 것이며, 그 자체 반드시 나쁜 것은 아니다. ⋯⋯ 현대의 정치적 경향이 현대의 문화나 사상을 규정하고 있는 것은 현재 부정할 수 없는 사실로서, 우리가 그 바른 인식을 지향해야 할 지점이다. 새로운 문화가 이 선(線)을 따라 발전하리라는 것도 또한 거의 필연적이라고 말해야 할 것이다.[29)]

---

29) 安倍能成, 「新文化の基礎」(1940), 『巷塵抄』, 小山書店, 1943, 4~5쪽. 강조는 인용자.

그는 정치적인 통제가 단순한 정치의 지배가 아니라 "절실한 생활적 요구"에서 비롯되는 사상적·문화적 전환에 따라 이루어진 것이라고 보며 그곳에서 일종의 필연성을 발견한다. 겉으로 보면 정치가 문화와 사상을 지배하는 것으로 보이지만, "문화나 사상에 대한 정치의 지배 그 자체가 이미 하나의 문화적 사상적 경향을 보여 주는 것으로서 이미 문화적 사상적인 계기가 존재"하기 때문에 이면에서는 거꾸로 통제문화 또는 통제사상이라고 할 만한 것이 정치를 지배하고 있다는 것이다. 정치가 지배하는 시대를 오히려 "사상 혹은 문화가 정치를 지배하는 시대"[30]라고 규정하는 역설이 가능한 것은, '절실한 생활적 요구'에 기초한 통제문화(사상)가 "재래의 정치적·경제적, 나아가 문화적 기구가 그 타성적, 자연적 상태에 맡겨져 있던 것"[31]을 타개할 수 있기 때문이며, 그럼으로써 "전체를 구성하는 모든 요소로 하여금 전체의 일원으로서 보다 전체의 취지에 즉응하는 활동을 이루도록"[32] 할 수 있기 때문이다. 요컨대 통제문화(사상)는 "주어진 조건에서 완전히 독립하는 것이 아니라, 물론 이 조건에 제약되지만, 나아가 그것에 반발하고 그것을 극복하여 그 이상의 것이고자 함으로써 새로운 현실을 만드는"[33] **도덕적 자유**의 가장 조직적인 실천으로 여겨지는 것이다. 이 연장선에서 서로 다른 민족들(자연) 간의 공존의 질서(문화)를 모색하는 어려운 문제는 이제 '동화'라는 "올바른 방침"[34]의 승인으로 나아간다.

---

30) 같은 글, 4쪽.
31) 같은 글, 18~19쪽.
32) 같은 글, 19쪽.
33) 安倍能成, 「剛毅と眞實と知惠とを」(1946), 『戰中戰後』, 白日書院, 1946, 104쪽.
34) "일본이 조선병합 이래 취하는 방침은, 적어도 그 표방하는 점에서 볼 때 후자(동화를 통한 새로운 민족적 통일—인용자)의 어려움을 취하고 있다. 이 방침은 가장 올바른 방침이며, 단

주어진 자연적 상태를 조건으로 하면서도 그 위에서 이성의 의지에 의해 실천되는 인간적 행위를 자유라고 보는 아베에게 통제문화(사상)는 그의 사상과 존재의 간극을 새롭게 재조정하는 환경이 되었다. 식민지에서 '내지'로 복귀한 이후 신체제 운동의 실감 속에서 아베는 전향한 것인가? 경성에서의 아베와 도쿄에서의 아베는 다른 존재인가? 이에 대해 단적으로 그렇다고 답할 수 없는 것은, 아베는 이미 사유/존재의 서로 다른 장소성 사이를 이동하거나 그 간극을 조절해 왔기 때문이다.

일찍이 아베가 자신의 지적 경력을 형성한 시기, 즉 메이지 말기에서 다이쇼기에 걸친 교양주의 시대가 이 사유/존재의 분리를 전제하고 있었다. 자유주의, 데모크라시, 교양주의 등으로 특징지어지는 다이쇼기 일본 사상의 형성에는 러일전쟁 승리 이후 일본 제국주의의 확장이 필연적 조건으로 놓여 있다. 러일전쟁 승리 후 국제적 지위를 확립하고 비약적인 경제발전을 이룩했을 뿐만 아니라 반세기에 걸친 대외적 긴장을 해소함으로써 일본 국내의 정치문화는 통합에서 분산으로 방향이 바뀌고 있었다.[35] 여기에 근대적인 공교육제도가 확립되고 실무적인 기량의 터득보다 지식 그 자체의 습득으로서의 '학'이 사상의 중심축을 형성

지 표방에 그치지 않고 이를 어느 정도까지 실현해 왔다고 하는 것도 역시 부정할 수 없다." 安倍能成, 「新文化の基礎」, 『巷塵抄』, 13쪽.

35) "일러전쟁에 의한 소모나 전후의 경제적 불황에도 불구하고, 전쟁을 통해 축적을 가속화한 일본의 자본주의는 전후 급속한 발전을 이루었다. 특히 포츠머스 조약을 통해 러시아로부터 획득한 철도 이권을 기초로 하여 1906년(메이지 39년)에는 남만주철도주식회사가 설립되어 대륙의 식민지정책의 거점이 되었고, 1910년(메이지 42년)에는 한국병합이 이루어져 일본의 제국주의적 체제가 급속하게 진전되었다. 그리고 1914년(다이쇼 3년)에 발발한 제1차 세계대전은 국력의 발전에도 불구하고 19억에 달하는 외채 이자의 지불과 끊임없는 경제공황으로 고심하고 있던 일본의 경제계에 기사회생의 기회를 부여했다." 이에나가 사부로 엮음, 『근대 일본 사상사』, 연구공간 '수유+너머' 일본근대사상팀 옮김, 소명출판, 2006, 263쪽(이 부분의 집필자는 와타나베 도루[渡部徹]).

하는 분위기 속에 신칸트주의적 문화주의 철학의 강한 영향을 받으면서 새로운 세계시민적 개인이라는 자각이 등장했다.[36] 요컨대 일본이 본격적으로 제국주의적 성장을 가속화해 가던 시기와 자유주의적 분위기의 세계시민적 교양주의 지식인이 등장하던 시기가 일치하는 것이다.

이러한 물질적·정치적 조건은 이 시기 교양주의 지식인들의 존재/사유의 간극을 형성하는 결정적인 요인이기도 했다. 일본 국내의 상황만 본다면, 자유주의·교양주의 풍조의 유행은 민본주의 확립과 자유로운 개인의 권리 확대 등을 가능하게 하는 사상적 기반 역할을 했을지도 모른다. 그러나 아시아를 시야에 둔다면 사정은 달라진다. 일본 국가의 경제적 성장과 제국주의적 팽창이라는 역사적 조건하에서, 자유주의자·교양주의자들은 제국주의적 특권을 무의지적으로 수혜함으로써 존재의 현실적 제약을 상대적으로 초월한 곳에 보편적이고 비판적인 사상의 장소를 가질 수 있었지만, 그 특권의 공급처인 제국주의적 폭력과 식민주의의 현실이 존재하는 한 그들의 사상은 언제나 치명적으로 훼손된 채 남아 있어야 했다. 따라서 그들은 폭력과 살육의 대가를 누리면서 폭력과 살육을 부정해야 하는 이율배반의 상황에 처해 있었던 것이다. 다이쇼 교양주의를 대표하는 귀족 출신 엘리트 그룹인 '시라카바파'(白樺派)

---

36) 가노 마사나오(鹿野正直)는 다이쇼 지식인을 특징짓는 두 가지 요소로 러일전쟁 전후에 등장한 세대, 일본 공교육제도의 정비를 들고 있다. 『근대 일본사상 길잡이』, 김석근 옮김, 소화, 2004 참조. 이와 관련하여, 아베가 조선의 학생들에게 주는 글에서 "제군의 부조(父祖)들이 익힌 학문은 치국평천하의 길이어서, 그 취지에서 보면 진정으로 실용의 학(學)일 터이지만, 실은 사관(仕官)의 방편에 떨어진 것"이었다고 평가하며 "학문을 익힌 자가 바로 자리를 구하고 직업을 구하고, 이것을 얻지 못하면 바로 불평불만에 빠지는" 태도를 비판한 것도, 학생들의 사회운동에의 참여를 저지시키려는 정치적인 의도와 더불어 다이쇼 교양주의자로서의 순수한 '학'에의 지향을 반영하고 있다. 安倍能成, 「半島の學生に与ふる書」, 『青年と敎養』, 196쪽.

의 야나기 무네요시(柳宗悅)가 식민지 조선에 대해 가장 동정적이었다는 사실이 이들의 존재/사유의 장소성의 간극을 상징적으로 보여 준다.

아베 역시 이 조건을 공유하고 있었고, 그의 '자유'의 이념도 사실이 존재의 장소와 사상의 장소의 간극을 도덕적으로 극복하고자 하는 시도에서 도출된 것으로 보인다. 주어진 조건으로서의 자연성을 부인할 수는 없지만 '의지'를 통해 가장 이상적인 상태를 추구하고자 하는 도덕적 실천을 자유라고 간주한 아베는 이 간극을 자신 사상의 동력으로 삼고 있었다고 해도 과언이 아닐 것이다. 그리고 이 간극은 식민지 조선이라는 현장에서 보다 잘 드러났다. 그는 당사자/관조자, 노동/유희, 관심/무관심성의 세계가 충돌하는 가운데 두 세계를 오가면서 조선이라는 이질적인 타자를 통해 일본(인)으로서의 자기를 인식하고 일본(인)의 한계를 넘어서고자 했기 때문이다.

식민지 조선에서 아베는 당사자로서, '일본인'으로서 자신의 자리를 의식하면서 조선(인)과의 차이를 부정적으로 감지하고 있었다. 앞서의 '방'의 비유를 빌리자면, 그의 '개인'과 '자유'의 출발점인 '방'이 자리잡을 수 있는 기초는 이미 '집'(국가) 내부에 마련되어 있었다. 따라서 비록 '방' 바깥에서 조선(인)과 만날 수 없었고, 개별적 독자성의 단위를 일본/조선 또는 내지/외지로 분할할 수밖에 없었지만, 관조자가 되고자 하는 의식과의 긴장 속에서 식민지의 식민본국인으로서의 당사자성이 자각될 수 있었다. 조선 체류 시기의 그는 상대적으로 관조자, 유희, 무관심성의 세계에서 자신에게 보다 적합한 장소를 찾으려 했고, 그곳에서 사유의 보편성을 지향하고자 했기 때문이다. 하지만 전시총동원체제의 '내지'로 돌아온 후 그 긴장은 국가적 위기라는 "절실한 생활적 요구" 아래 봉합되고, 당사자, 노동, 관심의 세계가 압도하게 되었다. 존재/사유라는 서로 다른 장소 사이의 간극은 이 세계의 강력한 흡입력에 의해 거의 해소되어 버리는 듯하다. 세계시민적 개인, 관조적 시선, 개인(개체)의 독자성이라는 가치는 식민지/제국 일본의 구심력에 의해 존재의 장소로 불려 오게 된다. 조선과의 대비를 통해 두드러졌던 일본과 그 제한성은 식민지를 소유한 제국 일본에 대한 긍정으로 전환된다. 나아가 개인(개체)과 전체 사이의 긴장 또는 공존의 어려움에 대한 그의 배려는 전체에 대한 개인(개체)의 책임 관계를 강조하는 방향으로 전환된다. 그 책임 관계의 핵심에는 천황이 자리잡고 있다.

> 요즘 천황에게 귀일한다고 흔히 말해지고 있지만, 그것은 결국 우리가 천황을 받들고 신민으로서 우리의 모든 행동의 책임을 다하는 외에는 없다고 믿습니다. **국가의 도덕적·정조적(情操的)·정치적 중심**이 황실에 있다고 하는 우리나라의 특성[國柄]에 입각해 말하자면, 그것은 동시에 국민으로서 국가에 대해 모든 행동의 책임을 지고 이 책임감에 기초한 행동을 하기 위해 노력한다는 것이며, 황실을 국가의 중심으로 받드는 것에 의해서야말로 책임감이 한층 구체적 인격적으로, 피도 몸도 가지게 될 터라고 믿습니다.[37]

국가가 가장 이상적인 도덕적 주체('도의국가')로 등장할 때 자유란 **국가의 자유**와 동의어가 된다.[38] 그리고 '국가의 자유'를 실현하고자 하

---

37) 安倍能成,「靑年と責任感」(1941),『巷塵抄』, 175쪽. 강조는 인용자.
38) '국가의 자유'와 관련하여 패전 후 발표한 다음의 글을 참조할 만하다. "…… 문화를 만드는 것은 인간의 의지, 자유로운 의지이다. 원래 자유를 가지고 있다는 것이 인간의 인간다운 소이이며, 헤겔이 "역사는 자유의 진행의 흔적이다"라고 말한 것도 그런 의미이다. …… 국

는 계획적·통제적 실천의 정점에 천황제가 놓여 있다. 이곳에서 황국(皇國) 이데올로기와 구별하기 어려운 전체주의적 국가관이 서술되고 있는데, 아베에게 이러한 국가관이 가능한 것은 천황과 황실을 중심으로 도덕적 이상을 구현하고자 하는 국민-국가 간 공동 책임 관계가 성립될 때에만 '국가의 자유'가 보장될 수 있다는 판단이 있기 때문이다. 그가 볼 때, 천황을 정점으로 하여 진행되고 있는 국가적인 도덕적·정치적 이상 실현 과업에 국민 개개인이 책임을 느끼고 자발적으로 참여하는 것은 황국신민의 의무로서 당연한 것이었을 뿐만 아니라, 인간 이성의 자유를 실천하는 역사적 행위로서도 의의를 가지는 것이었다.

이렇듯 도덕적 의의를 지니고 있던 아베의 자유 개념은 전시체제기의 '내지'에서 국가 이성의 자유로 제한된다. 사실 자유에 도덕적 의의를 부여하고 국가라는 틀을 상상력의 조건으로 삼았던 것은 다이쇼 교양주의의 인격주의가 가지고 있던 일반적인 특징이기도 했다.[39] 아베의 '황민주의'는, 인격의 도덕적 고양이라는 교양주의적 지향이 전체주의 시대의 구체적인 역사적 조건과 만날 때 어느 지점에서 그 정치성을 드러내게 되는지를 전형적으로 보여 주고 있다.

가의 입장에서도, 그 국가가 진정한 의미에서의 문화국가가 되고 세계사 위에 공헌하기 위해서는 우선 국가가 자유로운 인간이어야만 한다." 安倍能成, 「言論の自由」(1947. 1. 18), 『一日本人として』, 白日書院, 1948, 61쪽.

39) 다이쇼 교양주의자들의 윤리적 입장은 '인격 본위의 실천주의'라고 할 수 있는데, 그것은 "개인 도덕과 국민 도덕의 양극을 포함하는 것"이었다. 그들은 한편으로는 봉건적·타성적 가족주의를 거부하고, 다른 한편으로는 근대적·산업적 공리주의와 대립하면서 개인의 자유 의지에 기초한 국가 모델을 지향했는데, 그 과정에서 끊임없이 개별 자아의 자립과 '국민 도덕' 또는 '국가'와의 조정을 과제로 삼고 있었다. 아라카와 이쿠오, 「1910년대의 세계와 일본의 철학」, 미야카와 도루·아라카와 이쿠오 엮음, 『일본 근대철학사』, 이수정 옮김, 생각의나무, 2001, 140~141쪽 참조.

4. 패전이라는 '가미카제'(神風)[40]

아베의 전시체제기 텍스트를 본다면 그가 천황제 국가주의로 전향한 듯이 생각될 수 있지만, 그것이 단순한 전향이 아니라는 사실은 패전을 받아들이는 그의 태도에서 잘 드러난다. 그는 일본이 저지른 전쟁(식민지 지배는 말할 것도 없고) 그 자체보다는 '패배했다는 사실'에서 일본 사회의 문제를 찾고자 한다. 그는 "곤란한 전쟁이 시작됐다고는 생각했지만 시작한 이상은 어쩔 수 없고, 가능하면 이기고 싶다"[41]고 생각했다. 그에게 전쟁은 마치 어떤 필연성 또는 운명에 의해 초래된 것처럼 받아들여지고 있다. 더욱이 그 전쟁을 "세계를 상대로 한 전쟁"[42]으로 규정함으로써 구체적인 '적'(또는 피침략자)은 추상화되고 그 운명성은 더욱 짙게 채색되는 효과가 발휘된다. 비록 그는 자신이 전쟁 중에 쓴 글에 대해 부끄러움을 느끼며 전쟁에 과감하게 반대하지 못한 것을 후회하는 포즈를 취하고 있지만, 이러한 태도 역시 아시아의 타자들을 침략하고 민중들을 폭력의 동원에 휘말리게 만든 전쟁에 협력하고 말았다는 데 대한 회한에서 비롯되는 것이라기보다는 어디까지나 '패배할 전쟁'을 막지 못했다는 사실에서 기인하는 것이다.[43]

---

40) 아베는 전후 일본 사회가 도덕적으로 갱생하여 '도의국가', '문화국가'를 건설하고 세계문화에 기여할 수 있다면, 이 '패배'와 '항복'이야말로 전쟁 중에 한 번도 불지 않았던 '가미카제'에 다름 아니라고 말한다. 安倍能成, 「學習院百一年祭に」(1947), 『一日本人として』, 85~86쪽 참조.
41) 安倍能成, 「序」, 『戰中戰後』, 2쪽.
42) 安倍能成, 「靑年學徒に告ぐ」(1946), 위의 책, 125쪽.
43) 그렇다고 해서 그가 '침략전쟁'으로서의 성격을 부정하거나 일본의 '전쟁책임'을 완전히 몰각했던 것은 아니다. '평화문제토의회'에서 논의를 거쳐 아베에 의해 정리된, 그러나 주로 마루야마 마사오가 집필했으리라 여겨지는 '일본과학자의 성명'에서도 일본의 지식인들

여기서 주목할 점은 '세계를 상대로 한 전쟁'에서 패했다는 사실에 대해 책임을 토로하는 언술이 '일본', 즉 식민지들을 거느리며 동아시아 제국 건설을 기획했던 거대한 일본이 아니라 일본 열도를 경계로 제한된 좁은 의미의 일본을 구제하는 효과로 이어진다는 사실이다. '패전' 즉 "일본은 졌다"[44]는 사태만이 전경화됨으로써 일본이 주도해 온 아시아에 대한 침략, 식민지화, 반혁명적 테러, 제국주의적 식민지 쟁탈 등이 복잡하게 뒤얽힌 장기간의 폭력적 과정이 휘발되어 버린 것은 물론, '세계를 상대로 한 전쟁'이라는 추상적 규정에 의해 사물화된 '세계'의 반대편에 왜소해진 '단일한 일본'을 상상하게 한다. 그리하여 패배의 감정과 자책의 연대 속에서, 반성의 총력전 속에서 '단일한 일본'이 떠오른다. "전쟁 중에도 전쟁 후에도 일본국과 황실에 충실한 하나의 국민이고자"[45] 하는 아베가 볼 때 패전국 "일본 국민은 총력전이라는 것의 의의를 이번 전쟁에서 겨우 느끼기 시작했지만 진정으로 총력전의 열매를 거두어들일 수는 없었다".[46] 전쟁에서 패배함으로써 비로소 일본은 총력전의 시대로 접어들 수 있게 되었다는 것이다. 그리고 새로운 일본, 새로운 국민으로 거듭나고자 하는 의지의 총력적 실천에 의해 비로소 패전 일본은

이 "우리나라가 침략전쟁을 개시했을 때 근근이 미약한 저항을 시도하는 데 그치고, 적극적으로 이를 방지할 용기와 노력을 결여하고 있었다는 점"을 반성하고 있다(「戰爭と平和に關する日本の科學者の聲明」, 『世界』 1949. 3; 日高六郎 編, 『近代主義』, 筑摩書房, 1964, 370쪽에서 재인용). 그러나 그 원인을 "언론의 자유를 빼앗기고 있었기 때문에 우리의 견해를 널리 국민 속에 삼투시켜 평화를 확보할 힘을 가질 수 없었던 것"(같은 쪽)에서 찾을 뿐, 자신(들)이 총력전체제하에서 국가주의를 심화시켜 왔던 실천에 대해서는 전혀 눈을 돌리지 않고 있다.

44) 安倍能成, 「强く踏み切れ」(1945), 『戰中戰後』, 46쪽.
45) 安倍能成, 「序」, 같은 책, 3쪽.
46) 安倍能成, 「强く踏み切れ」, 같은 책, 48쪽.

자유로울 수 있게 되었다.

아베에게 일본의 패배는 돌이키거나 뒤집을 수 없는 '과거의 역사', 즉 이미 주어진 것으로서 자연성의 영역에 속한다. 앞서도 살펴본 바와 같이, 아베에게 자유란 자연의 한계를 전제하면서도 자각적·의지적 실천을 통해서만 획득될 수 있는 것이다. 이는 문화적 의미에서도 정치적 의미에서도 그러하다.

아베는 주어진 경험세계를 초월한 것을 예지할 수 있는 이성과 그 이성의 의지, 즉 이상적인 것을 현실세계 속으로 가져오고자 하는 도덕적 의지에 자유라는 이름을 붙인다. 이미 주어진 것으로서의 경험적 현실을 자연적·필연적 조건으로 하면서도 "현실에 서서 이상을 바라보고, 나아가 그 이상을 현실화하고자 하는"[47] 도덕적 실천, 부여된 조건에 제약되면서도 그 이상의 것을 추구하는 의지적 실천이야말로 '자유'인 것이다.[48] 그의 관점에서는 일본이 전쟁에서 패한 가장 근본적인 이유도 바로 이 도덕적 자유 의지가 붕괴되었다는 데 있다. 아베는 "이번 패인의 가장 근본적인 것이 **도의의 퇴폐**에 있었다는 사실"[49]을 명시하며, 그에 따라 새로운 일본의 출발을 위한 동력도 도의에서 찾는다.

…… 현실에 발을 딛고 이상을 타개해 가는 도덕적 의지력 이외에 일본

---

47) 安倍能成, 「剛毅と眞實と知恵とを」, 같은 책, 104쪽.
48) 이 같은 자유 개념은 비단 아베 요시시게에만 국한되는 것은 아니었다. 메이지 시기 사상적·문화적 권위를 누렸던 자연과학과 자연주의에 반발하면서, 일찍이 자연과학에 한계를 설정하고 이상주의 철학을 수립하고자 했던 칸트의 윤리적 관점을 문화주의적으로 받아들인 다이쇼 교양주의자들은 이러한 자유 개념을 공유하고 있었다. 이에나가 사부로 엮음, 앞의 책, 262~274쪽 참조.
49) 安倍能成, 「日本の出發」(1945), 위의 책, 55쪽. 강조는 인용자.

을 구원할 길은 없다. 이것이 없을 때 일본 국민의 전도는 부정될 수밖에 없다. 법률적 강제, 경제적 분배도 이 도덕적 의지에 기초하지 않으면 진정으로 국민을 살리는, 따라서 일본을 살릴 힘으로는 될 수 없다. 일본에서의 모든 정치적 경제적 활동은 이런 의미에서 모두 도덕적이어야만 한다.[50]

…… 일본의 국가는 조직을 필요로 한다. 그리하여 그 조직은 개인의 강함, 자각적인 이성적 요구에 근거하지 않으면 안 된다. 그 의미에서 결국 관건은 국민 개개인의 도덕적 뼈대이다.[51]

도대체 일본이라는 국가를 붕괴시키는 도의의 퇴폐란 무엇이고 갱신시키는 도덕적 의지력이란 무엇인가? 패전이 눈앞에 다가올 때까지 일본은 대동아공영권의 이상을 역설하며 아시아의 민중들을 동원했고, 아시아의 통일과 해방을 위해 희생한다는 '도의'를 내세우며 전쟁을 정당화했다. 그러나 패전과 더불어 '아시아'를 상실한 이후 다시금 외쳐지는 도의는 어딘가 달라 보인다. 아베가 말하는 전쟁 중의 도의의 퇴폐도, 패전 후 요청되는 도덕적 의지력도 초점은 아시아에 맞춰져 있지 않다. 위에서는 형식적이고 강압적인 동원과 징발이, 밑에서는 무기력과 무책임이 팽배했던 전시기(戰時期)의 도의의 퇴폐를 청산하고, 패전의 고통과 혼란 속에서 일본을 새롭게 재출발시키기 위해 요청되는 도덕적 의지란, 개인의 '자유 의지'와 국가 이성의 의지가 책임 연관 속에 하나로

---

50) 安倍能成,「剛毅と眞實と知惠とを」, 같은 책, 108쪽.
51) 安倍能成,「日本文化の性格」(1947),『一日本人として』, 38쪽.

결합되는 경지를 지시함에 다름 아니다.

> …… 개인의 전체에 대한 관계가 단지 강제적, 또는 물적인 데 멈출 때,
> 즉 단지 법률적, 경제적인 데 그치는 한에서는, 그것은 도덕적이라고는
> 할 수 없다. 이 관계가 내면적으로 자각되고, 이 전체적 관계의 실현이
> 개인의 양심과 책임을 통해 행해질 때에야 비로소 그것은 도덕적일 수
> 있다. 즉 전체가 개인에 내재하고 개인이 전체에 관여함으로써, 국민의
> 도덕적 활동은 비로소 국가적일 수 있고, 국가의 행동은 비로소 국민과
> 떨어질 수 없는 것이다.[52]

이곳에서 '국가'가 과거의 '일본 제국'을 뜻하는 것이 아님은 말할
것도 없다. 제국주의 시기 아베에게 개인(개체)과 전체는 자연적·혈족
적으로 상이한 개별 단위들이 서로 결합되어 "새로운 민족적 통일"[53]을
이루어야 하는 곤란한 과제를 사고할 때의 도구 개념이었다. 그곳에서
는, 오랜 역사와 문화를 공유하며 자연스럽게 하나의 민족으로 용해된
경우와 달리 '일본 제국'이 그 경계를 확장하면서 서로 다른 민족들을 포
섭하고자 할 때, 개별 민족들이 자연적 민족성(ethnicity)을 극복하여 하
나의 새로운 민족(nation)으로 통합되기 위해 "민족적 자각"[54]이 필수적
임을 역설했다. 그러나 패전과 더불어, '일본 제국'이 붕괴하고 이들 이
질적인 민족들이 떨어져 나가면서 개인(개체)과 전체의 문제는 일본 국

---

52) 安倍能成, 「剛毅と眞實と知惠とを」, 111쪽.
53) 安倍能成, 「新文化の基礎」(1940), 『巷塵抄』, 13쪽.
54) 같은 글, 12쪽.

민과 일본 국가의 관계로 자연스럽게 대체되었다. 민족적 타자를 제국 내부에 실질적으로 포섭하기 위해서는, 예컨대 조선인을 '일본 제국' 내부에 실질적으로 장악하기 위해서는, 조선인 내부에 '일본 제국'의 신민으로서의 자각을 발생시킬 수 있도록 제도적·이데올로기적으로 동일성의 근거들을 부단히 생산해 내야만 했지만, 국민과 국가의 관계에서 국민은 '국민'으로 호명되는 순간 언제나 – 이미 국가 내부의 존재가 된다.

이리하여 패전 후의 일본의 현실 앞에서 그가 요청하는 자유는 다시금, 최종적으로 국가의 자유이다. 언술의 표면에서 국민과 국가, 개인과 전체 사이의 관계는 유기적 상호작용이라는 레토릭으로 표현되고 있지만, 결국 그 관계를 책임 속에서 자각해야 하는 것은 개인이고 국민이다. 보다 탁월한 도덕적 의지는 국가가 전유하고 있으며, 위기에 처한 현실을 타개하기 위해 아직 도래하지 않은 이상적 상태를 실현하고자 하는 국가의 도덕적 실천 앞에서 국민 개개인은 내면으로부터 우러나오는 자유 의지를 국가 의지와 합치시키는 외에 다른 길을 택할 수 없다. 아니, 가능하다 하더라도 그것은 다시금 '도의의 퇴폐'를 초래할 것이다. 개인은 자신의 국민됨을 내면으로부터 자각할 때 도덕적일 수 있고, 도덕적일 때 국가적일 수 있다.

패전 후 일본 사회의 붕괴된 가치관을 재수립하고 주체를 재건하기 위해 도덕적 힘에 의한 국민적 통합이 필수적이라고 생각한 아베는, 전후 일본의 이른바 '천황제 민주주의'를 확립시킨 신헌법을 이 통합의 결정적인 계기로 삼고자 했다. 그가 "신헌법에서 가장 관심을 갖는 것은 천황의 위치와 국민의 권리의무였다".[55] 그에게 천황은 국민 – 국가 간 책

---

55) 安倍能成, 「新憲法について」(1946), 『一日本人として』, 153쪽.

임연관이 최종적으로 수렴하는 정치적·도덕적·문화적 중심이다. 일본이 전쟁에서 패배한 것은, 그 전쟁이 천황과 국민과의 "총의"(總意)에 기초하지 못하고 천황에 대한 국민의 "진충"(盡忠)의 정신을 배경으로 하지 못한 채 수행되었기 때문이다.[56] 패전 후 아베가 반복적으로 거론하는 '도의의 퇴폐', 다시 말해 국민-국가 간 의지의 분열의 실제 내용이란 다름 아닌 여기에 있었다.

바로 그 천황은 일본 패전 후 연합국에 의해 퇴위당하리라 여겨졌지만, 미국의 주도하에 제정·공포된 신헌법이 오히려 천황의 지위를 보장해 주었음은 주지의 사실이다. 다만 국가원수로서의 대권은 박탈되었고 한 사람의 '인간'으로서 그에게는 상징적인 지위만이 부여되었다. 그러나 아베는 '상징으로서의 천황'이야말로 진정한 일본 국민-국가 통합의 중심이 될 수 있다고 전망하며 신헌법을 적극적으로 긍정한다. 과거 아시아-태평양 전쟁 시기 천황이 권력의 중심에 있을 때 군부, 정치가 등이 천황에의 '충의'를 맹세하고 '국체명징', '진충보국'을 외쳤지만 그것은 자신들의 이해(利害)를 감춘 "위선과 허위"에 불과했으며, 오히려 모든 권력으로부터 배제된 천황이야말로 "황실의 이름으로 국민을 처벌하고 자신들만의 권력과 이익을 도모하고자 하는 무리"로부터 해방되어 진정한 국민-국가 통합의 중심이 될 수 있다는 것이다.[57] 상징천황제에 의해 비로소 천황은 "무(無)의 상징", "무사무아"(無私無我)의 존재라는 그 본질에 충실하게 머무를 수 있게 되었고, "진정으로 천황을 국민 안에 내재시키고" 또한 "국민 위에 초월시켜" 국민통합을 실현할 수 있세 해

---

56) 安倍能成, 「年小學徒に告ぐ」(1945), 『戰中戰後』, 80쪽 참조.
57) 安倍能成, 「陛下の御こと」(1949), 『天皇の印象』, 創元社, 1949, 3, 7쪽 참조.

주는 일종의 비어 있는 중심이 되었다.[58] 승전국인 미국에 의해 부여된 '평화'와 '민주주의'와 '상징천황제'를 마치 일본의 전통과 본질에 애초부터 내재하고 있었던 것인 양 자연화시키는 사고는, 주어진 현실을 필연적 조건으로 여기고 그 위에서 의지적 실천을 지향하는 이 교양주의자의 "식민지적 무의식"[59]을 드러내 준다.

그리고 이렇듯 단 하나의 '상징'으로서의 인간을 신성한 중심에로 소외시킴으로써, 제국주의 시기부터 되뇌어 왔던 '일군만민'(一君萬民)의 이상은 신헌법하의 이른바 '천황제 민주주의'로 실현되는 듯하다.

신헌법에서는 천황은 통치의 일에는 거의 관여하시지 않게 되었지만, 이로써 천황과 황실을 국민 일부의 것이 아니라 국민 전체의 것이 되게 하고, 천황에 대한 국민의 마음가짐을 강제된 노예적 숭배가 아니라 자연적인, 솔직한, 친애(親愛) 어린 인격적 존경이 되게 하는 쪽으로 나아

---

58) 安倍能成, 「新憲法について」(1946), 『一日本人として』, 152~153쪽. 여기서 그는 교토학파이자 자신과 함께 다이쇼 교양주의의 세례를 받은 다나베 하지메(田辺元)가 천황의 위치를 '절대무의 모순적 자기동일성'으로 설명한 방식을 참조하고 있다. 이처럼 진후 '평화헌법' 하에서의 상징천황제야말로 진정한 천황의 존재 "고래(古來)의 전통" 속의 천황을 부활시킨 것이라고 받아들이는 태도는 이른바 '올드 리버럴리스트'들에게는 일반적인 것이었다. 이와 관련된 쓰다 소키치(津田左右吉)와 와쓰지 데쓰로(和辻哲郎)의 진술에 대해서는 小熊英二, 『〈民主〉と〈愛國〉』, 新曜社, 2002, 163쪽 참조. 또한 아베는, 패전 직후 천황의 퇴위를 주장하는 한 철학자의 글을 읽고 천황이 "자신이 '나'를 앞세운다면 퇴위라는 손쉬운 길을 택하고 싶은 마음은 가득 차 있지만, 자신의 위치에 '나'가 있어서는 안 된다고 생각"했다는 일화를 거론하며 '무사무아'에 충실한 천황에게 존경의 마음을 표하기도 한다. 安倍能成, 「陛下の御こと」, 『天皇の印象』, 4쪽 참조.
59) 아베의 이러한 태도는 "서구 열강에 의해 식민지화될지도 모른다는 위기적인 상황 …… 에 뚜껑을 덮고, 마치 자발적 의지인 것처럼 '문명 개화'라는 슬로건을 내걸고 서구 열강을 모방하는 것에 내재하는 자기 식민지화를 은폐하고 망각"한 개항 초기 일본의 근대적 지식인들의 태도와 닮아 있다. 고모리 요이치, 『포스트콜로니얼』, 송태욱 옮김, 삼인, 2002, 32쪽 참조.

갈 일이다. 일본에서 민주주의는 천황에 대한 경애와 양립하는 것이며, 이것을 양립시키는 점에 신헌법의 정신이 있다.[60]

　　대부분의 일본 지식인들이 그렇게 생각했듯이, 패전 후의 혼란으로부터 일본이 구제될 수 있으려면 국민적 자각을 내면화한 주체가 재건되어야 한다고 아베 역시 믿고 있었다. 국민적 주체란 전시기 통제와 동원의 대상일 뿐이었던 '신민'이 스스로의 자유 의지를 가지고 국가 이성의 도덕적·이상적 지향을 내면화하는 단계로 비약할 때 만들어질 수 있었다. 아베는 천황이 실질적인 권력으로부터 분리되어 상징적 권위만을 갖는 비어 있는 중심으로 변위(變位)된 사건을 이 비약의 계기로 여겼던 듯하다. 말하자면 권력적 실체는 무화되고 상징적 의미만이 남음으로써 천황은 이제 (대권의 핵심으로서는) 아무 데도 없으나 (상징의 중심으로서는) 어디에나 있는 존재가 되었고, 이식된 민주주의를 국민통합의 방향으로 조정하는 불가결한 요소가 된 것이다. 1946년 1월의 '인간선언' 이후 실시된 천황의 전국 순행 기획의 정치적 목적이 여기에 있었음은 말할 것도 없다. 그 자신 천황의 순행 일부분을 수행(隨行)하기도 한 아베는 상징천황제를 통해 "군(君)과 민(民)의 불가분의 관계하에 일본적 민주주의"[61]가 성취될 수 있으리라 믿었는데, 천황과 일체가 된 국민들이 "제각기 자신이 살고 있는 곳, 자신이 일하고 있는 직장에서 할 수 있는 바를 다해 …… 일본국을 부흥시켜 간다"[62]는 '일본적 민주주의'란 역

60) 安倍能成, 「日本新憲法英譯に序す」(1947), 『一日本人として』, 93쪽.
61) 安倍能成, 「日本の立場」(1947), 같은 책, 75쪽.
62) 安倍能成, 「民主主義」(1946), 같은 책, 42쪽.

설적이게도 전시기 동원의 슬로건으로 외쳐졌던 것들에 내용을 채우는 시도처럼 보인다.

5. 존재/사유의 장소성 — 맺음말을 대신하여

패전은 전후 일본이 식민지/제국 일본의 역사를 다시 쓰게 하는 '원천적 사건'이었다고 할 수 있다. 패전이라는 프리즘을 통하지 않고서는 식민지/제국 일본의 역사를 서술할 수 없게 되었을 뿐만 아니라, 패전을 발판으로 하지 않고는 새로운 일본의 역사 역시 전망할 수 없었기 때문이다. 패전이라는 결과를 초래한 문제를 찾으려 하지 않고서는 뒤를 돌아볼 수 없었고, 패전의 경제적·정치적·문화적 충격을 극복할 수 있는 동력을 발견하려 하지 않고서는 앞을 내다볼 수 없었다. 따라서 과거와 미래를 향할 때 패전이라는 사건이 인식과 판단과 서사를 언제나 – 이미 규제하고 있다는 점에서 패전은 원천적(ursprünglich)이다. 적어도 '전후는 끝났다'는 선언이 더 이상 당혹스럽지 않게 받아들여지게 될 때까지는 말이다.

　　그러나 패전이 원천적 사건으로서 효력을 지니던 시기에도 그것이 언제나 근본적인 자기비판을 수반했던 것은 아니다. 오히려 패전의 충격과 국가 위기로부터 벗어나고자 하는 긴급성은, 과거와 관련해서는 부정성을 적절한 차원으로 제한시키게 만들곤 했고(예컨대 전쟁을 국가궤멸 상태로까지 끌고 간 책임자로서의 '전쟁광 군부'), 미래와 관련해서는 비로소 가시화되고 있던 욕망(desire)과 차이들을 국민통합의 욕구(need) 아래로 복속시키게 만들곤 했다. 이와 더불어 '전후'에 종언을 고하고 나타나는 새로운 자기 긍정의 사고가 일본 자본의 신식민주의적 아시아 진출을 시야에서 지우듯이, 패전이라는 사건은 식민지/제국 시기 일본이 상처 입힌 아시아를 망각하는 효과를 낳기도 했다.[63]

아베는 과거로부터는 '도의의 퇴폐'라는 문제를 찾아냈고, 미래로는 '도덕적 의지력'의 실천을 투사했다. 그러나 개인(개체)의 도덕적 의지의 실천을 '자유'로 규정하는 그의 정치학 – 윤리학은 결국 천황제의 상징적 보존과 국민적 통합에 강조점이 찍힌 '일본적 민주주의'로 귀착되었다. 이 과정에서 그의 '아시아'도 망각되고 있는 것으로 보인다. 15년간의 '외지' 체류 경력을 가지고 있는 그가 조선 경험은커녕 바로 몇 개월 전까지만 해도 일본이 아시아의 일부를 통치역(統治域) 속에 포함하고 있었다는 사실에 대해 거의 정리하지 않고 있으며[64], 재일조선인의 존재와 그들의 법적 지위 문제에 대해서도 무관심한 채 '일본인'의 국민통합을 주장하고 있는 것이다.

패전이라는 사건이 갖는 강력한 효력을 염두에 둘 때, 여기서 패전 후 아베에게 왜 조선에 대해 언급하지 않는가를 묻는 것은 의미 없지는 않지만 얻을 것이 별로 없어 보인다. 오히려 조선 체류 시기의 아베와 패전 후의 아베를 대질시킴으로써, '내지'와 '외지', 제국과 국민 – 국가를

---

63) 패전 후 일본의 전후복구 담론이 아시아를 삭제하고 있는 방식에 대해서는 김항, 「'결단으로서의 내셔널리즘'과 '방법으로서의 아시아' : 근대 일본의 자연주의적 국가관 비판과 아시아」, 『대동문화연구』 65집, 2009 참조.

64) 아시아에 대해 책임을 느끼는 듯한 언급이 전혀 없는 것은 아니다. '침략전쟁'에 대한 책임 표명과 관련해서는 앞서 각주 43)에서도 언급했지만, 예컨대 아베는 "특히 선린(善隣)의 나라로서 함께 대동아를 짊어지고 갈 중국에 대한 일본인의 태도에 이르러서는, 천인(天人)이 허락하지 않을 만큼의 죄를 저지르는 일은 없었는가. 조선에서, 사할린에서, 만주에서 우리나라 사람들의 곤경을 동정하는 한편 우리는 또한 중국에서의 일부 동포의 태도에 생각이 미쳐 한층 마음이 어두워진다"(安倍能成, 「年少學徒に告ぐ」, 『戰中戰後』, 81쪽)고 고백하기도 한다. 그러나 이곳에서도 중국에 대한 죄를 반성하는 한편으로, 사할린, 만주와 함께 조선을 떠올릴 때는 일종의 자기 연민의 감정에 휩싸이고 있음을 확인할 수 있다.

가로지르면서 그의 존재/사유의 장소성이 어떻게 유동해 왔는지를 비판적으로 검토하는 것이 효과적일 것이다. 이로써 아베 또는 자유주의적 교양주의자의 모순과 이율배반의 실상을 드러낼 수 있을 뿐만 아니라, 역사적 문제를 대상화하는 우리 자신의 입장까지 반성적으로 되돌아볼 수 있을 것이다.

아베의 자유주의적 교양주의는 도덕적 이상을 추구하는 인간의 자유 의지에 대한 신뢰에 기초해 있다. 이상주의 철학의 영향을 강하게 받기도 했지만, 이 입장은 근본적으로 인간 이성의 능력을 절대시하고 역사적 진보의 필연성을 (유물론자와는 다른 의미에서) 확신한다. 그러므로 현실에 살기보다는 이상에 살기를 원한다. 그러나 그의 존재의 장소와 사유의 장소는 양립불가능성을 은폐한 채 결합되어 있었다. 앞서 다이쇼 교양주의의 역사적 조건에 대해 언급했지만, 이 이상주의는 국가, 전쟁, 식민주의, 제국주의라는 토양 위에서 자라났다. 따라서 자신들의 '자유'라는 이념이 국가 또는 민족이라는 조건을 역사적 선험성으로 전제하고 있다는 사실을 자각하지 않을 때, 이 이상주의에는 한낱 추상적 보편주의의 명랑함 이상을 기대할 수 없을 것이다.

그러나 조선에서 아베는 식민지의 식민본국인으로서 '당사자' 의식을 가질 수 있었고, '외지'에 간 '내지' 교양주의자로서 일본의 지방적 한계를 발견할 수 있었다. 앞서 언급한 바와 같이, 아베는 조선 체류 시기에 상대적으로 관조자, 유희, 무관심성의 세계에서 적합한 장소를 찾으려 했는데, 이는 그만큼 '당사자'로서의 자기 존재가 강하게 의식되었다는 사실의 반증이기도 하다. 즉 '내지의 내지'라고 할 수 있는 도쿄에서 교양주의자는 자기 존재의 경계를 순간순간 잊을 수도 있다. 그러나 '외지'라는 환경은 그의 '존재'를 쉽게 망각하지 못하게 한다. 그러므로 그는 '당사자'임을 의식하면서 그로부터 도피하고자 했고, 또한 도피하려 애쓰면서도 다시 '당사자'로 복귀할 수밖에 없었다. 이 유동성, 그의 존재/사유의 장소의 유동성이라고도 할 수 있는 이 불안 속에서 그는 자기 존재의 경계를 인식하며 '내지'에 대해서도 어느 정도 반성적 거리를 취할 수 있었다. 물론 이 긴장이 조선/일본이라는 민족적 범주를 구별과 대조의 단위로 확립하는 결과를 낳기도 했지만, 이렇듯 '일본'에 묶여 있는 자기 존재의 제약성에 대한 자각은 '자유로운 타자'와의 결합의 어려움을 의식하게 하는 방식으로, 사유의 장소에서 떠오르는 추상적 보편 개념과 존재의 장소에서 전개되는 사태 사이의 간극에 대한 자각을 이끌었다.

그러나 식민지에서, 비유컨대 '우리'와 '제군' 사이의 차이를 경험함으로써 존재/사유의 장소적 거리와 그 긴장을 의식할 수 있었지만, 전시체제기의 내지로 복귀한 이후 '우리의 자유'를 구축하는 과정에서 그 경험은 파괴되어 갔다. 다이쇼 교양주의가 그 출발 지점부터 안고 있던 사유/존재의 간극, 즉 세계시민적 개인의 자유라는 사유 속의 개념과 식민지/제국 일본의 신민이라는 존재의 한계 사이의 간극은 식민지 조선의 '그 또한 자유로운 타자'를 바라보면서 긴장을 유지할 수 있었다. 비록 자아-타자의 관계를 민족 단위에서 설정하고 있다는 한계는 있으나, 제국 내부로 쉽게 통합될 수 없는 자유로운 타자의 존재에 대한 인식은, 아베가 자기 의지를 지닌 모든 존재에게 고유한 개념으로서의 자유와 역사적·지역적으로 제약된 존재의 소선 사이의 환원불가능한 간극을 감지하고 있었음을 알려 준다. 그러나 전시체제기의 내지에서 아베의 '자유'는 역사적·지역적 제약으로부터 출발해 그 한계를 도덕적으로 극복하는 실천과 동일시된다. 애당초 그에게 자유는 도덕적 의의를 지니는 것이었으나, 이 시점에서 그의 도덕적 상상력은 사유/존재의 장소적 거리와 간극을 메우며 전개되었다. 요컨대 사유된 개념으로서의 자유와 역사적 존재의 한계 사이의 환원불가능한 거리와 긴장이 사라지고 양자는 하나의 연속성 속에 놓이게 되었다. 그리하여 '당사자성'의 자각에서 기인한 유동성은 자기 긍정으로 고착되고, 개인(개체)의 자유는 국가의 자유로, 이성의 의지는 통제의 의지로, 도덕적 책임은 황실에 대한 책임으로 수렴되었다. 더욱이 패전이라는 '원천적 사건'은 당사자를 수난자(受難者)[65]로 전위(轉位)시키고, 자유의 이념은 '천황제 민주주의'로 귀착시킨 것으로 보인다.

사카구치 안고(坂口安吾)는 도덕적 의지에의 호소가 지배하는 전후복구 담론을 강력히 비판하며 '타락'이라는 정반대의 길을 제시한 바 있지만,[66] 이 글의 맥락에서 보자면, 사실 안고의 '타락'이란 존재/사유의 간극과 환원불가능성을 끝까지 견디며 양자를 충돌시키고자 하는 입장에서만 긍정될 수 있는 가치일 것이다. 존재/사유의 간극과 환원불가능성을 망각 또는 폐기하고 존재의 한계를 도덕적으로 극복하고자 하는 실천을 통해 사유된 개념으로서의 자유를 획득할 수 있는 듯이 여길 때, 식민본국의 지식인이 식민지 경험에서 유지할 수 있었던 존재/사유의 간극에 대한 긴장은 사라지고 만다. 아베 요시시게에게서 경험의 파괴란 이러한 긴장의 붕괴, 그리고 존재/사유의 외재성에 대한 의식의 붕괴에 다름 아니다. 아베는, 전후 일본 사회가 도덕적으로 갱생할 수 있다면

---

65) 安倍能成, 「强く踏み切れ」, 『戰中戰後』, 48쪽 참조. 여기서 아베는 연합국 군대가 일본에 주둔하며 일본의 정치를 그 지휘·감독하에 두는 상황을 "일본 사상 초유의 굴욕"으로 인식하며 일본 국민이 "수난의 시대"에 처해 있다고 서술한다.

66) 사카구치 안고, 「속 타락론」, 『백치, 타락론 외』, 최정아 옮김, 책세상, 2007 참조.

패전과 항복이라는 '굴욕'이 오히려 일본을 지켜 주는 '가미카제'에 다름 아닐 것이라고 말한 바 있는데, 패전이라는 '가미카제'가 결과적으로 일본을 수호하는 바람이 되었는지는 알 수 없지만, 아베와 그 밖의 일본 지식인들의 식민지 경험과 아시아 경험을 그것이 '일본'을 불안에 빠뜨리지 못하도록 단번에 파괴해 버린 결정적인 바람이었음에는 틀림없다.

2부

제도:
배치의 역학

4장 _ '강제연행'과 '강제동원' 사이

: 이중적 역사화 과정 속에서의 '식민지 조선인'의 배제

한혜인

1. 머리말

역사적 사건은 어떻게 개념화되어 가는가. 개념화되어 가는 과정 속에서 무엇이 선택되고 무엇이 소거되는가. 이는 사건을 서술하는 주체, 혹은 공간이 그 사건을 어떻게 현재화하려는가에 따라 같은 사건이라고 하더라도 달리 개념화되어 간다.

전후 재건되는 일본과 한국은 '망각해야 할 식민지'와 '기억해야 할 사실'이라는 공통의 과제를 안았지만, 이것은 일본과 한국이라는 틀이 아닌, 제국 속에서의 계층경험의 위치에 따라서 공유되거나 소거된다. 그 중 하나가 전시기(戰時期) 조선인 노무동원에 대한 개념화의 방법이다. 전시기 조선인 노무동원은 조선인 '강제연행'과 '강제동원'으로 개념화되어 가고 있다. 전후 일본에서는 강제연행이라는 용어로 수렴되었다면, 전후 한국 사회에서는 강제동원으로 수렴되었다.[1]

---

1) 1965년 이전까지 한국 신문에서 쓰여진 용어를 조사해 보면, 징용·강제징용·강제동원이라

조금 거칠게 정리하자면 조선인 강제연행은 전쟁범죄로서의 의미를, 강제동원은 식민지 지배 피해로서의 의미를 지닌다. 강제연행이 포괄하고 있는 것이 폭력적·불법적이라면, 강제동원은 강제라는 표현 속에서 폭력적인 면을 강조하고 있지만 비교적 체계적·합법적이다. 바꾸어 말하면 전후 일본 공간은 미국의 점령기를 거쳐 새롭게 독립한 국가로 자리매김해 가면서 식민지를 지녔던 일본제국이라는 주체가 아닌, 전쟁에 패배한 일본이라는 것이 주체화되는 공간이었고, 한국은 일본제국에 의해 피해를 입은 식민지라는 의식이 강하게 작용한 조어방식이라고 생각된다.

일본에서 강제연행이라는 용어로 자리매김하게 된 것은 잘 알려진 바와 같이 1965년 박경식(朴慶植)의 『조선인 강제연행의 기록』(朝鮮人強制連行の記録)에 의해서이다. 이 책은 박경식이 밝힌 바와 같이 한일협정 체결에 대한 반대운동의 일환으로 저술되었다. 박경식은 한일협정에서 식민지 지배책임을 묻지 않았다는 것을 비판하면서 특히 조선인 노동자 피해는 더욱더 충분하게 반영되지 못했다고 주장했다. 또 식민지민이었던 조선인 노동자에 대해서도 중국인의 강제연행, 강제노동과 다르지 않았다는 것을 실태조사를 통해 증명했다. 또 한 가지 주목할 점은 한일협정 논의에서 조선인 노동자의 피해에 관알선 징용 노동자만이 거론된 것에 대해, 박경식이 노무정책의 운용에 있어 1939년 9월부터의 집단모집 노동자도 강제연행의 피해자라고 주장한 것이었다.

는 말로 표현되어 있고, 강제연행은 많이 쓰이지 않았다. 그에 비해 재일조선인 사회에서는 일본인의 타코베야(감금 노동)나 수인노동, 중국인 노무동원과 관련해 강제연행이라는 말이 전시기 공식적 문서에도 쓰였던 영향도 있지만, 강제연행이라는 말이 보편적으로 사용되었다.

그 이후 강제연행은 없었다고 주장하는 측에서는 이 모집기의 강제성에 대해 문제를 제기해 왔다. 즉, 중국인 강제연행과 비교해 중국인의 모집이 신체적인 강제를 포함한 것이었다면 조선인의 모집은 '응모'라는 자율적 방법을 사용했다는 점, 더 나아가 법적 강제성이라는 측면에서도 '관알선'이나 '징용'보다는 연성이었다는 것이다. 그런데 이 논리에 대항하는 논리는 결국 모집에도 자유가 없었다는 점, 그리고 모집 당시의 폭력적 강제를 폭로하는 수준에 그치는 오류를 범하고 있다.[2]

결론부터 말하면 중국인 노동자에게 적용되었던 '모집'과는 달리 조선인에 대한 '모집'이 강제였던 것은 그것이 폭력적이었기 때문이 아니라 조선이 '식민지'였기 때문에 일어날 수 있었던 편법적 운영이었기 때문이다. 그런 의미에서 모집, 혹은 모집 노동자가 전후 일본 책임 속에서 어떻게 소거되어 갔는가 하는 부분을 밝히는 것은 일본 사회 속에서 '식민지'가 어떻게 소거되었는가, 식민지 책임을 어떻게 축소해 갔는가를 알 수 있는 중요한 과제라고 보인다. 여기에서는 노무동원체제가 만들어지는 시기부터 한일협정 시기까지 모집 노동자가 어떻게 배제되었는가, 한일협정 이후 한국 사회는 그들을 어떻게 인식했는가를 함께 살펴보도록 하겠다. 이는 한일협정 이후 한국 사회에서 그들을 어떻게 포섭했고 무엇을 배제했는가의 문제하고도 연결되어 있다.

시점을 달리하여 일본의 전전과 전후의 식민지민에 대한 배제의 연

---

2) 도노무라 마사루(外村大)가 '강제연행은 만들어진 것이다'라는 정대균(鄭大均, 『在日 强制連行の神話』, 文藝春秋, 2004)의 논리에 반박하기 위해 戰後責任ドットコム, 「朝鮮人强制連行:硏究の意義と記憶の意味」(http://sengosekinin.peacefully.jp)에서 강제의 실례로 든 것은 모두 관알선기, 징용기의 모습이다. 이러한 비판은 실질적으로 크게 유용한 것은 아니다. 모집기의 강제성은 신체적 폭력성만을 의미하는 것이 아니기 때문이다.

속성 속에서 그 문제를 바라본다면, 제국 일본과 전후 일본, 그리고 한국이 공통적으로 내포하고 있는, 국민화 속에서 배제되는 식민지민의 문제를 그대로 드러내는 기제가 된다는 새로운 의미로 읽어 낼 수 있을 것으로 생각된다.

2. '모집'이라는 방법

일본제국의 전시 인적 동원은 1938년 4월부터 실시된 '국가총동원법'을 근거로 한 하위법의 확대 적용에 의해 순차적으로 광범위하고 강압적으로 되어 갔다. 노무동원의 경우, 일본 각의 결정인 1939년 7월 '노무동원 계획'[3]에 따라 계획동원을 실시했다.

　　구체적인 동원방법은 '국가총동원법' 제4조, 제6조[4]에 기초하여 1939년 7월에 공포된 '국민징용령' 같은 국민에 대한 직접적인 '강제'와, 제5조[5]에 기초한 '국민근로보국협력령'(1941.11), '여자정신근로령'

---

3) 이 계획의 목표는 '군수의 충족, 생산력확충계획의 수행, 유출의 진흥, 국민생활에 필요한 필수품 확보'로 되어 있다. 제1차 노무동원계획은 1939년 7월 각의 결정되어 매년 필요인원을 계상했다. 1939년 제1차 노무동원계획 속에는 기주조선인을 동원대상으로 했으나 실제로는 이주조선인 노동자를 포함하여 시행되었고, 1940년 제2차 노무동원계획부터 이주조선인 노동자를 내지 신규노동자로 포함하게 되었다. 1942년의 제4차 노무동원계획은 그 이름을 '국민동원계획'으로 고치고 미혼여성, 학생을 포함했고, 1943년 제5차 '국민동원계획'에서는 전쟁포로와 수형자를 포함시켰다. 조선인의 경우, 1943년부터는 지역적으로 일본 본토 이외에 만주, 남양군도 남방지역으로도 '공출'할 것을 결정하고 있다.

4) 「國家總動員法」(昭和13年法律第55号), 歷史學研究會 編, 『日本史史料 5 現代』, 岩波書店, 1997. 第四條 政府ハ戰時ニ際シ國家總動員上必要アルトキハ勅令ノ定ムル所ニ依リ帝國臣民ヲ徵用シテ總動員業務ニ從事セシムルコトヲ得但シ兵役法ノ適用ヲ妨ゲズ。第六條 政府ハ戰時ニ際シ國家總動員上必要アルトキハ勅令ノ定ムル所ニ依リ從業者ノ使用, 雇入若ハ解雇, 就職, 從業若ハ退職又ハ賃金, 給料其ノ他ノ從業條件ニ付必要ナル命令ヲ爲スコトヲ得。

5) 「國家總動員法」(昭和13年法律第55号). 第五條 政府ハ戰時ニ際シ國家總動員上必要アル

(1944.8), '학도근로령'(1944.8)과 같이 '협력'을 강요하는 방법으로 전개되었다. 두 가지 방법의 가장 큰 차이점은 위반 시 법적 처벌의 수위이지만, 전쟁을 수행하기 위한 국가와의 고용관계로서, '협력' 그 자체도 강제적인 동원이었다는 점은 부인할 수 없다.

식민지 조선, 타이완, 가라후토(樺太)의 경우에도 1938년 5월 '국가총동원법'이 실시되었고, 노무동원을 위한 '국민징용령' 또한 1939년 10월 1일 조선, 타이완, 가라후토 및 남양열도에 실시했다.[6] '국민징용령'은 제2조 "징용은 특별한 사유 있는 경우 외에 국민직업지도소의 직업소개, 그 외 모집의 방법에 의해 소요인원을 얻을 수 없을 경우 그것을 행하는 것으로 한다"라는 조항에 따라 바로 전면으로 실시하지 않고 4차례의 개정을 통해 징용의 범위를 넓혀 가기는 하지만, 일본 정부는 식민지를 대상으로는 되도록 징용을 표면화하지 않는 관의 '모집'이나 관의 '알선'이라는 방법을 취했다. 또 한 축으로, '협력'을 강요하는 방법으로 전개된 '국민근로보국협력령', '여자정신근로령', '학도근로령' 등은 일본과 식민지에 동시에 시행되었다. 이렇게 일본 본토 그리고 식민지는 각각의 법역 속에서 전시동원체제를 형성해 갔다.

1939년 7월 '노무동원계획'에서 노무충족인원으로 식민지 조선인에 대한 일본 본토 동원은 사실상 법역이 다른 '외지'에서 '내지'로의 이동이므로 법역을 넘나들 수 있는 새로운 법적 장치가 필요하게 되었다. 당시 일본과 조선 사이에는 도항억제 정책이 유지되고 있어서 노동자를

トキハ勅令ノ定ムル所ニ依リ帝國臣民及帝國法人其ノ他ノ団体ヲシテ國, 地方公共団体又ハ政府ノ指定スル者ノ行フ總動員業務ニ付協力セシムルコトヲ得。

6) 조선에서의 전면적 실시는 1944년 8월 8일이지만, 이 당시부터 징용법의 개정에 따라 조선인에게도 부분적으로 징용이 실시되었다.

자유롭게 모집하거나 이동시킬 수 없었다. 이러한 사정 속에서 1939년 7월 29일 일본 각의는 도항을 중심으로 하는 '조선인 내지 이입에 관한 건'을 결정하게 되었다. 이 법의 구체적인 내용은 사실상 노무자를 모집하기 위한 근거 법률이 아닌 모집 노동자의 자격과 도항에 관련한 것이었다. 이에 따라 조선총독부에서는 노동자 모집을 위해 '조선인 노동자 이주에 관한 방침'을 정하여 노동자의 자격을 규정하였다. 그리고 실질적으로 노동자를 모집할 수 있는 근거 법령으로는 1919년부터 실시되어 오던 '노동자모집단속규칙'을 기본법으로 하였다.[7] 이 법은 사실상 조선 이외의 노동현장으로 가는 조선인 모집자에 대한 단속을 위한 법으로 노동자가 모집에 응하도록 강제하는 것이 아니었다. 따라서 법 자체는 기존의 자유모집 상태와 다르지 않았고 1차 모집에는 그다지 저항이 없었다.

실질적으로 대량 노동자 모집을 시작한 1940년에 들어서, 조선총독부는 조선 내에서도 계획적 노무동원을 하고 있었기 때문에 내외지의 동원을 보다 계획적으로 행하기 위해 1940년 1월부터 '조선직업소개령'(1940. 1. 11)을 공포했다. 이 직업소개령으로 인해, 그동안 조선 내에서 외지로의 노무모집을 관할하던 법 '노동자모집단속규칙'을 폐지하고, 일반노동자는 직업소개령을, 조선 내 토목공사 등에는 '총독부알선요강'(1938. 5)에 의한 '관알선'을, '내지(가라후토 포함)이주노동자'의 경우는 '모집에 의한 조선인 노무자의 내지 이주에 관한 건'(1940. 3)을 기본

---

7) 「朝鮮人勞働者內地移住ニ關スル方針」, 朝鮮人强制連行實態調査報告書編纂委員會, 『北海道と朝鮮人勞働者』, ぎょうせい, 1999, 483쪽.

법으로 분할 운용했다.[8]

앞의 '노동자모집단속규칙'과 1940년 실시하게 된 '모집에 의한 조선인 노무자의 내지 이주에 관한 건'의 가장 큰 차이점은 전자의 규칙이 경찰의 모집자 자체에 대한 단속이었다면, 후자의 법의 기본적인 내용은 일본 노무자 모집에 있어서 관의 주도하에 지역적으로 모집인원을 할당하고 경찰 및 군이 그 관련한 업무를 보조한다는 내용이었다. 즉, 경찰의 단속 대상이 모집자에서 노동자로 바뀌었다는 것을 의미한다.

이와 더불어 일찍이 군수업체로 선정된 금속공장, 제철공장 등에는 육군성에서 '조선인 내지 이입에 관한 건'을 기반으로 '조선인 공장노무자 내지 이입 알선에 관한 협정'을 정하여 모집이 아닌 직접적 총독부 알선으로 동원할 것을 요청했다. 모집과 알선의 가장 큰 차이점은 고용주의 비용 부담 범위라고 할 수 있다. 소위 모집의 형식은 기업이 동원 경비 등 이주 비용을 포함해 전체적인 비용을 부담하는 것이고, 알선은 모집 비용 및 이동 비용을 총독부가 부담한다.

소위 모집기라고 불리는 1939년 9월부터 1942년 2월까지는 실질적으로 모집이라는 방식과 더불어 공장노동자의 경우는 관알선이 적용되었다. 또한 노동자의 측면에서 볼 때, 모집이라고 하더라도 관의 알선과 경찰의 단속하에 동원되었다는 점에서 내용상으로는 전면적인 관알선이었다. 이는 원호 없는 징용으로, 징용의 편법적 운용이라고 말할 수 있다. 따라서 이는 조선인에게는 이러한 과정 또한 징용으로 인식되어 "모집당했다"라는 형용모순 같은 증언이 나오게 되는 이유이기도 하다.

---

8) 「朝鮮職業紹介令施行ニ關スル件」(1940. 1. 27, 各道知事宛 內務, 警務局長通牒), 樋口雄一 編, 『戰時下朝鮮人勞務動員基礎資料集』, 綠蔭書房, 2000, 336~341쪽.

이후 1941년 8월 '노무긴급대책요강'에 따라, 일본 내각은 1942년 2월부터는 조선총독부가 1938년부터 유지해 왔던 조선 내 동원 근거인 '총독부알선요강'을 확대 적용하기로 결정했다. 이 체제의 특징은 일본의 기업이 맡았던 조선인 노무동원의 모든 실무와 책임을 조선총독부가 지는 것으로의 변화를 의미한다. 이 제도로 조선에 있어서 일본 본토로의 노무동원이 조선 내 동원방법과 동일한 체제 속에서 움직이게 된다. 즉, 1939년 하반기부터 시작된 일본 본토로의 노무동원은 1942년 2월 조선총독부에 의해 일원화된 '관알선'정책이 시행되기 전까지, 시행 세부 법령이 조선 내의 동원관련법과도, 일본 내의 동원관련법과도 다른 형태로 운용되었다가, 1942년 이후는 따로 시행세부 법령을 조선 내에 발령하지 않고 일본 발령 법령을 그대로 적용했다. 1942년 관알선 제도는 조선총독부가 할당인원을 알선하면 각 도부읍면에서 '국민근로보국협력령'에 따라 보국대를 결성하여 보국대별 동원을 실시했다. 모집기와는 달리 '국민'의 협력을 강조하여 노무자에게 연성소를 통해 국민노동교육을 더불어 실시했다.

1944년 8월에는 기술노동자뿐 아니라 탄광, 토목 노동자에게도 징용령을 발동하여, 관부연락선이 끊기게 되는 1945년 6월까지 동원하였다. 징용에 대한 기피현상도 있었지만, 사실 당시 징용은 차별적 요인으로도 작용했다. 징용노동자는 원호대상이 되는 것으로서 국가가 보호해 주는 노동자로 인식해 일종의 특권층으로 인식되도록 강요하기도 했다.

시기에 따라 법이 다르게 시행되었다고 하더라도 큰 틀에서는 일본 '국민'임을 강요받았다는 것은 틀림이 없지만, 보다 제도적 변화에 따라 구분해 본다면, 1939년부터 1942년까지는 법역이 다른 '식민지민'에 대한 편법적 모집동원이었다면, 1942년부터 패전 시가지는 일체화된 법체제 속에서 '국민동원실시계획'에 따른 '관알선', 징용이라는 일원화된 동원체제로의 '국민' 동원이었다고 말할 수 있다.

한편, 중국인 동원은 1937년 화베이 지역 점령 후, 1942년 11월 '화인(華人) 노무자 내지 이입에 관한 건[9]'을 각의 결정하여 실시했다. 조선인 노동자가 탄광, 광산, 토목 노동을 중심으로 동원되었다면, 중국인 노동자의 경우는 '근력노동부면'[重筋勞動部面] 노동으로서 광산 하역 및 공장 잡역부로 모집했다. 이때 중국인 노동자 모집대상으로서 당시 실질적으로 동원된 중국인 노동자는 중국 화베이 지역 이시몬(石門) 포로수용소의 포로, 귀순병 등이었다. 포로수용소의 포로 및 귀순병을 대상으로 한 이유로는 "포로는 얼마든지 작전행동으로 얻을 수 있고", 포로수용소에서 "양민으로 환원해서 노공으로 공출할 수 있다"[10]는 것이었다. 포로수용소는 이후 노공(勞工)훈련소로 이름을 개칭했다.

본격적인 중국인 노동자 동원은 1944년 2월 차관회의 결정으로 '화인 노동자 내지 이입 촉진에 관한 건'이 발령된 이후에 시작되었다. 단순히 군이 주도하던 중국인 노동자 공출을 베이징대사관과 국민정부의 알선하에 화베이노동협회가 실무를 담당하게 했다.

이 법에 의해 행정공출, 훈련생 공출, 특별공출 등으로 나누어 중국인 노동자를 획득했다. 행정공출이라는 것은 화베이정무위원회의 행정명령에 의해 할당하고 그 할당분을 각 성, 도, 현, 향촌에서 중국인 일반인을 포로화해서 공출하는 방법이었다. 이 방법은 조선에서 행하던 관알

---

9) 田中宏·內海愛子·新美隆 篇, 『資料中國人强制連行の記錄』, 明石書店, 1990, 649쪽.
10) 勞務部前田一, 「北支苦力事情視察報告」, 北海道炭鑛汽船株式會社勞務部, 『苦力俘虜關係昭和18年』.

선 방법과 동일한 방식이었다.

훈련생 공출이라는 것은 앞서 이야기한 대로 포로수용소에 수감되어 있는 포로, 귀순병, 비적(匪賊), 수인(囚人)을 3개월 동안 훈련시킨 후 공출하는 방법을 말한다. 행정공출과 훈련생 공출의 차이는 전자는 행정기관에 의한 중국 민중=포로의 공출이고 후자는 군부에 의한 포로, 귀순병, 비적, 수인의 공출이라는 점이지만, 포로로 취급했다는 사실에는 변함이 없다. 특별공출은 당시 화베이운송공사, 국민정부기관 등에서 일하던 숙련공의 공출로 그 수가 가장 적었다.[11] 이와 같은 방법으로 약 4만여 명의 중국인이 일본 각지 135사업소에 연행되어 강제·격리노동 당했다. 중국인 노동자의 경우, 민간인을 공출했다고 하더라도 일본 내에서는 포로로 취급했기 때문에 작업장, 주거지 등은 조선인 노동자, 일본인 노동자와 철저하게 격리시켰다. 조선인 노동자의 증언에 의하면, 그들은 죄인처럼 손을 묶은 채로 작업장에 갔고 작업장도 조선인 작업장과는 다른 곳이어서 한 번도 마주친 적이 없었다고 한다.

중국인 노동자의 노무관리는 조선인보다 강압적이었을 뿐만 아니라, 철저하게 격리되어 있었고 작업능률을 올리기 위한 노동위안부를 고용하여 위안소를 설치했다.[12]

이들 중국인 노동자 확보를 위한 법적 형태와 조선인의 경우 '국민동원실시계획' 속에서 이루어진 노동력 확보라는 점은 동일하지만, 근본적으로 다른 것은 조선인 노동자는 '국민'의 자격으로 동원되었다면, 중국인 노동자는 적대국 국민의 탈취라는 점일 것이다. 따라서 조선인 노

11) 西成田豊, 『中國人强制連行』, 東京大學出版會, 2002, 42~104쪽.
12) 西成田豊, 위의 책, 109~112쪽.

동자는 국민으로의 '동화'(同化)의 존재였지만, 중국인 노동자의 경우 철저한 '이화'(異化)의 존재였다.

특히 조선인과 중국인에게 행해진 일본제국의 모집이라는 공통적 방법의 본질은 조선인에게 있어서는 동화해야 할 국민인 '식민지민'에 대한 편법적 점유라면, 중국인에게 있어서는 '국민' 외적인 틀 속에서 불법적 점유이다.

3. 은폐되는 '가해', 만들어지는 '피해'

일본의 패전과 함께 그동안 전쟁에 동원했던 조선인·중국인 노동자는 일본인에게 이질적인 존재, 혹은 일본인을 해칠 수도 있는 적(敵)으로 탈바꿈되어 인식되었다. 특히 패전 직전 일어난 하나오카(花岡) 사건[13]과 이를 둘러싼 중국인 강제연행, 강제노동에 대한 전쟁범죄 재판은 그런 불안감을 더욱 증폭시켰다.

내무성 경보국 보안과장은 1945년 8월 10일 전신으로 "조선인 및 화인 노무자 집단고용 장소의 경계를 강화하고 불온책동의 방지에 힘쓸 것"을 지시했다. 중국인에 관련한 대책은 중국인이 전승국민이므로 조선인에 대한 대책보다 훨씬 신속하게 이루어지고 있었기 때문에 "조선인에 대해서는 집단 경거망동을 하지 못하도록 지도할 것"[14]과 더불어,

---

13) 하나오카광업소에서 토목부문을 책임지는 청부업자 가지마구미(鹿島組)는 1944년부터 986명의 중국인을 동원하였는데, 가혹한 노동조건 때문에 반년 만에 137명이 사망하여, 1945년 6월 30일 중국인 노동자들이 봉기를 일으켰으나 헌병 경찰 등에 의해 고문 및 탄압을 당해 총 419명이 더 사망한 사건을 말한다.
14) 『資料日本現代史 2 : '敗戰直後の政治と社會'』, 大月書店, 1960, 4쪽.

순차적으로 귀환을 종용할 것을 지시했다.

조선인·중국인 노동자를 고용했던 토목건설업자들은 그러한 상황에 대처하기 위해 1945년 11월 '화선(華鮮)노무대책위원회'(이하 대책위원회)를 결성했다.[15] 위원장은 전(前) 전시건설단 단장이, 부위원장으로는 주식회사 가지마구미(鹿島組) 부사장이 맡았다. 위원으로는 주식회사 하자마구미(間組) 사장, 다이세이(大成)건설주식회사 사장, 주식회사 아스카구미(飛鳥組) 부사장, 주식회사 니시마쓰구미(西松組) 전무이사, 주식회사 구마가야구미(熊谷組) 전무이사, 철도공업주식회사 전무이사, 주식회사 지자키구미(地崎組) 사장, 주식회사 가와구치구미(川口組) 지배인 등 적극적으로 조선인·중국인 노동자를 고용했던 토목건설업자들로 구성되었다.[16]

이 대책위원회의 주요활동은 그동안 고용해 왔던 조선인·중국인 노동자에 대한 감시와 귀환작업, 관련 자료의 은폐, 하나오카 사건 재판에 대한 대응, 그리고 국가에 대한 피해보상 청구 등이었다. 대책위원회는 일찍이 "8월 16일 일본군수성으로부터 전시 중의 화인 및 조선인에 대한 통계자료/훈령 그 외의 중요 서류를 소각하라는 명령을 받고 과원을 시켜 정리해서 회계, 경리에 관한 것을 제외하고 사적인 물건일지라도 하나도 남기지 않고 …… 태웠는데 3일이나 걸렸다"[17]고 적고 있다.

하나오카 사건 재판에 관련해서는 그 재판이 다른 유사한 사건으로까지 번져 가지 않도록 하기 위해, 가지마구미 사장을 대표로 하는 재판

---

15) 「華鮮勞務對策委員會活動記錄」, 朴慶植 編, 『戰時强制連行 朝鮮問題資料叢書[別卷]: 第1集』, 三一書房, 1981, 2쪽.
16) 朴慶植 編, 위의 자료집, 2쪽.
17) 「付錄第五号委員會活動日誌」, 위의 자료집.

대책위원회를 설치해 전방위적인 노력을 기울였다. 변호사의 활동경비로 "중화민국 관계에 있어서 정치적 활동을 위해 군자금이 필요할 경우가 생겼을 때는 별도의 협의로 약정할 것 등을 정"[18]하여 개별적으로 중화민국과의 로비까지도 행했다.

재판대책위원회가 재판에 이기기 위해 얻고자 했던 것은 중국인을 강제연행하지 않았다는 것을 증명해 내는 것이었다. 그래서 당시 고용했던 중국인 노동자를 이분화하여, 포로와 포로가 아닌 일반 노동자로 구분했다. 포로의 경우는 군이 주체가 되어 동원한 것이라는 것을 강조하고, 일반 노동자의 경우 일본 정부의 계획에 따라 국가가 주도하여 1943년 3월부터 동원한 것이라는 논리를 펴, 중국인 노동자의 고용, 즉 강제연행은 국가책임임을 강조했다.[19] 따라서 기업은 중국인 강제연행의 주체가 아니며, 오히려 군과 국가에 의한 피해자라고 주장하기도 했다.[20] 또한 재판장에게도 수시로 상신서를 보내, 중국인 노동자는 "계약노동자였다는 것을 강조하여 강제노동문제를 부인"[21]했다.

결국 이 하나오카 사건은 이러한 전방위적인 노력으로 요코하마재판에서는 가혹행위 그 자체에만 집중 심의하여, 말단 행위자에게만 책임을 지웠다. 이 재판에서는 시스템적인 범죄, 강제연행·강제노동을 입안 실시했던 정부, 군, 기업의 간부·경영자는 재판의 대상조차 되지 않았다. 이 요코하마재판은 가혹행위가 증명된 가지마구미 현장관련자 4명, 경찰관 2명을 기소하여 1948년 3월 1일 유죄판결을 내렸다. 현장관계자 4

---

18)「華人勞務者關係事件ニ付キ弁護報償ニ關スル約定書」, 위의 자료집.
19) 위의 자료.
20)「華人勞務者移入事情」, 위의 자료집.
21)「人勞務者關係事件ニ關スル委員會決議事項」, 위의 자료집.

명 중 3명은 교수형, 1명은 종신형, 경찰관 2명은 중노동 20년의 형을 받는 것으로 종지부를 찍었다.[22]

이 재판은 강제연행이 전쟁범죄로서 단죄받기 위해서는 개별적 가혹행위가 증명되어야 한다는 선례가 되어, 이후 중국인·조선인 노동자는 자신의 피해상황을 증명하는 데 있어서 체제적인 강제보다는 개별적이고 신체적인 폭력성을 강조하게 되었다. 이는 보다 체계적으로 구현되었던 조선인 전시동원에 대해서는 직접적이고 신체적인 강제와 불법적이거나 편법적인 강제연행이라는 왜소화된 상을 만드는 결과를 낳기도 했다.

대책위원회의 또 다른 활동은 토목건설업이 전쟁에 의해서 얼마나 피해를 입었는가를 조사하여 일본 정부에 피해보상을 요구하는 것이었다. 대책위원회는 기본적으로 중국인과 조선인을 고용하게 된 것은 기업의 이익을 위한 것이 아니라, 국가가 주도한 것이므로 기업도 그 피해를 고스란히 입고 있다는 입장이었다. 따라서 중국인·조선인 고용에 따른 손실, 귀환 비용, 일본인의 안전을 위해 그들이 귀환할 때까지의 감시에 대한 비용까지 청구했다.

여기에서 특징적인 것은 대책위원회가 조선인 노동자에 관련해서는 두 부류로 구분해서 대처했다는 점이다. 즉, 1942년을 기점으로 해서 그 이전에 고용된 조선인 노동자를 자유모집 노동자로, 1942년 소위 관알선 노동자를 '집단이주 노동자'로 구분했다. 1939년 이후 모집에 의해 동원된 소선인에 관련해서는 자유의 의지로 모집에 응모해서 온 것으로, 이들은 생활 기반이 일본에 있는 사람들로서 혜택을 받아 생활했지만

---

22) 杉原達, 『中國人强制連行』, 岩波書店, 2002.

일본을 떠나지 않아 위협적인 존재라고 강조했다.

귀환 비용에 관련해서도 소위 자유모집 노동자에 관련해서는 책임이 없다는 것을 강조하면서 집단이주 노동자, 즉 관알선 노동자의 경우는 기업이 아닌 국가 주도로 이주한 것으로, 집단이주 시 사업체는 단지 '노무자 공출 협력비'를 조선총독부에 예납했기 때문에, 당시 공출의 책임은 조선총독부에 있음을 주장했다. 따라서 집단이주 노동자에 대한 책임은 기업이 아닌 조선총독부를 비롯한 일본 정부에 있고, 그들의 귀환 책임 또한 일본 정부의 몫이므로 그들의 귀환 비용은 국고에서 보조해야 한다고 주장했다.

앞서 이야기한 바와 같이 대책위원회는 자유모집 노동자의 경우는 귀환의 의지가 없다는 것을 강조하면서, 이들이 집단행동으로 사업체를 파괴하고 위협하므로, 공안관리가 시급하다는 것을 전제로 공안 비용을 국고에서 보조해야 한다고 주장했다.[23] 따라서 대책위원회는 국가에 대한 피해보상 청구로 다음과 같이 진정했다.[24]

국가에 대한 피해보상 청구(국고보조)

• 화인 노무자의 처리 및 손해보상에 관한 진정

화인 노무자 이입비 보조 중 토건노동자에 관한 건(화베이노공협회에 선납한 노동자모집비용 회수)

화인 노동자 송환을 위한 비용

---

23) 「付錄 第二号二 木建築に於ける鮮人勞務者の處理並に業者の損害補償に關する件」, 朴慶植 編, 앞의 자료집.
24) 「付錄 第一号 土木建築に於ける華人及半島人勞務者の處理並に損害補償に關する陳情」, 위의 자료집.

화인 노동자 송환 전의 보호 및 관리 비용

• 조선인 노무자의 처리 및 손해보상에 관한 진정

종전 전의 손해에 대한 보상(조선총독부에 선납한 노동자 공출 협력비 예납금)

종전 후의 손해에 대한 보상

• 화인 및 조선인 노동자 손실 보상금, 휴업수당 및 구국 수당 및 위로금

대책위원회는 일본 정부에 대한 피해보상 청구와 더불어 조선인 대표단체와 귀환에 관한 협의를 계속 진행해 갔다. 대책위원회는 일관되게 자유모집 노동자와 집단이주 노동자를 구분해서 자유모집 노동자를 배제했다. 귀환 희망여부 조사도 자유모집 노동자의 경우, 실질적으로 그런 경향이 있었는지는 확인할 수 없지만, 조선 귀환을 희망하지 않는다고 보고했다.[25]

대책위원회가 자유모집 노동자를 배제한 이유는, 1942년부터의 동원이 국가책임이므로 이후 모든 비용은 국고보조로 이루어져야 한다고 주장하면, 그 이전, 즉 1939년 8월부터의 모집은 관의 협력을 받았다고 하더라도 고용관계는 사업체와 있기 때문에 귀환 비용 및 관련수당은 사업체 부담이 될 수밖에 없기 때문이라고 추측할 수 있다. 따라서 적대적 관계를 유지하면서 오히려 공안 비용이라는 명목으로 국고를 받아내는 방법을 취했다. 그러나 여기서 더욱 안타까운 것은 대책위원회와 귀환교섭 등을 하던 '재일본조선인연맹중앙 총본부'에서 낸 '요구소선'

---

25) 「付錄 第二号二 木建築に於ける鮮人勞務者の處理並に業者の損害補償に關する件」, 위의 자료집.

에도 "종합적 사정의 제공은 조선인 노동자의 과거 4년간(1942년)"으로 규정해 버리고 말았다는 점이다.[26]

대책위원회는 정부와의 교섭을 통해 1946년 중국인·조선인 고용피해 국가보상금으로 상공성에서 545만 엔, 후생성에서 3,200만 엔 등 총액 4,595만여 엔을 교부받았다.

토목건설업뿐 아니라 석탄 탄광업 관련에서도 비슷한 상황이 전개되었다. 특별광해복구 임시조치법(特別鑛害復旧臨時措置法, 1950. 5. 11)을 둘러싼 피해의 논리 속에서도 모집노동자는 배제된다. 이 법에서 말하는 특별광해라는 것은 제3조 제1항에서 정하고 있는데, "태평양전쟁 중 전쟁수행을 위해 긴급한 국가의 요청에 따라 석탄증산의 응급조치로서 법령 혹은 명령에 준한다고 인정할 만한 행정상의 조치에 기준해서, 통상의 경우는 광해 방지를 위해 채탄방법을 제한하는 곳을 제한하지 않고 채탄하거나, 그 외 광해 방지를 위해 통상 갖추어야 할 조치를 갖추지 않아 발생한 피해"를 의미한다.

일본 정부에서는 이 특별광해가 시작되는 시점을 1945년 6월부터로 정하고 그 피해를 물질적인 손해로 한정하려고 했다. 그 움직임에 대해 후쿠오카현의원 대표인 이노우에 가오루(井上馨)는 1942년 12월 전시비상석탄증산운동 및 결전필승선탄증산운동, 혹은 석탄긴급대책요강 등 연이어서 전 국민적인 운동이 전개되어 석탄의 증산을 강하게 요청받아 왔다는 사실을 들어, 광해 시기를 앞당겼다. 그와 동시에 조선인이 많이 고용되어 있던 규슈탄전의 피해에 대해서도 그 원인이 일본 당국

---

26) 「朝鮮人勞務者ノ處遇ニ關シ在日本朝鮮人連盟ヨリ要求セラレタル件ニ付陳情」, 같은 자료집.

의 무리한 행정 때문이었다고 인식하고 있었다. 즉, "규슈탄전은 노후탄전이라서 무리를 하지 않으면 급격한 증산은 곤란한 상태였습니다. 그것을 무리하게 채굴했기 때문에 업자로서는 매우 우려했던 비참한 상태가, 광범위한 피해가 발생한 것입니다. …… 제가 여기에서 하나 더 말씀드리고 싶은 것은 …… 후쿠오카현에서는 그 광해보다 인명의 위기가 더욱 다급한 문제입니다. …… 당시 숙련공원은 각 광산에서 계속해서 전쟁에 소집되어 그것을 보충하기 위해 국민징용령 혹은 근로동원령 등을 발령하여 석탄채굴에는 전연 미경험자인 농촌인, 혹은 도시의 약한 청년, 그들을 징용하거나 또는 조선인까지도 동원해서 공원으로 삼았습니다. 그렇기 때문에 미숙한 탄광 노무자가 매우 증가해서 사상자는 또한 급격히 상승, 게다가 미숙한 공원의 작업은 그 능률이 극단적으로 저하되어 있었습니다. 그리하여 파면 팔수록 손해가 나는 사정이었습니다"[27]라고 진정했다. 일본인들은 아시아·태평양전쟁의 발발 이후, 역시 국가배상이 가능한 범주, 즉 일본 내에서 국민징용령의 적용이 광범위하게 실시되어 일본 국민으로서의 직접적 희생이 강요되었던 1942년 이후를 원점으로 삼아 극단적 피해를 입은 전쟁으로 기억하고 있다는 사실을 이 발언에서 엿볼 수 있다.

이와 같이 일본 전후 피해의 논리 속에서 처리된 조선인과 중국인의 피해사실은 동일하게 소거되어 가면서 가해의 주체인 기업이 피해의 주체가 되어 피해보상 등의 당사자가 되었다. 더욱이 일본에서는 전쟁기간이 태병양전쟁 이후로 십약되어 있고, 소선인에 관련해서는 동원 법

---

27) 衆議院, 「通商産業委員會公聽會」, 1950년 2월 9일, 国会会議錄檢索システム(http://kokkai.ndl.go.jp).

령의 연속성에도 불구하고 식민지민에 대해 편법운용을 하여 모집노동
자를 배제하고, 일본의 '국민'의 틀 속에서 일체화된 법령으로 이루어진
관알선 및 징용노동자만을 전쟁의 피해자로 보는 의식이 생겨났다.

4. 재건되는 '국민', 망각되는 식민지

일본은 샌프란시스코 평화조약(1951. 9. 8 조인, 1952. 4. 28 발효)에 의
해 점령체제를 정리하고 전후처리를 시작했다. 이 전후처리에는 미국의
영향력하에서 이루어졌다고는 하지만, 불완전한 처리로 인해 현재에 이
르기까지 미해결 문제로 남아 있는 것이 적지 않다.

　전쟁배상에 관련해서는 징벌적 성격의 거액배상이 아닌 지불 가능
한 금액, 현금배상 대신 설비 철거에 의한 실물배상이나 역무배상을 기
본으로 했다. 승전국에 의한 일방적 결정이 아니라 일본과의 교섭을 통
해 배상액과 내용을 결정하기로 정했다. 그러나 이 논의에 전쟁 최대피
해국인 중국이 분단상황이었다는 것을 이유로 초청받지 못했고, 또한 한
국은 전승국이 아니었기 때문에 초청받지 못해 배상의 논의에서 제외되
었다.[28]

　샌프란시스코 평화조약에 조인한 미국 및 연합국, 베트남, 라오스,
캄보디아, 필리핀에 대한 배상은 1950년대 중반부터 60년대에 걸쳐 이
루어졌고, 조인하지 않았던 소련과 버마, 타이 등에 대한 배상도 50년대
에 해결되어 갔다. 식민지 중에서는 타이완이 가장 일찍 1952년 일화평
화조약에 조인하고, 대일배상청구권을 포기하고 일본 군수시설 2천만

---

28) 남상구, 「일본의 '전후처리'와 식민지 문제」, 『한일관계사연구』 36권, 2010, 306쪽.

달러분을 수령하는 것으로 종결했다. 한국과는 샌프란시스코 평화조약 체결 이후부터 한일교섭을 통해 1965년 6월 한일기본조약 및 한일청구권 및 경제협력협정(한일협정)에 조인했고, 중국과는 1972년 9월 중일공동성명을 조인하고 1978년 일중평화우호조약을 체결하여, 중국에서는 배상금 청구를 포기하고 일본 측으로부터 ODA 등 거액의 경제원조를 받았다.[29)]

이렇게 일본은 대외적으로 관계를 정비함과 동시에 국내적으로는 식민지민이 배제되어 새롭게 구축된 '국민'들에 대하여 원호·보상체계를 형성해 가면서 일본이라는 국가를 편성해 갔다.

1) 일본의 '국민' 만들기―노무동원 피해에 대한 원호체계의 성립

국민 동원에 따른 피해에 대하여 일본은 패전 직후 "아시아 근린제국(近隣諸國)을 비롯하여, 전 세계의 전쟁피해자와 그 유족에 대해 국경을 넘어 심심한 애도를 표"[30)]하기 위해 '군인은급법'을 폐지하는 등, 반성의 자세를 취하는 것처럼 했으나, 샌프란시스코 평화조약 이후에 은급법을 다시 부활시켰다.

1952년 3월 "국가보상 정신에 근거하여 군인·군속 등이었던 자 또는 그들의 유족을 원호하는 것"을 목적으로 한 '전상병자·전몰자 유족 등 원호법'이 제정된 것을 시초로, 1953년 8월 은급법, 1953년 8월 '미귀환자 유수(留守)가족 등 원호법', 1957년 '인양자급부금 등 지원법' 등이

---

29) 우쓰미 아이코, 『전후보상으로 생각하는 일본과 아시아』, 김경남 옮김, 논형, 2010, 186~189쪽.
30) 栗屋憲太郎 外, 『戦争責任·戦後責任』, 朝日新書, 1994, 22쪽.

이어서 제정되어, 현재까지도 피해자 보상 및 원호관련 법안들이 계속적으로 제정되고 있다. 이들 법에 의한 원호대상자는 1958년에 대폭 확대되어, '국가와 사용관계'를 전제한 준군속을 신설하여, 실질적으로 전쟁을 위해 동원되었던 일본 국민 대부분을 원호의 대상으로 했다. 그 중에서 조선인의 전시동원과 동일한 법 안에서 동원된 일본인 준군속에 해당하는 자에 대하여 좀 길지만 모두 나열해 보도록 하겠다.

- 국가총동원법에 의한 피징용자로, 국가총동원법 제4조에 기본을 둔 국민징용령, 선원 징용령 등에 의해 징용되어 나라가 행하는 총동원업무와 정부가 관리하는 공장 등에서 행하는 총동원업무에 종사한 자.
- 군령회사법에 의해 지정된 군수회사의 종업원으로 군수회사징용규칙에 의해 현직인 채 징용된 것이라고 보이는 자(소위 현원징용자現員徵用者)로 업무에 종사한 자.
- 총동원업무의 협력자. 국가총동원법 제5조에 기초해서 총동원업무에의 근로협력에 종사한 자.
학교보국대, 여자정신대의 대원(여자정신대근로령에 의해 동원되어 군수공장에서 일한 여성).
국민근로보국대의 대원(국민근로보국협력령에 의해 동원되어 군수공장 등에서 일한 사람).
- 전투참가자. 육해군의 요청에 의해 전투에 참가한 자. 주로 만주에서 관동군의 요청으로 적과 교전한 개척단원, 오키나와(沖縄) 본토에서 일본군의 요청으로 군사행동을 한 주민.
- 국민의용대원.
- 특별미귀환자. 육해군에 속하지 않은 일반 국민으로 1945년 9월 2일

부터 계속해서 해외에 있으면서 귀국하지 않은 소련 사할린 지시마(千島), 북위 38도선 이북의 조선, 관동주, 만주 혹은 중국 본토 지역, 소련 지역 내의 강제억류자와 같은 실정에 있었던 자.

- 만주개척 청년 의용대원(만주개척민에 관한 근본방책에 대한 건, 1939. 12. 22).
- 군속 피징용자. 국가총동원법에 의해 징용되어 육해군 직할 공장에 소속되어 군속의 신분을 취득한 자 또는 육해군 군속인 신분을 가지고 있는 자로서 군당국으로부터 징용된 자로 일본에 근무한 자.
- 준전지(準戰地) 피징용 군속. 육해군의 본래의 군속으로 1941년 12월 8일 이후 일본 등에서 근무한 자.
- 만주학도. 학도근로봉공법에 의해 1941년 12월 8일 이후 중국(관동주, 타이완 제외)에서 총동원업무와 같은 업무에 협력한 재만주일본인 학도 등.
- 준사변지 피징용군속. 육해군의 군속으로 1937년 7월 7일부터 1941년 12월 7일까지 일본 등에서 근무에 종사했던 사람.
- 방공(防共)종사자 경방단원(警防團員) 등.
- 만주청년이민. '만주에 대한 청년이민송출에 관한 건'에 의해 만주에 송출된 자(만주개척 청년 의용대의 전신)로 진지구축 등의 군사에 관한 업무에 종사한 사람.
- 의용대 개척단원.[31]

국민 동원에 관련된 모든 법률로 동원된 일본인은 '준군속'이라는

---

31) 栗屋憲太郎 外, 앞의 책, 22쪽.

이름으로 전쟁 피해 원호대상자로 정하고 있다. 즉 일본 정부는 1938년 국가총동원법에 근거한 동원 법령은 국가와의 계약관계 속에서 일어난 것으로 그 피해 책임을 일본 정부가 져야 한다는 인식을 가지고 있었다는 것을 알 수 있다. 위의 법률과 동원방법은 식민지 조선인에게도 동일한 방식으로 실시되었지만, 원호법에 국적조항을 넣어 식민지민을 배제했다.

원호법이 제정되던 같은 시기, 1952년 6월 14일 BC급 전범인 조선인 전 포로감시원은 "평화조약 발효로 일본국적을 상실하게 되었으므로, 평화조약 제1조의 '일본 국민'에 해당되지 않으므로 구속을 받을 법률상의 근거가 없다"는 것을 이유로 인신보호법에 따른 석방을 도쿄재판에 제소했다. 하지만, 재판부는 "전범자로 형이 부과된 시점에 '일본 국민'으로 구급되었다"는 이유로 기각됐다.[32] 이러한 사실에서 알 수 있듯이 식민지 조선인은 강요된 일본 국민으로 전쟁에 가담하여 전쟁에 대한 가해책임은 져야 하지만, 다시 강요된 비국민으로 그에 대한 피해보상은 받을 길이 없게 된 것이다.

이러한 현상은 일본이 제국 일본을 해체하면서 동화를 강요한 국민, 식민지민에 대한 책임을 전혀 의식하지 않았다는 것에서 그 원인을 찾을 수 있겠지만, 더욱 비판해야 할 것은 샌프란시스코 평화조약 이후 시작된 한일교섭에서 당시 한국 정부 또한 식민지민으로서의 피해를 망각했다는 점일 것이다.

---

32) 大田修, 『日韓交渉 : 請求權問題の研究』, クレイン, 2003, 30쪽.

2) 망각되는 식민지—한일협정의 굴레

일본은 샌프란시스코 강화회의에서 조선에 대하여 피해범위의 상정을 최소화하기 위해 조선은 "이번 전쟁과 관계없이 제국이 정당하게 취득하고 동시에 제국의 주권행사에 있어서 종래 분쟁이 없던 영토"[33]라고 하면서 조선을 일본이 지배하고 있던 식민지라는 것을 강조하여 전쟁배상국의 범위에서 제외하고 협상하려고 노력했다. 그러나 정작 한국과의 한일교섭이 시작되면서는 그 보상의 범위를 식민지 지배 피해가 아닌 전쟁피해로 축소해 갔다.

1952년부터 시작된 한일교섭을 앞두고, 한국의 이승만 정권은 대일배상안을 구상하면서 "1910년부터 1945년 8월 15일까지의 한국 지배는 한국 국민의 자유의사에 반한 일본 단독의 강제적 행위로 정의·공평·호혜의 원칙에 입각하지 않은 폭력과 탐욕의 지배였던 결과, 한국 및 한국인은 일본에 대한 어떠한 국가보다 최대의 희생을 입은 피해자이고 …… 대한민국의 대일배상요구의 기본정신은 일본을 징벌하기 위한 보복의 부과가 아니고 희생과 회복을 위한 공정한 권리의 이성적 요구"[34]라고 주장하면서 구체적으로 배상의 범위를 3부로 정리하여 '대일배상요구조서'를 작성했다. '대일배상요구조서'는 '제1부 현물반환 요구의 부, 제2부 확정채권의 부, 제3부 중일전쟁 및 태평양전쟁에 기인하는 인적/물적 피해의 부'로 나눠 정리했다.[35] 그 중 제3부는 민간의 청원을 받아들여 작성한 것으로, 당시의 민간인들의 피해의 범위를 잘 알 수 있다.

---

33) 大田修, 「二つの講和條約と所期日韓交涉における植民地主義」, 李鐘元 外 編著, 『歷史としての日韓國交正常化 2』, 法政大學出版局, 2011.
34) 大田修, 『日韓交涉:請求權問題の研究』, 306쪽.
35) 大田修, 위의 책, 306쪽.

우선 한국에서 인적피해에 관한 조사는 그 이전 1946년 5월 군정청 법령 제61호로 1944년 8월 징용령이 전면화되면서 설치되었던 조선근로자원호회가 해체되고, 그 잔무처리의 일환으로 서울시에서 징용자 신고를 독려해 징용실태를 파악했다. "징용, 징발, 관알선 또는 법령에 의하여 동원되었던 노무자로, 고용주로부터 임금, 예금, 수당을 받지 못한 사람, 사망자 및 업무상의 상해로 인한 취업불능자는 유가족 혹은 본인이 신고할 것, 단 38선 이북 또는 외지에 출동되었던 자는 사실을 확증할 수 있는 자에 한하여 현주소를 관할 구청에 제출"[36]하도록 했다. 한국 정부 수립 후 1948년 12월에는 '전국 인구조사 시행령'을 발표하여 한국 정부로서는 처음으로 인구 전수조사를 했다. 이 인구조사는 단순한 인구 파악만이 아니라 "단기 4528년 8월 15일 상오 영시 현재 주거지, 본적지, 군사경험, 징용경험"[37] 등을 조사항목에 넣어, 귀환시점 및 징병, 징용의 규모를 파악하려는 의도도 있었다. 당시 민간의 인식은 피해자 모임에서 주도했는데, 그들의 보상요구를 정리해 보면, 시기적으로는 중일전쟁, 태평양전쟁 시기, 대상자로는 군인, 군속, 징발, 관알선, 징용노동자, 지역적으로는 국외 및 북조선, 보상내용으로는 사망자, 부상자에 대한 보상 및 유가족 보상, 미불금에 대한 보상, 미귀환자의 귀환조치, 유골반환, 사상자에 대한 진상조사로 정리할 수 있다.[38]

　　이러한 이승만 정권의 배상청구 노력에 대해 미국 측은 "재한 일본

---

36) 「徵用갓든 사람은 申告」, 『동아일보』, 1946년 5월 14일자. 이 자료는 제2차 한일회담 시 기본자료로 사용한 것으로 1946년 9월 30일 신고자 수 105,151명 중 징용 사망자 12,603명, 부상자 약 7,000명으로 조사됨(장박진, 「한일회담청구권 교섭에서의 세부항목 변천의 실증분석」, 『정신문화연구』 34권 1호, 2011, 97쪽).
37) 「전국인구조사시행령 발포」, 『동아일보』, 1948년 12월 5일자.
38) 大田修, 위의 책, 306쪽.

인 재산이라는 형태로 실질적 배상을 이미 받았기 때문에 한국은 그것 이상으로 일본에 배상을 받을 권리가 없다"는 입장을 취했다. 따라서 앞서 이야기한 바와 같이, 결국 한국은 서명국에서 제외되어 일본의 배상의무 국가에서 제외되고, 일본과 한국과의 국가 간 해결로 결착되었다. 따라서 1952년 2월부터 한국 정부와 일본 정부는 "일본국과 대한민국 사이의 기본관계에 관한 조약"(통칭 기본조약)을 위한 회담을 시작했다.

그 중 전시동원 피해의 범위를 규정할 수 있는 인적 피해보상에 관련 논의는 청구권 협상에서 이루어졌는데, 일본은 협상 초기부터 인적 피해보상의 범위를 "전시 중에 징용된 조선인 노동자 및 전시 중 사망한 조선인의 배상과 보상"[39]으로 정하고 그 금액을 약 3억 달러로 정하고 있었다.

한국 정부 측에서는 "일본의 36년간의 지배는 비합법적 통치로 그간에 받았던 피해의 무한한 손실에 대한 배상을 요구할 수 있으나, 한국의 대일배상요구 기본정신에 입각하여, 그것들은 모두 불문에 부치고 중일전쟁과 태평양전쟁 기간 중에 한하여 직접전쟁에 의해 우리가 입은 인적 및 물적 피해만을 조사할 것"[40]이라고 정했다.

한국 정부는 1957년 12월 초순 보건사회부를 통해 각 시도에 "소위 대동아전쟁 당시 일본지역과 전쟁지역 전반에 걸쳐 강제노무징용을 당했던 사람들의 수는 물론, 개인별로 피징용 중의 생사 및 징용기간, 징용지 등 세밀한 조사"[41]를 명하여, 피해자의 신고와 조사를 통해 1958년 1

---

39) 『제1차 한일회담(1952. 2. 15~4. 21) 청구권분과위원회 회의록: 제1차~제8차』, 337~339쪽.
40) 위의 자료.
41) 「일제에 끌려간 징용자의 실태조사 보상청구할 자료 보사부서 한일회담 앞두고 대비」, 『경향신문』 1958년 1월 17일자.

월에 완성했다. 이 자료는 지금 현재 국가기록원 등에서 보관하고 있는 소위 『왜정시 피징용자 명부』로, 당시 신고되었던 인원은 285,771명으로 확인된다.[42] 이 명부에서 조사한 기간과 징용지는 1938년 이후의 징용기간, 징용지, 귀환여부, 생사 등의 항목으로 조사되었는데 이때 징용지는 단순히 일본만이 아니라, 북한지역, 사할린, 남양군도, 만주지역까지 신고된 것으로 동원지역에 차별을 두지 않았다.

그 후 1960년 장면 정권하에서는 '청구권 8항목'을 정하여 토론했는데, 그 중 인적 피해 청구로는 "(3) 피징용자의 미수금, (4) 전쟁에 의한 피징용자의 피해에 대한 보상"으로 정하고 피징용자의 미수금은 약 2억 3,700만 엔으로 계산했다. (4)에서 정한 전쟁은 태평양전쟁으로 국한하고, 한국 정부는 피해자의 피해보상을 "최소한 전후 일본이 자국민의 전쟁피해자에게 보상하는 정도의 보상을 요구하는 것은 당연하다"고 주장했다.[43]

이 제안에 대해 일본 측에서는 "원호법을 채용하여 개인 베이스로 지불할 수 있다"고 의사를 표명했지만 한국 측은 한국 국민에 대한 지불은 국내 문제이므로 전체 금액을 국가가 받아 한국 측에서 개인청구권으로 지불할 것이라고 주장했다.[44] 오타 오사무(大田修)는 이때 논의의 일본 측의 진의는 외무성 내부 문서에 따르면 정말 개인보상을 할 생각이었다기보다는 한국 측 청구권금액을 가능한 한 줄이려는 문제해결 의도라고 분석했다.[45]

---

42) 일제강점하강제동원진상규명위원회편, 『강제동원 명부해제집』, 2010. 2, 249쪽.
43) 『제2차 한일회담(1953. 4. 15~7. 23) 청구권위원회 회의록』, 1147쪽.
44) 大田修, 앞의 책, 103쪽.
45) 같은 책, 104쪽.

1961년 6차 회의에서는 보다 구체적인 논의가 진행되었다. 강제동원의 피해청구를 "피징용자의 미수금(임금, 봉급, 수당)——약 2억 5,000만 엔, 전쟁에 의한 피징용자의 피해에 대한 보상(노동자와 군인·군속으로 강제징용된 사람들에 대한 보상)——약 3억 6,400만 달러"로 상정하고 그 근거를 "태평양전쟁 전후"로 일본에 강제징용된 한국인 "노무자는 66만 7,684명, 군인·군속이 36만 5,000명으로 합계 103만 2,603명, 그중 노무자 사망자 19,603명, 군인·군속 사망자 83,000명"이라고 제시했다.[46]

여기에서 중요한 것은 피해 노동자의 범위는 소위 징용노동자만을 말하는 것으로 그동안 논의되어 오던 관알선 노동자조차 배제했다는 사실이다. 그러나 한국 측은 노동자 동원에 있어서 일본 측이 한국 측 노동자를 관알선, 징용으로 구분하는 것에 대해 "관알선도 징용도 당시 한국인 노동자를 일본으로 연행한 방법은 매우 가혹했다"[47]고 주장해, 관알선과 징용을 구분하지 않고 인적피해 범주로 범주화했다. 당시 한국 정부조차도 모집에 의한 노동자는 그 범위에서 제외했다. 한국 정부 측에서 피해 전쟁을 중일전쟁부터로 상정하면서도 총동원법에 근거한 모집에 의한 동원은 그 보상의 범주에서 제외한 것이다.

협상은 1962년 3월까지 계속되어 미지불 임금과 피해보상에 대한 추정 수 근거자료의 검토는 했으나, 일본 외무성 아시아국과 대장성 이재국(理財局)은 1962년 1월 10일 "법적 근거가 있는 금액은 한국 측 요구에 비해서 얼마나 소액이 될 수밖에 없는지를 한국에 납득시키기 위

---

46) 『제6차 한일회담 청구권위원회 회의록』, 22쪽.
47) 위의 자료, 23쪽.

해서도 실무적 논의를 진행할 필요가 있다"[48]라는 일본의 인식에 잠정적으로 동의함과 더불어 한국의 박정희 정권의 경제발전에 대한 욕망으로 정치적 타결, 경제협력 쪽으로 급선회하여 1965년 '대한민국과 일본국 간의 재산 및 청구권에 관한 문제의 해결과 경제협력에 관한 협정' 체결에 의해 "완전히 그리고 최종적으로 해결된" 것이 되었다.

지금까지의 논의를 보면 한일협정 논의 당시 일본과 한국 정부의 강제동원 피해범위는 시기적으로는 태평양전쟁 전후, 인적피해는 피징용자 즉, 군인, 군속, 관알선, 징용 노동자 가운데 사망자, 부상자로 규정하고 있다. 지역적 범위는 특별히 지정하지 않고 있고, 금전적 보상범위는 미수금으로 정리되었다는 것을 알 수 있다. 그러나 그 이후, 한국 정부의 '대일민간청구권 신고에 관한 법'에서는 인적 범위를 제2조 9항에서 "일본국에 의하여 군인, 군속 또는 노무자로 소집/징용되어 1945년 8월 15일 이전에 사망한 자"로 규정하고 있다. 이를 "피징용자 사망자"로 칭하고 동법 시행령에서 그 기준을, ① 군인·군속으로서 전투 또는 직무수행 중 사망한 자, ② 노무자로서 노무에의 종사 중 사망한 자, ③ 군인·군속 또는 노무자로서 전투, 직무수행 또는 노무종사 중의 상이로 인하여 사망한 자로 한정했다.

한국 정부에서 정한 피해보상의 범위는 어느 것도 일본 당국이 일본 국민에게 했던 원호보다 훨씬 미치지 못하는 것이 사실이다. 그러나 여기에서 지적하고 싶은 것은, '대일민간청구권 신고에 관한 법'(이하 '신고에 관한 법')이 정하는 범위보다 그 피해보상을 위한 '대일 민간인 청구권 보상법'의 범위가 더욱 축소되어 있다는 사실이다. '신고에 관한

---

48) 大田修, 앞의 책,107쪽.

〈표〉 강제동원 관련 피해 범위 상황표

조항	논의단계(1951~1963)	대일 민간인 청구권 보상법(1974)
강제동원의 시기	태평양전쟁 전후	지정하지 않음
인적 범위	군인, 군속, 노동자 중 사망자 및 부상자	군인, 군속, 노무자 중 사망자
강제성의 인정범위	알선, 징용	소집 또는 징용
강제동원의 지역적 범위	지정하지 않음	없음
강제동원의 금적적 보상범위	미수금	일본금융기관의 예금, 기탁금, 보험금

법'에서 법 자체가 가지고 있었던 동원피해의 범위는 그 해석에 따라 상당히 넓은 의미로 해석할 수 있다.

즉, '신고에 관한 법'에서 정하는 '피징용자' 노동자의 범위는 "일본국이 소집, 징용한 노무자"라고 했을 때, '일본국이 소집'했다는 의미를 당시 법적 차원에서 생각해 보면, 일본 정부의 원호법과 같이 '국가총동원법'에 기초를 두고 있는 모든 형태의 노동자(근로보국대, 여자정신대 등)를 포함시킬 수 있지만, 한국 정부는 그렇게 해석하지 않았다. 또한 소집 및 징용에 대한 장소(場所)가 지정되어 있는 것이 아니기 때문에 소집·징용지를 일본, 혹은 국외로 국한했다고도 생각할 수 없다. 따라서 당시 조선 국내(북조선 쪽으로 동원되었던)에서 소집, 징용되었던 노동자뿐만 아니라, 만주, 중국시역, 태평양, 사할린에 동원된 노동자를 포함힐 수 있다. 하지만, 한국 정부에서도 소집의 범위는 모집 노동자조차 포함하지 않았고, 지역적 범위도 일본으로 한정했다.

5. 맺음말

일본제국은 해체되었는가, 적어도 강제연행, 강제동원의 문제를 바라볼 때, 이 질문은 매우 대답하기 어려운 상황에 직면하게 된다. 앞서 보아 왔듯이 전후 재건되는 일본과 한국은 '망각해야 할 식민지'와 '기억해야 할 사실'이라는 공통의 과제 속에서 강제연행, 강제동원을 개념화했고, 실질적으로 한일협정의 결과가 그 증거였다.

조선인 노무동원이 강제연행으로 인식된 것은 중국인 강제연행과 연동되어 개념화되었다는 것은 부인할 수 없다. 중국인 강제연행이 전쟁범죄로 정의되면서, 조선인 강제연행 또한 불법적 강제로 이미지화해 왔다. 그러나 중국인 강제연행과 다른 점은 보다 보편적이고 지속적인 성격을 띤다는 것이고, 이것은 그 피해가 단순히 개인적·신체적 강제를 넘어선다. 또한 일본인의 징용피해와도 다른 점은 식민지 조선인에게는 모집이나 알선이라는 편법적 방법을 적용해서 그 피해에 대한 보상의 주체를 모호하게 했다는 것을 들 수 있다.

특히, 국가총동원법에 근거하면서도 모집이라는 방법으로 동원하게 된 조선인 모집 노동자가 전전과 전후에 어떻게 배제되었는가를 보면서, 일본제국이 행한 식민지 정책의 단면을 보았다. 조선인 노동자를 모집이라는 방법을 통해 동원한 것은 도항금지를 유지해 오던 법역이 다른 지역 간에 편법적으로 운용된 동원이었다. 모집 노동자는 조선 내의 조선총독부 법률에 의해 처리되었다. 총독부는 일본이 요청한 '모집' 노동자에 대해, 기존 자유모집의 법률을 적용시키긴 하지만 이는 기존의 기업이 주도하는 '자유'로운 모집이 아닌, 조선총독부를 비롯한 각 기관이 응모라는 '동의체제'를 구축하여 모집을 가장한 동원체제를 형성한 것이다. 즉 징용법에 대한 편법 운용인 셈이다.

화선노무자대책위원회가 관알선, 징용노동자에 대해서는 국가와의 연결성을 공고히 하고 모집노동자를 배제한 것은 결국 대책위원회, 즉 사업체의 책임을 회피하기 위한 수단이었다. 사업체의 고용책임까지 무마하기 위해 그들을 가상의 적으로 몰아 공안 비용까지 요구했다. 이러한 장치가 재일조선인 사회에서도 통용되어 귀환정책에서도 제외되었다. 그뿐만이 아니다. 이 논리는 한일협정 논의에도 그대로 적용되었다.

결국 이들은, 동원체제 안쪽에서 피해를 입었지만, 완전한 동원체제에 속하지 않는, 그래서 보호받지 못하는, 강제연행과 강제동원 사이에 존재하는, 영원한 '식민지민'으로서 존재할 수 밖에 없었다. 모집의 강제성이란, 이와 같이 체제 밖의 존재로 밀어내는 데 있는 것은 아닐까. 이 존재는 역설적으로 제국 일본과 전후 한국이 연대하는 공통의식의 기제이기도 하다.

5장 _ 인권의 '탄생'과 '구획'되는 인간

: 전후 일본 인권제도의 역사적 전환과 모순

이정은

1. 들어가며

> 짐과 너희 국민 사이의 유대는 시종 상호신뢰와 경애로 묶여지는 것이
> 지 단순히 신화와 전설에 의해서 생기는 것이 아니다. 천황은 현인신
> (現御神)으로 하고, 또 일본 국민을 다른 민족보다 우월한 민족이라 하
> 며, 나아가 세계를 지배할 운명을 가진다는 가공의 관념에 기초를 두고
> 있는 것도 아니다.[1]

1946년 1월 1일, 히로히토 천황(昭和天皇)은 신년담화에서 위와 같
이 자신의 신격(神格)을 부정한 일명 '인간선언'(人間宣言)을 발표하였
다. 이것은 연합국 사령관 맥아더와의 일종의 '정치적 거래'에 의한 것이

---

1) 고모리 요이치, 『1945년 8월 15일, 천황 히로히토는 이렇게 말하였다』, 송태욱 옮김, 뿌리와
   이파리, 2004, 171쪽.

지만,[2] 전후 일본 사회에서 민주주의적인 제도를 마련하는 데에 상징적인 전환점이 된 것만은 분명하다.[3] 신(神)과 같은 존재로서의 천황의 위치가 부정되면서 천황은 신생국 일본에서 국민통합의 상징이며 전후 일본 사회를 빈곤으로부터 탈출시키고 평화와 민주주의를 추진하는 데에 중요한 구심점으로 선전되었다. '인간선언' 이후 실시된 여론조사 결과에 의하면, 천황제에 대한 여론의 지지는 94.8%에 이르렀으며, 이전과는 달리 천황을 정치권 밖에 두면서 인간화, 민주화의 역할을 기대하였다고 한다.[4]

현실적으로 일본국헌법이 개정되면서 천황의 '신민'(臣民)은 '국민'(國民)으로 변모되었고, 일본은 국민의 권리를 존중하고 민주적인 제도를 마련하는 국가로 선전되었으며, 거기에는 천황이 존재하고 있었다. 즉, 국민과 천황의 '일체감'을 조장한 '인간천황'의 새로운 모습을 만들어 냄으로써, 천황에 대한 전쟁책임을 면해 주는 동시에 역으로 천황을 평화, 민주주의와 연결시켰다.[5] 이런 전후 일본의 급박한 정치적 변화과정에서 관심을 끄는 것은 상징적이나마 신(神)에서 인간(人間)으로 내려온 천황과 동등한 위치에 놓일 수 있었던 이들은 누구였던가이다.

---

2) 도요시타 나라히코, 『히로히토와 맥아더』, 권혁태 옮김, 2009, 개마고원 참조.

3) 천황의 인간선언이 한반도에서 어떻게 평가되었는지 1946년 1월 5일자 『자유신문』 사설에 다음과 같이 게재되어 있다고 한다. "일본이 자칭 신황의 정통이오 무궁한 보조(寶祚)를 이은 신 그대로 인간인 천황의 입을 빌려 자기폭로의 고백이 만국에 제시되었다는 것은 통쾌무쌍한 일이며 고소(苦笑)를 금할 수 없는 사실이다." 윤건차, 『교착된 사상의 현대사』, 박진우 외 옮김, 창비, 2009, 89~90쪽.

4) 박진우, 「패전 직후의 천황제 존속과 민중」, 김광열 외, 『패전 전후, 일본의 마이너리티와 냉전』, 제이앤씨, 2006, 127쪽.

5) 1946년 2월 19일부터 시작된 천황의 전국순행은 민중들로부터 큰 지지를 받았는데, 공산주의자들까지도 이를 환영했다고 한다. 위의 책, 128~130쪽 참조; 杉原泰雄 外 編, 『日本國憲法史年表』, 解說編, 勁草書房, 1998, 414쪽.

근대 국민국가의 특징 중 하나는 국민의 인권 보호를 국가의 일차적 책임으로 규정하고 그 통치원리를 '헌법'이라는 구체적인 법률로 정한 것이다. 자국민이든, 외국인이든 국내 영토에 거주하는 사람들의 기본권을 보장하는 것은 근대국가의 책임이면서 의무가 되었다.[6] 일본도 이미 1868년 메이지 유신을 통해 근대국가로의 전환을 시도하며 '대일본국헌법'에 권리조항을 포함시켰다. 그러나 당시 일본의 인권 개념은 서구로부터 수입한 '문명으로서의 인권'으로서, '서양화'와 '천황제 국가 건설'이라는 이중과제 속에서 독특한 형태로 구성되었다.[7] 즉, 근대적인 문명국가를 지향하고자 하는 일본의 조급함과 서구의 침략위협에서 벗어나기 위해서는 천황제를 중심으로 강력한 국가를 만들어야 한다는 현실론이 결합되면서 일본 최초의 성문헌법에 인간의 권리는 천황에 대한 '신민의 권리'로 규정되었다.[8]

그러니까 외형은 비록 근대국가로의 형식을 갖추고 있었지만, 전전(前戰)의 일본 사회에서 인권은 자연권적 권리가 아닌, 신과 같은 통치권을 가진 존재로부터 '하사받은' 권리였다. 그렇기 때문에 신민의 권리는 필요에 따라, 신의 뜻에 따라 제한되거나 한정될 수 있는 것으로, 명시적 개념으로서만 의미가 있을 뿐, 서구의 근대적 인권 개념, 개인에 기초

---

6) 樋口陽一, 『近代国民国家の憲法構造』, 東京大学出版会, 1994.
7) 메이지헌법과 권리도입에 대해서는 尾川昌法, 「明治の人権論ノート(1) : オランダ留学と '萬国公法'-人権の誕生」, 岡山部落問題研究所 編, 『人権 21』 161卷, 2002; 出原政雄, 「明治初期における'権利'観念について」, 『社会科学』 29号, 同志社大学, 1982; 中村睦男, 「日本における欧米からの人権観念の導入と展開」, 『北大法学論集』 47卷 5号, 1997; 飯田鼎, 「明治初期, 自由民権運動の展開と克服」, 『千葉商大論集』 40卷 4号, 2003 참조.
8) 이에 대해서는 葛生栄二郎 外, 『平和と人権』, 法律文化社, 1999 ; 이정은, 「메이지초기 천황제 국가건설과 '인권' : 후쿠자와 유키치와 가토 히로유키의 '인권론'을 중심으로」, 『사회와 역사』 68집, 2005 참조.

한 권리 개념과는 상당히 거리가 멀었다. 따라서 패전 후 일본국헌법에 신민이 아닌 '국민'으로 권리를 규정하게 된 것은 일본 인권의 역사에서는 획기적인 전환이면서 동시에 상징천황제와 직결되는 새로운 논쟁을 불러일으키게 되었다.[9]

이런 맥락에서 일본의 전후 민주주의, 특히 인권문제에 관심을 갖는 것은 전후의 '일본식 민주주의'의 모순을 밝히고 '계속되는 식민주의'의 현재적 성격을 드러내기 위함이다. 민주주의와 평화를 표방하며 다양한 정책들을 시도한 전후 일본 사회가 인간의 권리를 무엇으로 규정하였고 기본권 보호의 기준으로 삼은 인간의 범주는 어디까지였는가? 당대의 일본 사회가 구성해 낸 인권이란 과연 무엇이었는가? 그리고 무엇보다도 '보호받을 인간'과 그렇지 않은 인간으로의 선택과 배제의 논리는 어떻게 만들어지고 어떤 논쟁점이 형성되었는가? 이 글에서는 1945년 일본의 패전 직후부터 1950년대 말까지 인권 관련 제도를 둘러싸고 이뤄진 논의와 해석들을 통해 전후 일본 사회의 성격의 일면을 파악해 보고자 한다.

2. '평화헌법'의 모순 — 인권규정의 일본화

패전 이후 개정된 '일본국헌법'을 흔히 '평화헌법'이라고 부르는 것은 국민주권과 기본적 인권, 평화주의를 기본 원리로 하면서 헌법 제1조와 제

---

9) 일본국헌법과 인권조항에 대해서는 石田雄, 「日本における法的思考の発展と基本的人権」, 東京大学社会科学研究所 編, 『基本的人権 2, 歴史 I』, 東京大学出版会, 1968; 辻村みよ子, 「近代人權論批判と憲法学」, 全国憲法研究会 編, 『憲法問題』 13号, 2002; 井ヶ田良治, 『日本法社会史を拓く』, 部落問題研究所, 2002 참조.

9조에 주목하기 때문이다. 즉, 헌법 제1조의 '천황의 지위와 주권재민' 규정과 제9조의 '전쟁 포기와 전력(戰力) 및 교전권의 부인' 조항은[10] 상 징천황제, 민주주의, 주권재민, 그리고 전쟁 포기와 무력사용 금지 등을 규정한 것으로 인권과 평화를 위한 제도를 만드는 데에 기본원칙이 되 었다.

패전 직후 연합국최고사령부(GHQ SCAP: General Headquarters of the Supreme Commander for the Allied Powers) 사령관으로 일본에 파 견된 맥아더(Douglas MacArthur)는 '정치범의 즉시 석방, 탄압법규의 폐지' 등을 주된 내용으로 하는 '인권지령'을 발표하며 일본 측에 헌법을 개정하여 자유주의적 요소를 도입할 것을 요구하였다.[11] 하지만 일본은 GHQ와 헌법개정논의 과정에서부터 '대일본제국헌법' 즉 '메이지 헌법' 의 내용을 그대로 답습하고자 하면서 '일본화된' 인권규정을 만들고자 하였다.[12] 그 대표적인 예가 개정헌법의 '국적조항'과 '생존권 조항'이다.

---

10) 원문은 다음과 같다. 第1条 天皇は,日本国の象徴であり日本国民統合の象徴であつて,こ の地位は, 主権の存する日本国民の総意に基く; 第9条 日本国民は, 正義と秩序を基調 とする国際平和を誠実に希求し, 国権の発動たる戦争と, 武力による威嚇又は武力の行 使は, 国際紛争を解決する手段としては, 永久にこれを放棄する。前項の目的を達する ため, 陸海空軍その他の戦力は, これを保持しない。国の交戦権は, これを認めない。
11) 大久保史郎, 『人權主体としての個と集団』, 日本評論社, 2003, 5~6쪽.
12) 일본국헌법의 형성과정은 김창록, 「'일본국헌법'의 '출현'」, 『부산대학교 논집』 14호, 1996; 長谷川正安, 「憲法学史」, 鵜飼信成 外 篇, 『講座日本近代法発達史 6』, 勁草書房, 1959; 高橋彦博, 『日本國憲法體制の形成』, 青木書店, 2007; 高柳賢三 外 編著, 『日本国憲法 制定の過程』 I・II, 有斐閣, 1972; 川口由彦, 『日本近代法制史』, 新世社, 1998; 永井憲一 編, 『戰後政治と日本國憲法』, 三省堂, 1997; 고세키 쇼이치, 『일본국헌법의 탄생』, 김창록 옮김, 뿌리와이파리, 2010 참조.

1) 식민지민을 배제한 조문개정

1947년 5월 2일 공포된 외국인등록령은 외국인, 특히 재일조선인을 관리하기 위한 제도적 기반을 마련한 대표적인 '외국인배제령'이다. 1952년 외국인등록법이 제정되어 식민지민에게 일방적으로 국적이 부여되면서 국적에 의한 차별 문제는 지속적으로 제기되어 왔다.[13] 그리고 외국인을 배제하고자 한 일본의 전략은 헌법개정과정에서도 그대로 반영되었다. 일본국헌법 중에 인권조항이라고 하는 부분은 제3장으로, "침해할 수 없는 영구의 권리", "모든 기본적 인권의 향유"를 규정하고 있다. 여기에서 논란이 되었던 것은 인권보장의 범위를 어디까지로 규정하는가에 있었다.

일본은 식민상태에서 해방되었지만 모국으로 돌아가지 못한 수많은 조선인과 중국인, 타이완인들에 대한 처우에 매우 소극적이었다. 헌법개정론의 초기과정에서부터 GHQ안과 일본안은 상당한 내용상의 차이를 보였다. GHQ의 개정헌법안에서는 메이지 헌법과 달리 국적이나 인종에 얽매이지 않는 인권을 규정한 것이 특징적이었다. 미국 정부의 헌법에 대한 기본적인 정책문서라고 할 수 있는 「일본통치체제의 개혁」(SWNCC 228문서)에 의하면, 일본의 인권보장 범위를 '일본 신민 및 일본의 통치권이 미치는 범위 안에 있는 모든 사람'으로 규정하고 있다.[14] 이 문서에서는 국적보유자만이 인권을 보호받을 수 있다는 국민국가적

---

13) 佐藤潤一, 『日本国憲法における国民概念の限界と市民概念の可能性』, 専修大学出版局, 2004; 尹健次, 「帝国臣民から日本国民へ: 国民概念の変遷」, 『日本国民論』, 筑摩書房, 1997; 松本邦彦, 『GHQ日本占領史16: 外国人の取り扱い』, 日本図書センター, 1996 참조

14) 영문으로는 'to Japanese subjects and to all persons within Japanese jurisdiction'으로 표현되어 있다. 고세키 쇼이치, 『일본국헌법의 탄생』, 134쪽.

사고에서 벗어나 '자연인'(All natural persons)에 대한 법 앞의 평등을 강조하였다.

하지만 일본은 GHQ안의 'Japanese people'이라는 부분을 가역하여 "일본 인민"으로 바꾸고, 다시 이 부분을 "일본 국민"으로 수정하여 평등의 범위를 일본 '국민'에 한정하고자 하였다. 출신국에 따른 차별금지 내용도 '문벌'(門閥)에 따른 차별금지라는 모호한 표현으로 바꾸었다. 그러면서 일본과 GHQ안 모두 외국인에 대한 규정을 따로 두어 법에 의해 보호받도록 하였다. 두 나라가 교섭을 진행하는 과정에서 일본은 GHQ가 제안한 여성의 권리에 관한 대부분의 내용을 삭제하였다.[15] 표현의 자유나 사회권 규정, 공중위생, 사회보장제도 조항도 삭제하였다. 일본은 전후 민주주의를 표방한다고는 했지만, 여성평등이라든가 사회보장, 기본적인 자유보장 등 실질적인 제도를 마련하는 것에는 상당히 소극적이었다.

그러나 헌법보장의 범위와 패전 후 식민지민에 대한 처우에 대해서는 일관된 의견을 개진하였다. 처음에는 두 안의 절충으로 헌법보장 범위를 '모든 자연인'으로 규정하되 '일본 국민이든 아니든'이라는 조문을 넣는 것으로 합의하였다. 이 조문에 외국인 인권보장도 포함되는 것이었으므로 따로 규정되었던 외국인 조항은 삭제되었다. 하지만 외국인 인권규정에 부담을 느낀 일본은 집요하게 이 조항을 삭제하고자 하였다. 결국 '일본 국민이든 아니든 묻지 않고'와 '국적' 조항을 완전히 삭제하고 인권보호대상을 "모든 국민"으로 한정하게 되었다. 이제, 외국인에 대한

---

15) 일본에서 여성권리항목을 담당했던 B. 시로타 고든(Beate Sirota Gordon)은 이 과정을 ベアテ·シロタ ゴードン, 『1945年のクリスマス』, 柏書房, 1995에서 상세하게 기록하고 있다.

차별, 식민지민에 대한 차별적 처우문제는 헌법보호의 경계 밖에 놓이게 되었다.

이때 일본은 어떤 제안을 했고 GHQ가 왜 납득하게 되었는지, 관련된 자료는 확인되지 않은 듯하다. 하지만, 천황제를 존속시켜 일본에 대한 통치권을 쉽게 장악하고자 했던 맥아더와 1948년경을 계기로 미국점령정책이 민주화에서 '반공군사기지화'로 전환된 것을 보면, GHQ와 일본과의 정치군사적인 거래를 상상하기는 그리 어렵지 않다.

〈표 1〉 일본국헌법 제정과정의 '국민조항' 변화

	GHQ안	일본안
개별안	제13조 모든 자연인(All natural persons)은 법 앞에 평등하다. 인종·신조·성별·사회적 신분·카스트 또는 출신국(national origin)에 의해 정치적 관계, 경제적 관계 또는 사회적 관계에 의한 차별을 수권 또는 용인해서는 안 된다. 제16조 외국인은 법의 평등한 보호를 받는다.	제13조 모든 국민은 법률 아래 평등하며, 인종·신조·성별·사회적 신분 또는 문벌(門閥)에 의해 정치상, 경제상 또는 사회상의 관계에서 차별받지 않는다. 작위, 훈장 기타의 영전은 특권을 수반하지 않는다. 제14조 외국인은 균등하게 법률의 보호를 받을 권리를 가진다.
개정안	13조 모든 자연인은 일본 국민이든 아니든 묻지 않고 법률 아래 평등하며, 인종·신조·성별·사회적 신분 혹은 문벌 또는 국적에 의해 정치적 경제적 또는 사회적 관계에서 차별받지 않는다. 16조 삭제	
최종안	14조 모든 국민은 법아래 평등하며 인종·신조·성별·사회적 지위 또는 문벌[門地]에 의해 정치적·경제적 또는 사회적 관계에서 차별받지 않는다.	

※출처 : 고세키 쇼이치, 『일본국헌법의 탄생』, 165~185쪽에서 재구성(강조는 인용자).

더구나 일본국헌법 제10조의 '일본 국민의 요건은 법률로 정한다'는 헌법개성과성에서 GHQ안에도, 일본 정부 초안에도 있던 것이다. 이것은 메이지 헌법 제18조의 '신민'을 단지 '국민'으로 바꾼 것으로, 이 조항으로 '일본 국민'은 '일본국적 소유자'를 의미하게 되었다. 1950년에 제정된 국적법(법률 제147호)에 의해 일본국헌법에 등장하는 '일본 국민', '국민'은 일본국적 소유자로 한정되어 외국인에 대한 차별은 당연시 될 수 있었다.

또한 헌법 제11조에는 '국민은 모든 기본적 인권의 향유를 방해받지 않는다'는 조항이 있어서,[16] '일본국적을 가지지 않은 외국인은 기본적 인권의 향유를 방해받을 수 있다'고도 해석 가능하게 되었다. 실제로 1959년에 제정된 국민연금법에서(1959. 4. 16. 법률 제141호) 피보험자의 자격을 "일본국 안에 주소를 가지는 20세 이상 60세 미만의 일본 국민(제7조)"이라고 정하고 있어서 1910년 이후부터 일본에서 살았고 11년 동안 보험료를 납부했음에도 불구하고 일본 국민이 아니었던 재일조선인 중에는 연금을 받지 못한 예가 있었다.[17]

결국, 일본은 헌법 시행 전날 '외국인등록령'을 공포하고, 1952년에는 샌프란시스코 평화조약이 발효되면서 '출입국관리령'에 의해 일본에 거주하는 조선인에게는 자신의 의사와 무관하게 일괄적으로 '조선적'이 부여되었다.[18] 이런 조치에 대해서 조선인들은 "1945년 9월 2일 이전부터 일본에 살고 있었던 조선인들에 대해서는 이 법령의 적용에서 제외시키고 조선인의 국적은 조선이 안전하게 통일을 이룰 때까지 선택의 자유를 인정하며 영주권을 부여해 달라"는 내용의 청원서를 제출하였다.[19] 하지만 조선인에 대한 차별과 배제 정책은 변화되지 않았다. 일본

---

16) 원문은 다음과 같다. 第11条 国民は, すべての基本的人権の享有を妨げられない。この憲法が国民に保障する基本的人権は, 侵すことのできない永久の権利として, 現在及び将来の国民に与へられる。

17) 고세키 쇼이치, 『일본국헌법의 탄생』, 257쪽.

18) 김광렬, 「전후 일본의 재일조선인 법적 지위에 대한 정책」, 『한일민족문제연구』 6권, 2004; 한영구·윤덕민 엮음, 『현대 한일관계자료집 1』, 오름, 2003; 하병욱, 『재외 한국인의 국적문제』, 홍구회 옮김, 열린책들, 2002; 金英達, 『在日朝鮮人の歴史』, 明石書店, 2003 참조.

19) 「国会外務委員会 9号」, 国会会議録(日本), 1952. 3. 6 참조.

은 전후 개정된 일본국헌법을 인권존중, 항구평화주의의 성격이 강하다고 선전하였지만, 그것은 국적에 기반한 '자국민'만을 대상으로 할 뿐 식민 지배에 대한 책임은 반영되지 않은 형식적인 것이었다.

2) '공공의 복지'에 의해 제한되는 생존권

1947년 일본국헌법이 공포된 지 1년여가 지난 1948년 12월 10일에는 세계인권선언이 발표되었다. 제2차 세계대전과 같은 참상이 일어나지 않기를 바라는 국제적인 염원에서 각국의 대표들이 모여 선언초안 작성 작업을 하였다. 그 과정에 한국은 물론 일본도 참여할 수 없었고 아시아에서는 중국과 인도, 두 나라의 대표만이 참석하였다. 세계인권선언은 비록 포괄적이고 추상적인 내용으로 가득 차 있다는 비판을 받지만, 추상적인 문구 안에는 사회주의 국가와 자본주의 국가 간의 첨예한 논쟁과 대립의 흔적들이 남아 있다. 제2차 세계대전 이후의 냉전기에 자본주의 국가들은 시민의 정치적 자유와 개인의 평등을 강조함으로써 자본주의 체제의 우월성을 주장하였고 사회주의 국가들은 국가가 보장해 주는 노동권, 건강권, 교육권 등의 사회문화적 권리와 생존권의 보장을 주장하였다.[20]

이런 대립이 반영되어 세계인권선언의 1조부터 21조까지는 개인의 자유와 평등을 규정하는 내용이 주를 이루고, 22조부터는 노동권이나 노동조합에의 참가권, 휴식과 여가의 권리, 건강권 등 생활유지와 관

---

20) 인권운동사랑방 사회권위원회 엮음, 『사회권규약해설서 1』, 사람생각, 2003; Mattew C. R. Craven, *The International Covenant on Economic, Social, and Cultural Rights*, Oxford University Press, 1995.

련된 내용이 주를 이룬다. 세계인권선언에 개인의 권리와 집단의 권리가 함께 규정된 것은 자본주의 국가와 사회주의 국가 간의 일종의 타협에 의해서였다. 그 내용들은 이미 국가 내에도 반영되어 기본적인 인권보장에는 사회적 권리라고 불리는 생존문제가 중요하게 다루어지게 되었다.

일본국헌법에서도 노동권이나 사회권, 특히 생존권에 관한 규정이 헌법 9조의 전쟁 포기와 평화롭게 살 권리와 연결되어 등장한다. 생존권이 '평화롭게 살 권리'라는 전혀 새로운 차원과 결부된 것 또한 헌법규정의 일본화라고 할 수 있다. 즉 "우리는 전 세계의 국민이 공포와 결핍에서 벗어나고, 평화롭게 생존할 권리를 가지고 있음을 확인한다"라는 문장에서 알 수 있듯이, 생존권은 개별인권이면서 사회경제적 제권리의 기본이념을 일컫는 규정일 뿐만 아니라, 전쟁과 평화와 결부되어 인간의 안전까지 보장하는 권리인 것이다.

생존권 규정은 패전 직후의 사회경제적 상태와 국민의 실제 생활에 즉시 응하는 인권으로, 일본국헌법의 인권체계 내에서 근간이 되는 위치를 점하고 있다. 생존권의 등장은 일반인의 생존 자체를 인간의 근원적인 권리로서 파악하여, 이것을 일상적으로 구체화해야만 하는 시대가 되었다는 것을 의미하기도 하였다.[21] 당시 일본 사회는 궁핍에서 벗어나기 위한 경제발전과 노동정책이 급선무였기에 사회주의 국가들이 내세웠던 생존권의 권리성을 어디까지 주목했는지는 정확하게 파악하기 어렵다. 생존권은 일본국헌법의 인권규정 전체에서 자본주의 사회의 재산권 질서가 초래한 불평등과 빈곤에 대처하는 상징으로 강령적, 이념적인 의

---

21) 생존권은 일본 사회에서 패전 직후보다는 1960년대에 도시문제나 소비사회에 근거한 인권으로서, 산업개발, 공해, 자연파괴에 저항하는 환경권으로서 새롭게 전개되었다.

의를 가진다고 할 수 있다.[22]

하지만 그것이 '공공의 복지'라는 논리에 의해 쉽게 부정되는 과정은 인권론의 일본화를 보여 주는 예라고 할 수 있다. 생존권 조항은 메이지 헌법에는 없던 것이 전후 처음으로 도입되었다.[23]

제25조

① 모든 국민은 건강하고 문화적인 최저한도의 생활을 영위할 권리를 가진다.

② 국가는 모든 생활부문에서 사회복지, 사회보장 및 공중위생의 향상과 증진에 노력해야 한다.

그러나 일본국헌법의 자유와 평등 및 생존권·노동권과 같은 다양한 인권규정에 포함되어 있는 '공공의 복지' 규정은 현실사회에서 전전(戰前)과 변함없이 인권을 억압하는 기제로 사용되었다. 실지로 전후 일본 사회에서는 "신헌법제정 이전과 거의 변화가 없는 인권유린이 현실에서 일어나고 있다"는 여론이 형성되기도 했는데,[24] 그 근거가 12조, 13조의 '공공의 복지' 규정이다.

---

22) 생존권 규정은 1957년에 생활보호법 지급기준을 둘러싸고 재일조선인의 제소가 있었던 것에서 알 수 있듯이, 다른 어느 조항보다도 상징적 의미가 크다. 전후 일본의 공적부조체제에 대해서는 허광무, 「전후 일본 공적부조체제의 재편과 재일조선인」, 『일본학보』 58집, 2004.

23) 이 규정은 총사령부안에도 정부개정초안에도 없던 것을 헌법연구회안에 근거해서 중의원 헌법특별위원회에서 제안하여 추가하게 되었다. 大久保史郎, 『人權主體としての個と集団』, 日本平論社, 2003, 24~25쪽 참조.

24) 「あなたの人權は守られているか」, 『讀賣新聞』 1950. 12. 5; 「人權は護られているか?」, 『讀賣新聞』 1953. 9. 28.

제12조

이 헌법이 국민에게 보장하는 자유와 권리는 국민의 부단한 노력에 의해 보호 유지되어야 한다. 또한 국민은 이를 남용해서는 안 되며, 항상 공공의 복지를 위해 이를 이용할 책임을 진다.

제13조

모든 국민은 개인으로 존중된다. 생명, 자유 및 행복추구에 대한 국민의 권리는 공공의 복지에 반하지 않는 한 입법 기타의 국정에서 최대한 존중될 필요가 있다.

일본 정부는 '공공의 복지'라는 이름으로 공공기업체 등 노동자의 쟁의권을 박탈하기도 하였고 '공공의 복지'를 이유로 파업을 규제하기도 하였다. 더군다나 미군점령 후기에 각 도도부현(都道部縣)이나 주요 도시에서 공안조례가 제정되고 강화안보조약의 발포 후에는 파괴활동 금지법, 파업규제법, 경찰법개정 등의 '악법'이 제·개정되면서 '공공의 복지'는 헌법상의 권리나 자유의 전 영역에서 인권을 제한하는 일반조항이 되어 버렸다. 다시 말하면, 일본의 전후 인권론에서 '공공의 복지'는 인권을 제한하기 위한 '가장 포괄적이며 추상적인 법개념, 법이데올로기'였던 것이다. 당시 노동자, 시민들의 생존을 위한 주장이나 민주화를 요구하는 대중적인 시위와 집회 등은 전후 일본 사회의 전형적인 권리행사 방법이었지만, '공공의 안녕, 공공질서의 보존'이라는 이유로 제한되었다. 즉, 공공의 복지는 국민의 기본적 권리와 자유를 부정하기 위한 공권력 발동의 정당한 보루였던 셈이다.[25]

---

25) 大久保史郎, 앞의 책, 60쪽.

3. 인권행정의 출현

1) 인권옹호국과 인권옹호위원

헌법 개정 이후 일본은 본격적으로 인권과 관련된 제도개혁에 착수하면서 민주주의와 평화, 인권존중의 사회를 구현한다는 취지로 법무청(法務廳) 산하에 인권옹호국을 설치하였다. 이것은 전후 최초로 마련된 국가에 의한 인권행정 전담기구로, 개정헌법이 시행되고 나서 1년 후인 1948년에 "헌법에 핵심이 되는 기본적인 인권보장에 만전을 기하기 위해" 설치되었다.[26] 1950년에 법무부(法務府) 인권옹호국은 민사법무장관(民事法務長官)이 관장하는 민사국(民事局), 행정송무국(行政訟務局), 민사송무국(民事訟務局), 장관총무실(長官總務室)의 주무국으로 법무부에서 중요한 위치를 점하고 있었던 것으로 보인다.[27]

당시 인권옹호국의 주요 업무는 크게 인권옹호위원 관련, 인권침해사건 조사, 인권계몽활동으로 나눌 수 있다. 3개로 구성된 각각의 과(課)에서는 ①제1과: 인권옹호위원 위촉, 인권옹호위원협의회 및 연합회의 운영지도 ②제2과: 인권침해사건의 조사 및 정보수집 ③제3과: 자유인권사상의 계몽활동, 인권에 대한 침해제거 및 피해자구조, 인신보호 등을 담당하였다.[28]

---

26) 法務府(日本), 『法務年鑑』, 1950, 292쪽.
27) 1948년 2월 15일에 사법성이 폐지되고 법무전반을 관장하는 법무청(法務庁)이 설치되었다. 법무청은 1949년 6월 1일, 행정기구개혁에 의해 법무부(法務府)로 개칭되었고, 1952년 8월 1일에는 다시 법무성(法務省)으로 개칭되어 현재에 이르고 있다. 법무성으로 개편될 당시 출입국관리국이 주무국이 되면서 인권옹호국의 위치는 변화되었다. 法務省, 『法務年鑑』, 1951~1960 참조.
28) 인권옹호국은 3과 체제로 계속되다가 1956년 4월 1일, 법무성조직령(法務省組織令) 개정에 의해 제1과는 총무과, 제2과는 조사과, 제3과는 폐지, 업무는 총무과가 담당하게 되었

먼저 인권옹호위원은 1948년 7월 인권옹호위원령(人權擁護委員令, 제168호)에 근거한 것으로 1949년부터 전국의 시정촌(市町村)에 인권옹호위원을 두도록 하였다. 인권옹호위원은 인권옹호국의 사무를 보조하기 위해 배치되어 '인권계발'이나 인권상담업무를 주로 담당하였다. 처음에는 법무성 산하의 인권옹호국에 파견기관[出先機關]이 없어서 시작된 제도였지만, '인권업무의 특성상 관민일체가 바람직하다'고 보아 파견기관이 설치된 후에도 이 제도는 확대되어 갔다.[29]

그렇다면 오늘날까지도 일본 인권제도의 근간이 되고 있는 인권옹호위원의 선출방법과 자격은 무엇이었을까? 인권옹호위원은 각 시정촌장(市町村長)이 추천한 자 가운데 관련단체의 의견을 모아 법무대신(法務大臣)이 임명하였다. 임기는 3년이고 무보수 명예직의 민간자원봉사자이지만 공직(公職)이다. 시정촌장은 인권옹호단체의 구성원 중에서 시정촌의회의 의견을 참고하여 후보자를 추천해야 한다. 자격은 '선거권이 있는 주민', '일본국적을 가진 미성년자가 아닌 자'로,[30] 여기에서도 국적조항이 인권옹호위원의 가장 기본적인 조건이었다.

인권옹호위원법이 만들어질 당시, 국회에서 논쟁이 되었던 것은 인권옹호위원의 수를 어느 정도로 할 것인가와 공직임에도 공무원법이 적

다. 法務省, 『法務年鑑』, 1956, 254쪽. 그러나 1년 후인 1957년 7월 31일에 법무성조직령 제45조에 의해 제3과가 담당하던 업무를 인권옹호관리관이 담당하게 되었다. 法務省, 『法務年鑑』, 1957, 285~288쪽.

29) 法務府, 『法務年鑑』, 「人權擁護委員會法(法律 139号)」, 1950, 311쪽.

30) 인권옹호위원은 그 직무를 집행하는 데에 있어서 관계자의 신상에 관한 비밀을 지키고, 인종, 신조, 성별, 사회적 신분, 문벌 또는 정치적 의견, 정치적 소속관계에 의해 차별적·우선적인 대우를 하지 않는다. 인권옹호위원은 그 직무상의 지위 또는 그 직무집행을 정당 또는 정치적 목적으로 이용해서는 안 된다. 「人權擁護委員執務規程」(1950. 6. 12. 人權 331号) 제9조, 『人權擁護局報』 第1号 참조.

용되지 않는 무보수 명예직이라는 문제였다.[31] 1949년 제정된 인권옹호위원법(법률 제139호)에서는 각 시정촌의 인구, 환경, 문화를 고려하여 위원이 2만 명을 넘지 않도록 하여, 1948년에 67명으로 시작된 것이 1949년에 498명, 1950년에는 1,515명, 1951년에는 3,115명으로 급속하게 늘어났다. 그러나 1950년에 법무부령으로 10,714명의 위원을 두도록 하였음에도, 이 수는 예산상의 이유 등으로 기준에 턱없이 모자라는 것으로 1956년까지도 5,726명이 위촉되었을 뿐이다.[32] 인권옹호위원은 1957년에 6,500명, 1959년에 7,686명이 위촉되었고[33] 지속적으로 수가 늘어나서 2011년 현재에는 전국에 약 1만 4천여 명에 이르고 있다.

〈표 2〉 연도별 위촉된 인권옹호위원 수(단위: 명)

연도	위원 수	연도	위원 수
1948	67	1954	4,934
1949	498	1955	5,156
1950	1,515	1956	5,726
1951	3,115	1957	6,500
1952	3,735	1958	6,500
1953	4,304	1959	7,686

※ 출처 : 法務省, 『法務年鑑』(1948~1959)에서 재구성.

인권옹호위원은 인권사무를 보조하는 '명예직'의 성격이 강한데 그들의 직업별 분포를 보면, 농업이 가장 많은 전체의 27%를 차지하고 있고 그 다음이 종교가, 상업, 공무원, 변호사 순이다. 1950년대 일본의 직

---

31) 「法務委員会 12号」, 国会会議録, 1949. 11. 26 ; 「予算委員会 8号」, 1950. 12. 6 ; 「法務委員会 9号」, 1950. 12. 8 참조.
32) 法務省, 「人權擁護委員年次別委嘱表」, 『法務年鑑』, 1956, 255쪽.
33) 法務省, 『法務年鑑』, 1958, 279쪽; 法務省, 『法務年鑑』, 1959, 212쪽.

업상황을 고려해 볼 때 많은 사람들이 농업에 종사하여서겠지만, 실제 활동은 전체 7%에 이르는 변호사자격 소유자 중심으로 이루어졌다. 그리고 여성의 비율은 1959년 당시 7%로 여성인권에 대한 인식은 거의 없었다고 할 수 있다.[34]

그렇다면 인권옹호국이 조사한 인권침해사건이란 어떤 것이었을까? 인권옹호국은 1950년부터 『인권옹호국보』(人權擁護局報)를 발간하여 인권침해사건처리 예를 공무원에 의한 침해와 사인(私人)에 의한 인권침해로 구분하였다. 조사처리결과에 의하면, 사적 개인에 의한 인권침해가 월등히 높았고 내용도 인신매매, 무라하치부(村八分),[35] 차별, 학대 등으로 다양하였다. 경찰이나 교육공무원의 직권남용과 학대, 폭력 등에 대해서는 해당기관에 직원교육이나 제재 등 적절한 조치를 취하도록 권고하였고 사인 간의 인권침해는 재판에 의하지 않고 당사자들이 해결하도록 시담(示談)의 형태를 취하였다.[36]

인권침해사건은 매년 급증하여 인권옹호국이 만들어진 1948년 첫 해에는 48건이 접수되었으나 1949년에는 5,076건, 1951년에는 15,689건으로 늘어났다. 그 수는 기하급수적으로 증가하여 1953년에는 29,144건, 1956년에는 63,688건, 1959년에는 101,145건이 접수되었다.[37] 이렇게 인권침해사건에 대한 조사 의뢰가 급증하는데도 인권옹호국이 적절하게 대처하지 못한다는 사회적인 비판이 일면서 인권옹호국은 설치된

---

34) 法務省, 『法務年鑑』, 1959, 212~214쪽.
35) 무라하치부는 에도시대 이후, 촌민의 규약위반 등의 행위가 있을 경우, 촌민이 모두 그 집과의 교제나 거래 등을 하지 않는 사적 제재(制裁)를 말한다. 『大辞泉』 참조.
36) 法務省人權擁護局, 『人權擁護局報』 第七号, 1953, 133쪽.
37) 法務省, 『法務年鑑』, 1958, 279쪽; 法務府, 『法務年鑑』, 1959, 212쪽

<표 3> 연도별 접수된 인권침해 사건 수

연도	접수건수	연도	접수건수
1948	48	1954	42,287
1949	5,076	1955	48,906
1950	5,692	1956	63,688
1951	15,689	1957	74,060
1952	20,757	1958	83,593
1953	29,144	1959	101,145

※출처: 法務省, 『法務年鑑』(1948~1959)에서 재구성.

지 6년이 지난 1954년에 위기를 맞았다. 즉 사법권력으로부터 독립된 효율적인 조사를 하기 위해서는 법무성 외국(外局)으로 '인권위원회'를 설립해야 한다는 주장이 제기된 것이다. 법무성 내의 정치적 알력으로 인권침해조사가 실질적인 효과를 내지 못하는 것은 물론, 인권옹호위원도 법무성 소속으로 사실상 자유로운 활동이 어렵다는 것이 비판의 핵심이었다. 하지만 법무성의 반대로 인해 끝내 새로운 인권위원회의 설립은 무산되었다.[38] 형사, 민사, 출입국관리 및 교정행정을 총괄하는 법무성으로서는 정부로부터 독립된 인권위원회를 만드는 것이 부담스러운 것이었지만, 이로 인해 인권옹호국의 실질적 위상은 떨어질 수밖에 없었다.

인권옹호국이 담당했던 주요한 또 하나의 활동은 인권계몽이다. 인권계몽활동은 '자유인권사상의 고양'을 목적으로 특정기념일, 즉 2월 15일 인권옹호국창설기념일, 5월 3일 헌법기념일, 6월 1일 인권옹호위원법시행기념일, 8월 15일 종전기념일, 12월 10일 세계인권선언기념일에

---

38) 권혁태, 「일본에는 인권위원회가 없다」, 『일본의 불안을 읽는다』, 교양인, 2010, 329~337쪽.

중점적으로 이루어졌다.[39] 이 중에서 종전기념일인 8월 15일이 어떻게 인권문제와 관련되는지는 논란의 여지가 있을 수 있다. 일본은 '전쟁은 최대의 인권침해'라며 1945년 8월에 히로시마와 나가사키 지역에 투하된 원폭을 문제삼으며 희생된 일본인을 인권문제와 연결시켰다. 그러나 전쟁이 곧 인권침해라는 사실에는 의심의 여지가 없으나 전쟁을 일으킨 당사자의 책임은 가려 놓고 '원폭'이라는 결과만으로 일본의 피해를 종전기념일의 인권계몽활동과 연결시킨 것은 '일본화된 인권'의 대표적인 예가 될 수 있을 것이다. 일본은 1951년부터 종전기념일을 인권계몽일로 기념하다가 1958년부터는 그날을 인권계몽일에서 제외하였고, 그 후 종전기념일은 일본의 대표적인 국가기념일로 단독으로 행사가 치러지고 있다.

인권계몽활동일에 인권옹호국은 인권상담소를 개설하고 강연회, 토론회, 영화상영, 좌담회, 라디오 방송과 각종 신문, 인쇄물을 발간하였다. 부정기 간행물인 신문『인권』(人權)은 1950년 당시 5만 부를 인쇄할 정도였고,『자유인권서적』(自由人權書籍)도 1951년에 만 천 부나 발간되었다. 인권침해조사결과를 모아서 1년에 3~4회 정도 발간한『인권옹호국보』도 1952년에 2만 부를 발간할 정도로 인권계몽 및 홍보에 적극적이었다. 그러나 시간이 지날수록 신문과 책자 발간의 횟수와 부수도 줄어들어 1955년에는 신문과 잡지 모두 각각 1회씩 6천 부만이 발간되다가 1959년에는『인권통신』이라는 A4 용지 4~6매의 홍보물 하나만 발

---

39) 1951년부터 이들 특정기념일을 중심으로 7년간 인권계몽활동이 이루어지다가 1958년부터는 8월 15일 종전기념일을 제외하였다. 法務部,『法務年鑑』, 1950~1951; 法務省,『法務年鑑』, 1952~1959 참조.

행하게 되었다.[40] 이렇게 인권홍보가 축소된 것은 인권침해에 대한 조사 요구가 실질적인 결과를 내지 못하는 상황이었고 홍보내용도 매년 동일한 방식으로 이루어져서 국민들로부터 호응을 받지 못했기 때문으로 보인다.

2) 인권주간에 홍보된 '인권'

인권을 계몽·홍보하는 다양한 기념일 중에 특히 인권주간은 정부가 의도한 인권을 교육할 수 있는 장으로 활용되었다. 일본은 1948년 12월 10일 세계인권선언기념일을 1949년부터 매년 기념하기 시작하였다. 12월 10일을 마지막 날로 하는 '인권주간'(12. 4~12. 10)을 정하여, 일반인들이 쉽게 인권문제에 접할 수 있도록 하였고 정부는 전략에 맞는 인권의 내용을 홍보할 수 있었다. 인권주간에 있었던 좌담회와 강연회, 심포지엄, 영상회 등의 계몽활동과 신문보도 내용을 추적해 보면, 당시 일본화된 인권의 성격을 파악할 수 있다.

먼저, 인권주간에 홍보되었거나 교육된 핵심적인 내용은 새로운 헌법의 인권보호규정과 세계인권선언의 중요성에 관해서였다.[41] 헌법전문의 보편주의원리, 국민주권주의와 인권존중 등을 홍보하면서 세계인권선언의 보편적 가치가 중요하게 다루어졌다. 법무성과 문부성이 인권주간에 공동으로 개최한 학생인권논문공모에서도 수상작들은 대부분이 세계인권선언의 중요성을 다루었다.[42] 이 기간은 인권선언일을 기념하

---

40) 法務府, 『法務年鑑』, 1951, 292~295쪽.
41) 「民主日本の輝く日」, 『讀賣新聞』 1947. 5. 3 ; 「編集手帳」, 『讀賣新聞』 1950. 11. 19.
42) 法務府人權擁護局, 『自由人權書籍 基本的人權について : 世界人權宣言二週年記念 學生論文入賞作品』, 1951. 중·고등학생을 대상으로 한 논문 공모에서 문부성은 전체 인간은

고자 한 것이므로 그것을 홍보하는 것에는 논란의 여지가 없지만, 문제
는 인권선언 자체의 중요성만을 부각시키고 있다는 점이다. 세계인권선
언이 만들어지게 된 것은 제2차 세계대전의 참상에 의한 것으로 제국주
의 팽창이 얼마나 많은 희생자를 낳게 되었는지, 일본의 전쟁책임이 인
간의 존엄성에 대한 새로운 인식을 갖게 했고 그 결과가 세계인권선언
이라는 역사적인 맥락은 삭제되어 있다. 일부 논문에서는 일본인권존중
의 역사적인 맥락을 중요하게 다루고 있지만, 그것은 매우 원론적인 논
의에서 그치고 있다. 즉, 메이지 유신을 전후한 서구문명의 도입에 초점
을 두어 후쿠자와 유키치의 자유주의 사상을 소개한다거나 1920년대에
일본 내 차별문제를 조직적으로 제기했던 백정들의 수평사 운동에 한정
되었다.[43]

이런 맥락에서 재일조선인의 처우문제는 전후 일본인권론에서 항
상 누락되어 있었다. 인권보호의 경계는 법적으로 이미 '자국민'에 한정
되어 있었고, 사회적으로도 차별받는 약자라기보다는 한반도로 돌아가
야 할 '적대적인' 경계의 대상이었다. 이런 현실에 대해 당시 한국의 이
승만 대통령은 일본 국회에 재일조선인의 처우개선을 요구하였다. 국회
도 그 제안을 공식적으로 받아들여 일본은 '평화문화국가'로서 외국인
을 공정하고 친절한 태도로 대해야 한다고 논의하였다.[44] 그러나 그 후,
어떤 법적인 개선이나 재일조선인에 대한 공정한 대우로 이어지지 않았

모두가 동등하고 인간으로서의 자유와 권리를 가지고 있기에 서로가 그것을 존중하여야
한다는 전제에서 인권과 관련된 사항이나 자신의 경험을 자유롭게 작성하도록 하였다.
43) 法務府人權擁護局, 앞의 책. 중등부 3등을 차지한 「自由と人權と福澤諭吉」와 고등부 3등
을 차지한 「日本人と水平社運動」 참조.
44) 「本会議 40号」, 国会会議録, 1950. 4. 7.

다. 그 단적인 예로 한 번도 인권주간에 외국인, 재일조선인의 문제는 인권문제로 다뤄지지 않았다.

인권논문공모에서도 인간에 대한 평등한 대우가 주요 주제였지만, 그것은 일본 '국민'에 한정되면서 일본인권론의 국민주의적 틀을 넘지 못하였다. 학생들은 사회복지제도, 교육문제, 노동문제 등 사회 전 분야를 망라하여 평등한 가치의 중요성을 서술하였지만, 모두 '일본국민' 이외의 차별받는 외국인, 재일조선인에 대한 인권침해 문제는 논외로 하였다. 즉 일본은 전후사회를 지배하고 있던 민주주의와 평화, 문명화된 문화국가로서의 이미지를 만들어 나가고자 했지만, 현실은 그것과는 멀기만 하였다. 식민제국으로서의 전후처리 문제, 식민지민에 대한 억압의 문제는 인권논의에서 삭제해 놓고 민주주의와 평화라는 추상적인 담론 속에서만 전후인권론이 자리잡고 있었다.

따라서 이 기간에 인권침해 문제로 제기되거나 정부에 의해 홍보된 대상은 역사적 맥락은 가려놓고 정치적 색깔이 드러나지 않으면서 사람들로부터 쉽게 공감을 얻을 수 있는 이들이었다. 인권을 침해하는 사람들은 정부로 대표되는 공무원이었고 보호해야 할 대상은 미성년자, 여성, 아동 등 사회적 약자들이었다. 경찰관, 공무원, 교원의 폭력이나 직권남용, 체포구금과정의 억압, 부당한 취조 등 어느 나라에서나 오늘날까지도 인권침해로 거론되는 명백한 사건들이 소개되었다.[45] 사인 간에 이뤄지는 미성년자에 대한 인신매매 강요, 무라하치부로 촌락 전체로부터 따돌림을 당하는 경우가 심각한 인권침해로 다루어졌다.[46] 언론에서는

---

45) 「編集手帳」, 『讀賣新聞』, 1955. 12. 7 ; 「警察, 先生の暴力目立つ」, 『讀賣新聞』, 1964. 12. 2.
46) 法務省人權擁護局, 「人權侵害事件處理例」, 『人權擁護局報』 第5号, 1953. 3, 82~86쪽.

서커스단에서 장시간 노동에 시달리는 '피에로역의 소녀'들에 대한 인권침해 문제가 대대적으로 홍보되기도 하였다.[47]

4. 전전과 연속되는 전후의 인권론

1) '인권연표'에 나타난 전후 일본인권의 역설

법무성 인권옹호국은『인권옹호국보』제6호(1953. 8)에 일본 인권의 역사를 연표(표 4)로 정리하고 있다. 이 연표는 전후 평화문명국가와 민주주의를 지향했던 일본이 '인권'을 무엇으로 규정하고 있는지 파악할 수 있는 자료이다. 연표에서는 일본 인권의 역사를 메이지 유신 이후부터 패전 직후인 1945년까지 세 시기로 구분하고 있다. ①제1기: 자유인권운동하의 인권, ②제2기: 민본주의운동하의 인권, ③제3기: 황국주의운동하의 인권이 그것이다. 제1기는 1876년 메이지 유신을 시작으로 자유민권운동, 제국헌법 공포, 교육칙어가 발포된 1890년까지이다. 제2기는 1891년부터 1925년까지로, 한국 국가보안법의 모태가 되었던 치안경찰법·치안유지법 공포, 한국병합, 조선의 정치결사해산을 '민권운동기'로 서술하고 있다. 제3기는 1926년부터 1945년까지로, 1928년 보통선거 실시, 치안유지법 개정에 의한 사형·무기 추가, 국제연맹탈퇴, 1938년의 국가총동원법 공포, 2차 세계대전 패전으로 인한 종전의 조서 발포로 끝을 맺고 있다.[48]

　　이 연표는 일본의 정치적인 사건이나 법적·제도적인 것에 한정하여

---

47) 「サ-カスの少女たち: 人權をしらぬ世界」, 『讀賣新聞』 1950. 12. 10.
48) 法務省人權擁護局, 「人權に關する年表」, 『人權擁護局報』 第6号, 1953. 9, 62~84쪽.

〈표 4〉 인권에 관한 연표

제1기(1876~1890) 자유인권운동하의 인권	제2기(1891~1925) 민본주의운동하의 인권	제3기(1926~1945) 황국주의운동하의 인권
비인(非人)이라는 호칭 금지 자유민권운동 고양 대일본제국헌법 공포 집회조례 개정(경찰의 집회해산권) 안보조례 공포 교육칙어 발포	노동조합기성회 결성 치안유지법 공포 한국병합 부인참정권획득동맹결성 전국수평사 창립	노동농민당결성식 보통선거 실시 치안유지법 개정(사형·무기 추가) 국제연맹탈퇴 국가총동원법 공포

※출처: 「人權に關する年表」, 『人權擁護局報』 第6号, 法務省人權擁護局(1953. 9)에서 발췌·재구성.

'인권에 관한' 것으로 정리되어 있다. 사실 막연하게 '인권에 관한' 것이 므로 이 기준에 의하면, 인권침해 항목과 인권보호 항목을 구분하기 어렵다. 오늘날의 시각으로는 자유민권운동이나 노동조합 창설은 인권을 보호하기 위한 역사로 일정 정도 합의되어 있다. 그리고 치안유지법이나 국가총동원법은 명확하게 국가에 의한 인권침해로 해석할 수 있을 것이다. 특히 치안유지법의 경우는 처벌의 기준이 불분명하여 인권침해의 소지가 높기 때문에 1945년 GHQ에 의해 폐지된 법령이고, 전후 일본 사회에서도 이 법령의 폐지과정을 전후 민주주의와 평화문명국가로의 전환을 위한 대표적인 제도개선으로 보도하였기에 인권침해 항목으로 볼 수 있을 것이다.

하지만, 국가총동원법과 한국병합은 인권침해 항목인지 보호 항목인지 모호하다. 한국의 입장에서야 모두 인권침해 항목이지만, 전후 일본에서도 같은 방식으로 해석되었을지는 따져 봐야 할 문제이다. 상징 천황제를 통해 제국일본의 부활을 꿈꾸며 식민주의 문제를 은폐하였던 일본이 과연 한국병합과 국가총동원법을 한국인과 '일본신민'의 인권을 침해한 것으로 해석하였을까?

패전 직후 천황과 함께 고난을 헤쳐 왔으며 앞으로도 '일본 국민'이 같이 극복해 나가야 한다는 공감대가 '인간천황'으로 형상화되는 형국에서, 과거를 부정하는 것은 아니었을 것이다. 더구나 최근까지도 매년 8월 15일, 야스쿠니신사 참배로 동아시아 식민국가로부터 비난을 받는 일본이 이들 항목을 인권침해로 분류했을 리는 만무하다. 야스쿠니 참배 논란에 대해 "A급 전범으로 불리는 사람들에 대한 인권침해이며, 인권과 국가의 명예에 관한 문제"라는 총리의 발언은[49] 역으로 전쟁의 정당성을 밝히는 것이고 국가총동원법을 인정하는 것이다. 이와 같은 맥락에서 인권옹호국이 1951년부터 7년간 종전기념일을 인권사상계몽활동일에 포함했던 것도 생각해 보아야 할 것이다. 따라서 한국병합 항목이 인권침해 역사로 기록된 것은 더더욱 아니었을 것이다. 오히려 "미개하고 야만적인 한국"을 병합하는 것이 그들의 인권을 위한다는 한국병합 초기의 주장이 그대로 지속되고 있다고 볼 수 있다.[50]

결국 제2차 세계대전 당시 '대동아공영권' 형성의 정치적 야욕을 가지고 있었던 일본이 식민지민을 마음대로 동원할 수 있었던 '국가총동원법'을 인권의 목록에 포함시킨 것은 전전의 제국주의적 발상을 전후에도 그대로 유지하고 있는 것이라고 해석 가능하다.[51] 전전에 식민지민을 동원의 대상으로 파악했던 법령을 전후 민주주의를 지향하는 사회

---

49) 「日재무상 "야스쿠니 A급 전범, 전범 아니다"」, 『동아일보』 2011년 8월 15일자.
50) 이에 대해서는 南富鎭, 『近代日本と朝鮮人像の形成』, 勉誠出版, 2002, 4~6쪽 참조; 琴秉洞 編, 『資料 雜誌にみる近代日本の朝鮮認識 4』, 綠蔭書房, 1999에 있는 다음의 자료 참조. 公論, 「韓国併合成る」, 『中央公論』 1910. 9; 某男爵, 「朝鮮人の性質」, 『日本及日本人』, 1910. 9. 15.
51) 「国家總動員法」 제5조. "정부는 전시에 대하여 국가총동원상 필요 시에는 칙령이 정하는 바에 의하여 제국신민 및 제국법인 기타 단체로 하여금 국가 또는 공공단체가 행하는 총동원업무에 대하여 협력하게 할 수 있다."

분위기에서, 특히 인권관련 제도를 만들어 가는 상황에서도 여전히 전전과 동일한 시각으로 '인권' 개념을 규정하고 있었던 것이다. 즉 전후 일본에서 민주주의와 평화를 지향한다는 것은 하나의 슬로건으로서 현실에서는 인권에 대한 모순된 해석이 난무하는 인권의 역설이라고 할 수 있다.

더군다나 이것은 단지 법무성에 소속되어 있던 인권옹호국이 단독으로 선정한 것이 아니라 국회의 시각이 반영되어 있다는 점에서 더욱 문제적이다. 인권연표는 두 개의 자료를 근거로 하고 있는데, 하나는 세계인권선언 2주년 행사로 국회도서관이 인권자료전시회를 위해 작성한 '우리나라의 인권관계 연표'이고, 다른 하나는 국회도서관 소속 입법조사국이 1951년에 작성한 '일본헌법관계법령 및 사건연표'이다.[52] 그러니까 인권옹호국이 참조한 이 두 자료는 전후 일본 사회에서 전전을 평가한 국회의 시각이 반영되어 있는 것이다. 형식은 인권침해나 보호와 관련 없는 '인권에 관한 연표'로 기계적인 해석을 하고 있는 듯이 보이지만, 실질적으로는 많은 인권침해 사건들을 '인권보호에 관한 것'으로 기록하고 있다고 볼 수 있다.

이 시기의 인권연표는 1999년에 발간된 『인권역사연표』(人權歷史年表)와 좋은 대조를 이룬다.[53] 물론 『인권역사연표』는 인권옹호국이 아닌 '세계인권문제연구센터'라는 민간연구기관에서 작성한 것이지만, 현대 일본 사회에서 인권을 정의하고 있는 틀을 보여 주고 있다.[54] 50년 간

---

52) 法務省, 『人權擁護局報』 1953. 9, 62쪽.
53) 上田正昭 編, 『人權歷史年表』, 山川出版社, 1999.
54) 재단법인 세계인권문제연구센터(世界人權問題研究センター)는 1994년에 문부성 허가로 교토에 설립되어 있는 연구재단이다. 이 센터는 헤이안 수도 제정 1200주년(平安建都 1200

의 격차를 두고 있는 두 인권연표에서 공통된 점은 1923년에 교토지역에서 시작된 수평사 운동이나 부인참정권획득동맹 등 오늘날에도 권리 향상을 위한 운동으로 평가받는 것들이 인권의 역사로 기록되어 있다.

그러나 적어도 『인권역사연표』에서는 1910년 '한일합방'과 식민지기에 제정된 악법들, 탄압·동원을 위한 제도들을 인권의 역사로 언급하지는 않는다. 전쟁수행을 위한 국민총동원법을 인권과 결부시키지 않으며 국민국가가 소수자를 배제해 온 과정을 인권의 역사에 포함시키고 있다는 것이 1953년 인권연표와의 가장 큰 차이이다. 『인권역사연표』는 교토대학의 학자들이 중심이 되어 재일조선인 운동과 한센병문제 등 소수자의 차별문제를 인권의 역사로 다루고 있다. 하지만, 그렇다고 하여 재일조선인 운동이 시작될 수밖에 없었던 식민제국의 문제까지 제기하지는 않는다.

2) 전전의 인권론과 단절된 부락해방운동

일본의 전후 인권론에서 한 가지 특이한 점은, 수평사 운동은 전전과 전후를 망라하여 인권의 역사에서 빼놓지 않고 다루어진 데에 반해, '수평사 운동의 전통을 잇는' 부락해방운동은 전후 일본의 인권문제로 논의되지 않았다는 것이다.[55] 법제도상으로는 개정된 헌법 14조에 '모든 국민은 법아래 평등하며 인종·신조·성별·사회적 신분 또는 문벌에 의해

年) 기념사업을 구체화하는 과정에서 교토의 역사와 문화는 인권문화와 깊은 관계가 있다는 문제의식에서 연구자들이 설립하였다. http://www. mmjp. or. jp/jinken/

55) 부락해방운동에 대해서는 全国部落史研究交流会 編, 『部落民衆·国民国家論と水平運動』, 全国部落史研究交流会, 1999; 藤野豊, 『水平運動の社会思想史的研究』, 雄山閣出版, 1989; 김중섭, 『형평운동연구: 일제침략기 백정의 사회사』, 민영사, 1994 참조.

정치·경제·사회관계에서 차별받지 않는다'고 명시되어 있어서 전전과 달리 부락문제를 해결할 수 있는 법적조건은 마련되어 있었다. 즉 GHQ가 작성한 헌법초안에는 직접 부락차별을 나타내는 '카스트'라는 용어를 사용하였고, 검토과정에서 좀더 광범위한 의미의 '사회적 신분'으로 바뀌었다. GHQ는 초안단계에서부터 부락차별 문제를 인지하고 있었던 것이다. 이후 헌법제정을 위한 국회심의과정에서 정부는 '문벌'이란 귀족과 화족을 지칭하는 것으로 '사회적 신분'에 부락차별이 포함된다고 답하였다.[56]

그러나 개정된 법제도가 현실에서 반영되기는 어려웠다. 무엇보다도 부락차별을 해소하기 위한 조건이 마련되었다고 하더라도, 부락민 거주지역에서 많은 수를 차지하는 재일조선인은 일본국적의 소유자가 아니었던 것이다. 전후에 도시부락지역에는 고국으로 돌아가지 못한 많은 재일조선인들이 거주하고 있었다.[57] GHQ와 일본의 귀국정책은 상황에 따라 귀국을 지연시키거나 어렵게 하는 까다로운 조건들을 발표하여 귀국을 포기하는 사람들이 속출하였다.[58] 가족, 친지들과 일본에서 생활터전을 마련한 사람들, 특히 귀국 후 생활대책이 없는 재일조선인들은 부락지역에서 집단으로 생활하게 되었다. 그들은 부락지역 내에 민족학교를 세워서 2세들에게 민족의 정체성과 언어·문화교육을 실시하고자 했다. GHQ와 일본 정부는 초기에는 민족교육을 인정 혹은 허가하는 듯하

---

56) 일본부락해방연구소, 『일본부락의 역사: 차별과 싸워온 천민들의 이야기』, 최종길 옮김, 어문학사, 2010, 285~287쪽.
57) 여성구, 「해방 후 재일 한인의 미귀환 사례의 성격」, 『한국근현대사연구』 38집, 2006, 173~180쪽.
58) 宮崎章, 「占領初期における米国の在日朝鮮人政策」, 『思想』 734号, 岩波書店, 1985, 125~130쪽.

였으나 1947년 10월 '점령군 민간정보 교육국 지령'으로 조선어를 '추가과목'으로 가르치는 것은 허가하지만, 일본 문부성의 모든 지령을 따라야 한다고 하였다.[59] 재일조선인의 교육자주권을 확보하려는 투쟁과 GHQ의 민족학교에 대한 차별과 탄압이 계속되면서 부락민 문제는 타민족에 대한 차별, 신분차별 문제로 재생산되었다.

또한 국적에 의한 차별이 아니더라도 부락지역 거주민들에 대한 차별은 전후 심각한 일본의 식량난과 기아상태가 계속되면서 강화되었다. 생활고에 시달리며 어렵게 살아가는 부락지역민들에 대한 기피와 모멸, 그리고 그것에 기초하여 사회적으로 '천한 일'을 담당한다는 편견이 강하게 자리 잡게 되었다. 이런 상황에서 일본 정부는 부락민 거주지역의 열악한 생활조건을 개선하기보다 문제의 근원을 부락민 개개인의 성향에서 찾았다. 즉 경제적 어려움 때문에 품행이 나빠져 과격한 사상을 갖게 되어 스스로 차별의 원인을 제공한다거나, 그들 고유의 직업인 피혁업으로 돌아가려는 경향이 강해서 차별을 발생시킨다는 것이었다.[60] 이처럼 현실적으로 전후에 부락민들은 경제적 어려움과 차별, 편견 속에서 권리를 박탈당했고 거기에 민족차별이 더해지면서 인권논의에서 배제된 것이다.

그러나 수평사 운동의 역사를 잇는 부락해방운동은 패전 직후인 1946년부터 이미 본격화되었다. 1946년 2월에 '부락해방전국위원회'가 교토에서 결성되어 1955년 9월 '부락해방동맹'으로 개칭되기까지 정기

---

59) 채영국, 「해방직후 미귀환 재일한인의 민족교육운동」, 『한국근현대사연구』 37집, 2006, 20~21쪽.
60) 일본부락해방연구소, 앞의 책, 290쪽.

적으로 전국대회를 여는 등 적극적으로 활동하였다.[61] 하지만 GHQ는 부락해방전국위원회의 위원장인 마쓰모토 지이치로(松本治一郎)가 일본 사회당에서 활동하고 자유인권협회의 부회장을 지내며 반차별운동의 중심에 서자 그를 공직에서 추방하고자 하였다. 이때 마쓰모토 추방 반대운동을 위해서 사회당과 공산당, 노동조합과 재일조선인연맹을 포함하여 40여 개 단체가 공동투쟁을 결성하였다. 하지만 내각은 1949년 4월에 '단체등규정령'(団体等規正令, 정령政令 64호)을 공포하여 차별반대운동에 적극적으로 활동한 재일조선인을 탄압하여 재일조선인연맹 등 4개 단체가 해산되고 간부는 공직에서 추방되었다.[62]

전후 일본 정부와 GHQ는 헌법개정으로 사회적 신분에 의해 차별받지 않을 조건을 만들었지만, 현실에서는 여전히 부락민을 민족차별, 국적차별과 연결하여 자생적인 부락해방운동을 탄압하였다. 오늘날까지 일본 사회에서 부락민문제가 심각한 사회문제·인권문제가 되는 기본 구도는 이 시기에 만들어졌다고 할 수 있다. 다시 말하면, 전후 민주주의의 발전과 인권보장이라는 언설은 당대에 하나의 통일적 완결성을 구성하고는 있었지만, 그것은 담론화된 이데올로기일 뿐 현실사회에서 인간의 권리, 사회적 약자에 대한 권리로 구체화되지 못하였다. 특히 부락해방운동은 전전의 수평사 운동과 맥을 같이하는 것임에도 불구하고 거기에 '민족'차별이 작동하면서 수평사 운동은 인권의 역사로 기록되었지

---

61) 西尾泰廣, 「部落解放全國委員会の運動」, 『部落問題研究』 189号, 2009, 3~6쪽; 全国部落史研究交流会 編, 앞의 책 참조.
62) 단체등규정령은 전후 '평화와민주주의를 지키자'는 대의에서 정당이나 단체의 결성 금지, 해산 등을 규정한 정령이다. 하지만 이 내용은 일본국헌법의 정신과 양립하는 것이라는 비판을 받으며 노동조합, 일본공산당 등이 강하게 저항했다. 法政大学大原社会問題研究所, 『日本勞動年鑑』 第28集(1956), 第2部 「勞動運動」 참조.

만, 부락해방운동은 탄압받게 되는 아이러니한 상황이 만들어지게 된 것이다.

　패전 직후부터 상당기간 주목을 받지 못했던 부락해방운동이 일본사회에서 대표적인 인권문제로 자리 잡게 된 데에는 사회운동과의 연대활동이 있었기 때문이었다. 1955년부터 1960년 안보투쟁기에 부락해방동맹은 '근무평정반대투쟁'(勤務評定反對鬪爭)에 적극적인 역할을 하였고 그것을 계기로 부락문제에 대한 국민의 관심이 높아지게 되었다. 또한 1955년부터 시작된 일본의 고도성장기에 사회복지정책이 시작되고 사회구조가 지연·혈연관계에서 지역주민의 요구실현을 중시하게 되면서 해방부락지역을 변화시키게 되었다.[63]

　부락해방운동이 대중화된 데에는 일본이 고도성장기에 접어들면서 사회적 약자에게 여유를 가질 수 있을 만큼 부가 축적된 까닭도 있었지만, 무엇보다 그런 성장을 이루는 데 부락민, 장애자, 피폭자 등 사회적 약자들에 대한 차별을 사회가 용인하고 이용하였다는 것을 부락민들이 끊임없이 알렸기 때문이다. 부락민이 차별받는 것은 단순히 사람들의 의식문제가 아니라, 부락민 거주지역이 열악하기 때문이라며 지자체에 행정책임을 문제삼기도 하였다. 1957년 말에는 근본적인 해결책으로 부락해방을 위한 국책수립을 정부에 요구하기 시작하였다.[64] 그러나 이때에

---

63) 山科三郎, 「日本の戰後思想の史的展開過程」, 『紀要 部落問題硏究』 188号, 部落問題硏究所, 2009, 3~4쪽.

64) 1969년 동화대책사업 특별조치법이 제정된 후 이 사업으로 생활조건이 개선되면서 새로운 운동의 틀을 찾는 과정에서 인권옹호가 제기되었다. 동화대책사업특별조치법은 부락민 거주지역의 생활환경을 개선하기 위해 지구를 정비, 사회복지 및 공중위생을 위한 사회복지시설, 보건위생시설 정비와 대상지역의 주민고용을 촉진하기 위한 직업지도와 인권옹호 활동을 장려하고 있다. 部落解放人權硏究所, 『部落解放人權法令資料集』, 解放出版社, 2007, 313~315쪽.

도 부락지역의 재일조선인은 국적문제를 들어 지자체의 행정 책임에서 제외되었다. 전전의 인권론과 단절되어 패전 직후 비국민으로 인권의 영역에 자리 잡지 못했던 부락해방운동은 1965년에 단체들이 연합하여 부락해방기본법(안)을 제출하는 등의 노력으로 1970년대에 이르러 중요한 인권운동으로 다시 등장하게 되었다.

5. 맺으며

이 글은 전후 일본 사회를 지배하는 논리 중의 하나인 민주주의와 평화의 이데올로기가 어떻게 현실에서 작동하였는지를 전후 일본의 인권론을 중심으로 살펴보았다. 전후 일본의 인권론에 주목하는 것은 현재까지도 계속되는 일본의 식민지주의 역사가 '일본적 민주주의' 속에 모순적으로 은폐되어 있기 때문이다. 인권제도는 그런 현실을 드러내는 대표적인 기호가 될 수 있다. 이 글에서는 구체적으로 헌법, 법률·제도, 현실·일상의 범주에서 전후 일본 사회의 인권론이 궁극적으로 추구하였던 목적과 내용을 밝히고자 하였다.

일본은 전후 개정된 평화헌법에서 천황의 신격화를 부정하고 일본의 신민을 '국민'으로 호명하며 외형적으로는 일본인권의 역사에서 획기적인 전환을 표명하였다. 신헌법에는 메이지 헌법에 없던 생존권 조항을 새롭게 규정하여 평화롭게 살 권리와 연결하였으며 제도적으로는 법무성 산하에 인권옹호국을 만들고 인권옹호위원을 두어 인권침해 조사를 하는 등 인권개선 홍보활동에 적극적이었다. 하지만, 인권보호의 범위를 '국민'으로 한정하여 식민제국의 책임을 회피하였으며 국적조항을 만들어 재일조선인에 대한 차별과 억압을 정당화하였다. 외국인등록령으로 식민지민을 차별하고 인권을 침해했을 뿐만 아니라 일본 국민에 대해서도 '공공복리'라는 미명하에 인권보호의 범위를 축소하였다.

또한 현대 일본인권론에서 대표적으로 다루어지는 부락해방운동은, 정작 그것이 만들어지고 조직될 당시에는 인권의 목록에 포함조차 시키지 않으면서 공무원으로 대표되는 경찰이나 교원 개개인이 국민의 정치적 권리를 침해하지 않는 것이 민주주의와 인권의 실현이라는 한정된 내용으로 전후 인권론의 틀을 형성해 가게 된다.

결국 전후 일본인권론의 특징은 전전과 전후를 망라하여 국민국가론, 국민주의적 인권론이 일관되게 지속되고 있으며, 이런 국민국가의 틀에 한정된 전후 인권론은 한반도에 대한 식민주의 문제를 은폐하면서 평화와 민주주의 발전, 그리고 인권보장이라는 통일적 언설의 완결성을 구성하고자 한 이데올로기로 기능한 것이라고 할 수 있을 것이다.

3부

표상:
교착의 풍경

6장 _ 종단한 자, 횡단한 텍스트
: 후지와라 데이의 인양서사, 그 생산과 수용의 정신지(精神誌)

김예림

1. 서로에 대한 상상, 서로를 경유하는 상상

1945년 8월 이후 동북아시아는 제국주의적 대지의 노모스가 무효화되고 국민국가적 영토의 노모스가 새롭게 구획되는 변동을 겪는다. 무효화되거나 유효화되는 경계들을 배경으로 에스닉 접촉 지대에서는 크고 작은 동요가 일어났다. 동란이 전쟁의 결과로 생긴 무질서나 소요 상태를 뜻한다면,[1] 일본의 패전을 즈음한 시기의 동북아 상황을 '권역적 동란 상태'라 볼 수도 있을 것이다. 남한과 일본이라는 국민국가는 기존의 대지 경계와 권력 경계가 전면적으로 조정되는 과정에서 '불완전한' 형태로 등장한 후 주권국으로 나아갔다. 이 시기에 두 지역은 어떤 관계를 맺으면서 자기구축을 도모했을까. 나는 주로 양자 사이에서 진행된 상징적 교환 관계의 층위에서 이 문제를 다뤄 보고자 한다.

　이 작업을 위해서는 무엇보다도 '서로에 대한 상상'이자 '서로를 경

---

1) 조르조 아감벤, 『예외상태』, 김항 옮김, 새물결, 2009, 85쪽.

유하는 상상'이 남긴 텍스트에 주목해야 할 것이다. 관련하여 해석의 장으로 불러들일 대상은 조선을 거쳐 자국으로 돌아간 일본인들이 사후적으로 생산한 '인양'서사다. 역사지정학적 관점에서 볼 때, 인양자 및 인양자의 기록은 이러한 교차적 풍경을 보여 주는 중요한 자료다. 패전과 함께, 재조·재만일본인들에게 조선은 극한체험을 감수하며 머물러야 하는 고통의 공간이 되었다. 필사적으로 견뎌 내고 살아 내야 하는 위기의 장소가 된 것이다. 돌아온 인양자들은 이 시기 조선에서 겪은 일들을 회고하고 기록했는데, 그 가운데서도 후지와라 데이(藤原てい)의 서사는 남한(조선)과 일본의 상호교차적 자기정체화 역학을 문제화하는 데 반드시 주목해야 할 지점이다. 그녀는 인양수기의 표본이자 전형이라 할 『흐르는 별은 살아 있다』(流れる星は生きている)를 비롯하여 몇 편의 징후적인 텍스트를 남겼다. 여기에서 작동하고 있는 표상의 정치학을 규명함으로써, 1945년 이후 두 정치체가 구사한 자기구성의 메커니즘을 살펴볼 수 있을 것이다.

그간 전후 일본의 형성이라는 맥락에서 후지와라 데이의 수기를 포함하여 다양한 인양서사가 비판적으로 분석되어 왔다. 인양기록의 전반적 경향성이나 주요 사례들이 지닌 문화정치적 함의에 관해서는 특히 나리타 류이치(成田龍一)와 마루카와 데쓰시(丸川哲史)의 연구가 시사적이다. 나리타 류이치는 인양과 억류 체험 및 그 기록들에 대해 거시적이고 전방위적인 분석을 시도하고 있다. 하나의 줄기로 그는 인양서사가 여성 이야기 내지 가족 이야기로 치환, 특화되어 소비되어 온 젠더화 양상을 규명한 바 있다. 여성 이야기 내부의 차이, 즉 비/성애화 코드의 작동 방식과 효과에 대한 논의는 전후 일본과 인양자 사이의 제유적 연관을 문제화하는 동시에 '인양'과 식민지 사이의 관계를 둘러싼 중요한 질문을 제기하고 있다.[2] 한편 마루카와 데쓰시는 시베리아 억류자의 귀환 기록을 중심으로, 공산권에서의 포로 체험이 낳은 복잡한 의식을 분석한다. 공산권 및 속(續)공산권 귀환 시기에 초점을 맞춘 그의 해석은 귀환 문제를 냉전이라는 컨텍스트에서 재고하도록 유도한다. 두 논자의 문제의식은 귀환 경험을 바탕으로 이상발아한 전후 일본의 집합의식의 일면을 파악하는 데 도움을 준다.

그러나 『흐르는 별은 살아 있다』를 비롯하여 후지와라 데이가 남긴 여타의 인양서사가 '제국적 정상성'의 파탄과 '국민국가적 재정상화' 과정에서 조선(남한)과 일본을 가로지르면서 어떤 표상 체계를 생산하고 어떻게 기능했는지에 대한 탐색은 지금까지 충분히 이루어지지 않았다. 구 식민지 영토와 무/법의 망을 통과하여 본국으로 향하는 체험을 담은 인양서사는 구조적으로 '횡단적'이다. 특히 『흐르는 별은 살아 있다』는 그 수용적 측면까지를 고려해 볼 때 더 그러하다. 이 텍스트를 조선(남한)과 일본 사이에 걸쳐 있는, 서로를 가로지르는 현상으로 파악할 수 있는 것도 이런 맥락에서이다. 1945~1950년, 나아가 1960년대에 이르는 동북아 정치질서 동요의 장에서 지역을 경유하면서 생산되거나 현상(現像)한 특정한 의식이나 감정이 있을 터이며, 후지와라 서사의 생산 및 소비 현상은 그 하나의 중요한 사례라 할 수 있다. 이로부터 출발한다면 1945년부터 1960년 무렵까지 남한과 일본의 자기 정체화 구조 및 상호 간의 현실적·상징적 교차 양상을 고찰할 수 있을 것이다.

단, 나의 목적은 단지 『흐르는 별은 살아 있다』에 대한 자세한 읽기

---

2) 나리타 류이치의 연구로는, 『戰爭經驗'の戰後史』, 岩波書店, 2010, 그리고 「'引揚げ'に關する序章」, 『思想』 2003. 11, 岩波書店.

는 아니기 때문에, 이 텍스트가 전후 일본의 정신지(精神誌)[3]를 파악하는 데 갖고 있는 중요한 의미를 충분히 고려하되 이를 '외부'의 다른 지점과의 관계 속에 배치하여 상대화시킬 것이다. 이러한 접근은 크게 두 방향에서 이루어진다. 우선, 『흐르는 별은 살아 있다』가 단행본으로 출간된 지 1년 7~8개월여 후인 1950년 12월에 간행된 후지와라 데이의 소설집 『회색언덕』(灰色の丘)을 함께 놓고 대화적으로 독해하고자 한다. 『회색언덕』에는 총 23장으로 구성된 장편 『회색언덕:북선의 마을에서』(灰色の丘:北鮮の町に)와 3개의 단편 「옷」(着物), 「삼십팔도선의 밤」(三十八度線の夜), 「강보」(襁褓)가 함께 실려 있다. 장편 『회색언덕』에 관한 거의 유일무이한 논의를 시도한 바 있는 나리타 류이치가 주목하고 있듯이, 이 소설은 같은 필자가 남긴 유사한 여성 인양자 이야기임에도 불구하고 『흐르는 별은 살아 있다』와는 달리 전후 일본의 자기상상의 장(場)에서 거의 망실되었다.[4] 이후에 살펴보겠지만 조선(남한)이라는 대응쌍을 함께 문제화하는 우리의 입장에서, 『회색언덕』은 『흐르는 별은 살아 있다』를 능가하는 중요성을 지닌다. 더불어, 함께 실린 단편 가운데 하나인 「삼십팔도선의 밤」 역시 주목해야 할 것이다. 이들은 반도를 떠돌며 요동치는 구 제국인의 공포와 안태에의 욕망을 추적하는 데 중요한 텍스트라 할 수 있다.[5]

다음으로, 『흐르는 별은 살아 있다』를 1945년 이후의 한반도-조선-

---

3) 이 용어는 오누키 에미코, 『죽으라면 죽으리라』, 이향철 옮김, 우물이있는집, 2007, 25쪽에서 빌려 온다. 이 책의 일본어 원제에 쓰인 용어이기도 하다.

4) 成田龍一, 「忘れられた小説『灰色の丘』のこと:'引揚げ体験とジェンダー」, 岩崎稔 外 編著, 『繼續する植民地主義』, 靑弓社, 2005.

5) 단편 「강보」의 1~3절은 약간의 변형을 거쳐 『흐르는 별은 살아 있다』 총합편의 후반부 절에 해당하는 「아이 딸린 여자」로 결합되어 들어갔다.

남한이라는 맥락에 위치지어 검토함으로써 이 텍스트의 위상과 의미를 상대화시키고자 한다. 이 작업은 수용사적 관심과 맞닿아 있다. 『흐르는 별은 살아 있다』는 일본인에 의해 쓰여진 귀환 기록 가운데 남한에서 대중적으로 큰 반향을 불러일으킨 읽을거리였으며, 비교적 오랜 기간에 걸쳐 꾸준하게 제공, 소비되어 온 문화상품이었다. 일본에서 그러했던 것처럼, 남한에서도 『흐르는 별은 살아 있다』가 패전한 일본과 관련하여 일종의 아이콘이 되었던 것은 분명해 보인다. 그러나 '패주하는' 식민자가 남긴 특정 서사가 식민자와 피식민자를 상세하게 그려 냈다고 해서 베스트셀러나 스테디셀러가 되는 것은 아닐 터이다. 남한에서의 『흐르는 별은 살아 있다』의 소비는 그러한 경위만으로는 충분히 설명될 수 없는 측면을 지닌 것으로 보인다. 어떤 번역물이 '원산지'를 떠나 내국의 시장과는 다른 환경에 놓일 때, 상품의 제공이나 수요 체제는 번역물이 도착한 바로 그곳의 문화적·정치적·정서적 조건에 의거하여 생성되게 마련이다. 따라서 나는 이 책의 일부 혹은 전체가 남한에서 번역되기 시작하는 1949년 무렵부터 한일관계 변화 무드를 타고 재구성되는 1960년대 초반까지의 시기에 무게중심을 두고 그 양상을 살펴보고자 한다.

일본인 귀환 서사의 정점에 올라 있는 『흐르는 별은 살아 있다』 및 주변 서사를 위와 같은 방법론에 의거하여 배치하면서 궁극적으로 고찰하고 싶은 것은 이 장소에 얽혀 있는 복합적인 관계의 장(場) 그리고 여기에 불규칙하게 번져 있는 국민국가의 욕망과 정동의 무늬다. 『흐르는 별은 살아 있다』를 비롯한 인양기록물은 그것이 속해 있는 보다 큰 편제의 다면(多面)이 서로 횡단하고 절합하는 경유지이자 매듭 같은 것이다. 관계의 장은 크게 두 측면으로 나눠 생각해 볼 수 있을 듯하다. 우선, 지정학적 작인(agency)의 측면에서 보자면 1945년 이후 조선–남한과 일본이 맺는 관계이다. 조선-남한과 일본이 운용한 자기 및 타자의 정체화(identification) 양상이 그 핵심이 될 것이다. 또 다른 측면은 역사적 국면의 역학으로, 제국주의 붕괴와 냉전의 전개가 맺고 있는 연동과 전환의 구조다. 이 글에서 다룰 텍스트들이 쓰여지고 번역되고 읽히기 시작한 주된 시기는 국제적 냉전 질서와 그것의 동아시아적 작동이 강화(안정화)되는 시기와 겹친다.[6] 이처럼 구 제국의 소멸 기류와 냉전의 생성 기류가 함께 작용하던 동아시아 대류권을 염두에 둘 때, 인양서사를 둘러싼 '구 제국과 구 식민지'라는 해석적 연관은[7] '구 제국-구 식민지-냉전의 전개'라는 연관으로 좀더 입체화되어 국민국가의 운신(運身)이라는 문제와 접속될 필요가 있다.

2. 제국 붕괴, 냉전 협로 그리고 인양자의 정동

패전과 함께 일본인의 대규모 귀환이 시작되었다. 귀환은 시기적으로 적어도 네 단계로 구분되고[8] 공간적으로도 중국, 타이완, 조선을 비롯하여

---

6) 2차 세계대전 종결과 미소의 한반도 점령 과정에 대해서는 브루스 커밍스, 『한국전쟁의 기원』, 김자동 옮김, 일월서각, 1986.

7) 이 틀에서 전후 일본의 식민지 기억의 문제를 다룬 글로는 김예림, 「포스트콜로니얼의 어떤 복잡한 월경적 연애에 관하여」, 『서강인문논총』 31집, 2011.

8) 본격 귀환 시기(1945~1947), 공산권 귀환 시기(1948~1950), 대공백기(1951~1952), 속 공산권 귀환 시기(1953~1959)가 그것이다(마루카와 데쓰시, 『냉전문화론』, 장세진 옮김, 너머북스, 2010, 234쪽에서 재인용). 본격 귀환 시기와 공산권 귀환 시기에 해당하는 5년여의 기간만 보아도, 1945년 9월부터 1946년 6월까지 총 510만 명의 일본인이 본토로 돌아왔고 1947년에는 74만 명, 1948년에는 30만 명 그리고 1949년에는 10만 명 정도가 송환되었다. 1945년 9월 25일에 메레욘(Mariaon) 섬으로부터 별도로 들어온 병원선, 다카사고마루(高砂丸)를 인양 제 일선으로 하여 1950년 4월 22일에 나호트카에서 마이주르를 향해 출발한 시나노마루(信濃丸)까지를 '전기집단인양'이라 한다. 그리고 1953년 11월 28일에 나호트카에서 재기된 '후기집단인양'은 주로 소련, 중국, 북한, 베트남 등지를 대상으로 하고 있다. 물론 이런 집단

인도차이나 반도, 말레이 반도, 태평양군도, 소련지역, 외몽고 등에 이르기까지 매우 넓게 걸쳐 있다. 이 가운데 만주지역에서의 귀환 경로만도 다섯 방향으로 나뉘어져 있었다.[9] 조선을 관통하여 최종 목적지인 일본으로 향하는 경로는 이 다섯 노선 가운데 하나였다. 이 노선을 택한 집단은 만주 국경을 넘어 한반도 북쪽 지역에 도달한 후 다시 38선을 넘어 남하했다.[10] 소련과 미국에 의해 분할 점령된 조선의 정치적 조건으로 인해 만주-조선-일본으로의 이동은 그 역학이 매우 복잡할 수밖에 없다. 점령권력에 따라 귀환 정책과 양상에 남북차가 발생했고 이런 까닭에 한반도 내 일본인의 체류 경험, 귀환 경험도 단지 하나로 설명될 수 없는 것이다.

지금까지 줄곧 논의되어 온 것처럼, 일본인의 인양서사는 자신들의 비참한 처지 자체에 몰입하고 있기 때문에 사태 전반에 대한 구조적인 인식은 거의 결여하고 있다. 날것의 생존 위협 속에서 개인적·집단적 고통의 절박성만이 전면화될 뿐, 그것이 어떤 맥락에서 왜 발생하게 되었는지 혹은 자기의 존재론적 전략이라는 것이 생겨나게 된 애초의 정황이 무엇이었는지에 대한 거리두기는 나타나지 않는다는 의미다. 제국 붕괴의 이야기는 이처럼 일본인의 철저한 '자기 이야기'로 미분되고 복제되면서 번성했는데, 그 선두에 있는 것이 바로 이들의 '위기 반추' 서사

인양 형태가 아닌 개인적인 탈출이나 귀환 역시 계속되었다. 이에 대해서는 成田龍一, 『「戰爭經驗」の戰後史』 참고.

9) 成田龍一, 위의 책, 86쪽.

10) 남하하는 일본인 집단이 개성에 대규모로 등장한 것은 대략 1946년 5월 말부터로, 이후 그 수가 계속 증가했다. 그러나 1946년 7월 무렵에는 개성의 일본인 잔류자는 334명 정도로 줄어든다. 이에 대해서는 아사노 도요미 감수·해설, 『살아서 돌아오다』, 이길진 옮김, 솔, 2005, Ⅵ쪽.

를 대표하는 『흐르는 별은 살아 있다』이다. 1949년 5월 히비야출판사(日比谷出版社)에서 단행본으로 간행된[11] 이래, 이 텍스트는 일본인이 패전을 수난사로 재구성하는 과정에서 대규모로 또 장기적으로 공유되었다. 인양 경험을 담은 수많은 기록 가운데서도 유독 이 수기가 집합기억과 공통감각 형성의 근원으로 기능해 온 것이다. 말하자면 전후 일본의 대중적인 '감정교육'의 텍스트북으로 중요한 역할을 해온 셈이다.

인양서사 특유의 코드를 선도한 『흐르는 별은 살아 있다』가 큰–자기(일본인) 혹은 작은–자기(일본인 서술자)에 골몰하는 구심적 구성을 취하고 있는 것은 그러므로 오히려 '자연스러워' 보인다. '패전의 비참'과 연관된 당사자성(當事者性)은 일반적인 귀환서사 및 그 전형으로서의 『흐르는 별은 살아 있다』가 갖는 가장 큰 특징이다. 이 자기 이야기에는 돌아오는 일본인의 삶에의 의지, 자기 연민, 피해자로서의 자기정당화뿐만 아니라 집단의 분열, 생존 다툼, 균열과 갈등이라는 부정적 측면까지 모두 기록되어 있다. 그런데 이 텍스트에 자기를 둘러싼 타자들에 대한 의식이 전무한 것은 결코 아니다. 비록 단편적이지만 『흐르는 별은 살아 있다』에는 본토로 이동하는 일본인의 삶과 죽음, 곤경에 처한 생활, 극대화된 공포 상태를 규정하는 모든 '외부'에 대한 노골적인 심정이 숨김없이 드러나 있다. 비체계적이고 불규칙적이며 단속적이긴 하지만, 그럼에도 불구하고 1945년 이후 한반도를 중심으로 형성되어 있던 국제정치적 관계의 일본적 감수(感受)가 여실히 비쳐 나오고 있는 것이다. 한

---

11) 마루카와 데쓰시의 『냉전문화론』에 제시되어 있는 연표에는 출판 시기가 1949년 4월로 되어 있다. 그런데 주오코론신샤(中央公論神社) 판이 밝혀 놓은 '주요간행연월'에 따르면 간행은 5월이다.

반도 북쪽과 남쪽 그리고 두 구역을 분할 점령한 소련과 미국이라는 존재는 만주로부터 일본으로 향하는 기나긴 '고난의 행로'를 거쳐야 하는 일본인에게는 결코 쉽게 벗어날 수 없는 물리적 조건이었다. 제국민(帝國民)에서 비루한 피난민, 수용자, 탈출자로 전락한 집단의 멘털리티는 그 조건상 이미 타자에 지극히 민감하며 또 철저히 사로잡혀 있게 마련이다.

그렇다면 후지와라 데이의 기록에서 타자에 대한 의식은 어떻게 나타나고 있을까? 우선 『흐르는 별은 살아 있다』를 놓고 보자면 전체적으로 조선(인)의 존재감은 크게 두드러지지 않는다. 이 생략을 식민지 소거의 징후로 읽을 수도 있겠지만, 또 한편으로 생각하면 이러한 양상은 구식민지 조선과의 관계망만으로는 텍스트가 온전히 해독될 수 없음을 암시하고 있기도 하다. 소련(군)과 미국(군)이라는 오히려 직접적으로 드러나는 힘들을 고려해야 하는 것도 이 때문이다. 당시 한반도의 일본인 귀환자를 둘러싼 상황을 구조적으로 파악하면 개인의 인지나 심리적 편향의 대략도 그려질 수 있겠지만, 『흐르는 별은 살아 있다』의 경우 외부의 세 세력에 대한 체험자(기록자)의 의식, 감정이 사실상 이분법적으로 선명한 것은 아니다. 특히 조선(인)이나 소련(군)이 문제일 텐데 의외로 조선(인)에 대해서도, 소련(군)에 대해서도 이 텍스트는 심한 공포나 거부감을 표하고 있지 않다. 이들에 관해서, 말하자면 그녀는 어느 한 편으로 급하게 경사되지는 않는 다소 흐릿한 감정을 갖고 있는 것으로 보인다. 여기에는 몇 가지 이유가 있겠지만, 체험 주체가 이미 고향으로의 귀환을 모두 마친 상태에서 기록을 시작한 만큼 경험 시점에 가졌을 법한 외부를 향한 즉물적 감정이 어느 정도 순화되었을 가능성을 생각해 볼 수 있을 것이다.

당시 한반도 북부에서 남부로 내려오는 자들의 기나긴 탈출로를 장악하고 있던 거시적이고 강력한 세력은 소련(군)과 미국(군)이었다. 만주와 북한 지역에서 패전을 맞은 일본 남성들은 인신구속과 억류의 위기에 처했고, 가혹한 강제 노역의 장으로 끌려갔다. 일본 여성은 지국 남성의 부재 상황(=국가의 부재 상황)에 처하게 되었는데, 부녀자 중심의 집단 수용과 단체 생활에서 오는 곤란 역시 이러한 구조에서 비롯된 바 크다. 후지와라 데이의 경우도 그러하듯이 여성들의 고립과 방기 상태 자체가 곧 소련 점령에 따른 일본 남성 부재 현상에 조응하는 반면(反面)인 것이다. 그런데 자신들을 지배하는 이 최고의 힘에 대한 의식은 이 텍스트에서는 많은 부분 완화되어 나타나고 있다. 소련(군)은 거역하거나 넘볼 수 없는 두려움의 진원이지만, 바로 그렇기 때문에 결코 단순한 반감이나 적의에 머무르고 마는 대상은 아니었던 듯싶다. 텍스트상에서 그녀가 소련군과 직접 조우하는 것은 크게 세 번 정도다.[12] 전체적으로 "쏘련 병정에 대한 우리들의 생각은 일년 전과는 전연 달라졌다. 무섭기만 하다고 생각하였던 것은 먼 옛날일 같다. 현재 일본인 여자로 쏘련군 숙사에서 식모 노릇을 하는 사람은 한둘이 아니"(158)[13]라고 할 만큼 소련(군)은 친절하고 친근한 상대로 기억된다. 38선 지역에서 소련군 보초병을 만나 통과를 허가받았을 때도 이들은 "두번 다시는 없을 고마움"과 "감격"(201)을 선사하는 존재로 나타난다. "어린애들의 머리를 한애씩

---

12) 인형을 만들기 위해 헝겊을 얻으러 소련군 숙소를 찾아갈 때와 인형을 팔 때(「더럽혀진 인형」), 소련군이 숙소 근처에 잠깐 들러 아이들 및 일본인들과 담소를 나누며 시간을 보낼 때(「겐나-지의 검정 장갑」), 그리고 38선을 넘어 남쪽으로 향할 때(「삼십팔도선을 돌파하다」)가 그러하다.
13) 인용 쪽수 및 절 제목은 1949년 수도문화사 판본인 『내가 넘은 삼팔선』(정광현 옮김)을 따른다.

쓰다듬어"(217) 주는 "쏘련병"의 친절도 언급되어 있다.

　패전 초기와 달리 1946년 무렵에는 소련(군)에 대한 생각이 아주 달라졌다고 진술하고 있는 1948~1949년경의 후지와라 데이에게, 미국(군)은 어떤 의미를 가진 존재였을까. 미국(군)은 형상화의 측면에서는 소련이나 조선보다 그 빈도수가 적지만 구조적으로 보자면 탈출 자체가 미군이 있는 남쪽을 향해 있었던 터, 북에서 내려오는 일본인에게 38선이 '생명의 선'으로, 미군이 구원자로 인지되었음을 추측하기란 어렵지 않다. 일본의 입장에서 미국은 엄연한 승전국이었고 미군은 이를 상징하는 점령자였다. 적대적으로 인수된 한반도 남쪽의 일본인에게도 이 점은 자명한 사실이었기 때문에, 애초 38선 이남에 있던 일본인 잔류자나 귀환자들에게 미군이 호의적 구원자로만 여겨질 리는 없었다. 38선 북쪽에서 내려온 일본인의 대미 감각은 그러므로 매우 열악했던 북한 지역에서의 생존, 탈출 조건에 대한 반사로 과장된 면이 있다. 후지와라의 감각도 크게 다르지 않다. 1949년도 판본에서 미군이 등장하는 것은 탈출자들이 38선 부근의 미군 통치 구역으로 들어오는 때로, 「내가 본 미군」 절에 해당한다. 이 장면은 다음과 같이 묘사되고 있다: "어린애들 뒤에는 어떠한 몸집이 큰 남자의 양복바지가 보인다. 아래로부터 위를 쳐다보니 거기에는 확실히 쏘련병이 아닌 외국사람이 미륵같이 서있었다. "아! 미국사람이었다." 몸이 앞으로 고꾸라지는 것 같았다. 다음순간, 나는 트럭 우에 올라 있는 것을 알았다. 우리들은 미군부대의 구조를 받았던 것이다. 나는 그칠줄 모르고 쏟아지는 눈물을 참아가며 앞에 서있는 미국병정을 다시 쳐다보았다. 나는 트럭 위에서 두팔을 집고 몇 번이고 절을 하며 울었다. …… "이제는 되었다." 이런 말을 중얼대며 그대로 잠이 들어버렸다."(224)[14]

이렇게 1945년 8월 이후 약 1년간 한반도를 관통하면서 고투를 치른 후, 1948~1949년을 전후하여 과거를 적고 있는 주체에게 소련에 대한 공포는 이미 많은 부분 희석되어 있었고 미국에 대한 '감사'는 증폭되어 있었던 것으로 보인다. 탈식민화와 함께 찾아온 한반도의 분단 상태는 이들에게는 일단 정치적 이념이 아닌 생존의 공포 문제로 실감되고 있었기 때문에, 미국과 소련이라는 거시권력에 대한 인식도 그들로서는 더 긴박한 기준, 즉 '살아 돌아가게 해주는 자'라는 기준에 따라 형성된 면이 있는 듯하다. '살아 돌아가도 좋다'는 목숨의 허용, 이 점에 있어서 소련(군)은 매우 인색했고 미국(군)은 상대적으로 퍽 너그러웠다. 혹은 그렇게 상상되었다. 그러므로 소련군이 예상외로 또는 예외적으로 탈출자들에게 삶을 명령하면서 남하를 허가한다면 그들을 굳이 '포학한' 힘으로 인지할 이유는 현저히 약해지는 것이다. 이런 맥락에서, 경우에 따라 냉전적 갈등 체계에서 벗어난 두 통치 세력의 가치론적 평준화나 동질화도 가능할 수 있었던 것이다.

그렇다면, 생명줄을 쥔 최고 점령권력이라는 상(像)을 주조하는 일 외에는 당대의 미소 역학을 파악하는 데 무심하거나 무능했던 이들에게, 어떤 점에서는 더 직접적으로 위험한 타자라 할 수 있을 조선(인)은 어떻게 다가왔을까. 이제 이 문제를 살펴보도록 하자. 『흐르는 별은 살아 있다』에서 조선인의 출현은 소련(군)이나 미국(군)에 대한 것보다는 양적으로 많은 편이다. 수용소 생활의 바운더리에서 일상적으로 맞대고 있

---

14) 초기 한국어 판본에는 빠져 있지만 1949년도 일본판에는 애초부터 수록되어 있는 「恨みをこめた小石」에는 "나는 이곳에 와서 불안감을 털어 버렸다. 미군에게 구조된 이상 무사히 일본에 돌아갈 것이라고 확신했던 것이다"라고, 미군이 준 안도감이 다시 한 번 강조되고 있다.

는 가까운 외부였기 때문이다. 그런데 집단생활을 하는 과정에서 조우하는 '북선'의 민간 조선인들은 적대자로서보다는 잠깐잠깐의 조력자로 그려지는 경우가 상대적으로 더 잦다. 예외적으로 조선인이 자신들을 공격하는 두려운 존재로 뚜렷하게 기록되고 있는 것은 「무저항주의」라는 소제목이 붙은 절에서이다. 이 부분은 전반적으로 조선인이나 조선인과의 관계에 대해 특별히 적대적인 태도를 보이지는 않는 이 수기에서 퍽 돌출적으로 느껴지기도 한다. 「무저항주의」에서는 "작렬하는 공포감을 불러일으"키는 공격적인 조선인을 향한 적의와 자기방어의 자세가 노골적으로 표현되고 있다: "그 후 우리 주변에는 수상한 사람들이 자주 나타났다. 눈매가 매서운 남자가 어슬렁거리는 날도 있었고, 평양에서 남자들 부탁을 받고 왔다며 입에 발린 말로 접근하는 남자들도 있었다. 그래서 우리는 가까이 다가오는 조선인들을 경계의 눈으로 보게 되었다. 우리에게 호의를 베푸는 사람들은 우리 주변으로 접근하지 않았다. …… 어떤 일이 있든 우리는 저항하지 않고 조용히 넘어가기로 했다. 아니면 일본인을 증오하는 조선인들과 눈을 마주치지 않으려고 애를 썼다. 애들도 그것을 눈치채고, 조선인들을 만나면 겁에 질린 얼굴로 엄마의 치마꼬리를 잡고 숨곤 했다."[15]

그러나 이 「무저항주의」 절은, 나리타 류이치도 밝히고 있듯이 수기가 처음으로 기록되고 출간된 1949년 이후의 어느 시점에 새롭게 덧붙여진[16] 부분이다. 실제로 첫 판본인 히비야출판사 본에는 이 절 자체

---

15) 인용은 『흐르는 별은 살아 있다』, 위귀정 옮김, 청미래, 2003에 따른다. 인용은 50쪽.
16) 1965년도 남한의 번역판본에 이 절이 있는 것으로 보아 1965년 이전의 어느 시점에 보태진 것으로 보인다. 나리타 류이치는 『흐르는 별은 살아 있다』의 현행 문고판인 1976년 주오코론신샤 판본을 언급하면서 여기에 새롭게 보태어져 있는 「무저항주의」 절에 주목하고 있

가 아예 없으며 따라서 이를 옮긴 남한의 첫 판본에도 물론 없다. 「무저항주의」 절의 사후적 삽입 현상에 주목하고 있는 나리타 류이치는 "1950년 전후"와 "1970년 전후" 사이에 필자가 어떤 특별한 인식의 전환 같은 것을 거쳤기 때문에 조선인에 대한 기술상의 차이가 나타난 것은 아니라고 보고 있다. 그리고 후지와라 데이가 "50년 전후에는 조선인에 관한 기술을 억제하면서 썼다"[17]는 간략한 설명을 덧붙이면서 이 문제를 넘기고 있다.

하지만 이것은 충분하고 타당한 해석일까? "억제하면서 썼다"라는 것은 해석이기보다는 현상 기술(記述)에 가까워 보인다. 이듬해인 1950년 12월에 간행된 『회색언덕』을 호출해 보면 어떠할까? 앞에서 잠깐 살펴보았지만 『흐르는 별은 살아 있다』가 간행된 후 1년 7~8개월여 만에 출간된 『회색언덕』은 여러 가지 면에서 앞선 수기와는 꽤 다른 면모를 보이고 있다. 특히 조선(인)이라는 타자와 관련해서 그러하다. 이상하게도 그녀는 『흐르는 별은 살아 있다』에서 흐릿하게 다루거나 전혀 다루지 않은 것을 『회색언덕』에서는 또렷하게 초점화하여 취급한다. 그 반대로 『흐르는 별은 살아 있다』에서는 얼마간 드러났던 것들이 『회색언덕』에서는 아예 소거되어 있다. 즉 전자에서 어떤 식으로든 감지됐던 상위 권력으로서의 소련(군)이나 미국(군)은 『회색언덕』에서는 거의 전적으로 사라지고 나타나지 않는다. 그리고 『흐르는 별은 살아 있다』에서 미미하

다(「引揚げに關する序章」, 159쪽). 한편 그는 각주에서 가필이 어떤 판본에서부터 이루어진 것인지 파악하기 어렵다고 하면서 1963년에 출간된 『世界ノンフィクション全集』46권(筑摩書房)에 게재된 것은 부분 발췌본임에도 불구하고 「무저항주의」 등 몇 개의 절이 들어가 있음을 밝히고 있다(같은 글, 169쪽).

17) 위의 글, 159쪽.

게 존재했던 조선(인)은 결코 피할 수 없이 얽혀 드는 상대로 전면화되고 있다. 이와 같은 조선(인)의 과대화는 장편 『회색언덕』과 단편 「삼십팔도선의 밤」이 공유하는 구조적 동일성이라 할 수 있다.

『흐르는 별은 살아 있다』 주변의 유관 텍스트들을 연접시켜 전반적인 정황을 모자이크해 보면, 후지와라 데이가 1950년을 전후한 시기에 조선인에 대한 기술을 억제한 것은 결코 아니었다는 점을 확인할 수 있다. 따라서 특정한 시점에 언급을 억제하거나 피했다는 식으로 파악하기보다는, 경험과 기록의 주체가 자신이 이야기하고자 하는 바를 복수의 텍스트에 나름대로 분할해 넣은 것으로 이해하는 편이 타당할 듯하다. 이렇게 보면 우선 『흐르는 별은 살아 있다』는, 자신이 속해 있는 일차집단인 일본인 사회 내부의 풍경이 중심이 되고 이에 연동하여 조선-소련-미국의 존재는 뚜렷한 선악기준 없이 전반적으로 평면화되고 회색화되어 나타난 텍스트로 정위할 수 있다. 이에 비해, 장편 『회색언덕』은 38선 북쪽 지역의 일본 여성이 처한 상황에 대한 묘사 못지않게 조선인과의 첨예한 갈등관계를 그리는 데 많은 부분을 할애한다. 갈등은 남성화된 조선인과 여성화된 일본인이라는 성애화된(sexualized) 방식으로 표출된다.[18] 이 과정에서, 패전 직후의 북선을 배경으로 함에도 불구하고 소련이라는 거시 권력은 텍스트에서 완벽하게 사라지고, 위험하고 억압적인 힘에 대한 적대적 상상은 거의 전적으로 조선 남성 특히 보안대원을 경유하며 지펴지는 것이다.

그리고 마지막으로 이 소설집에 실려 있는 3개의 단편 가운데, 인양자의 멘털리티를 노정하고 있는 아주 흥미로운 기록인 「삼십팔도선의

---

18) 이에 대한 자세한 해석으로는 김예림, 앞의 글 참고.

밤」이 있다. 이 소설은 조선인에 대해 『회색언덕』과는 또 다른 앵글을 취하고 있다. 보안대원은 여전히 중요하고 결정적인 존재로 등장하며 '그'와 일본인이 맺고 있는 관계의 점도(粘度) 또한 아주 높다. 그리고 무엇보다도 제목이 말해 주듯이 38선이라는 한반도 냉전의 분단 경계선이 서술자에 의해 뚜렷하게 감지되고 있다. 분단선에 대한 인지는 다른 두 서사와는 달리, 이제 그 작동이 격화된 동북아 냉전의 시공간과 관련된 일본인 인양자의 좀 복잡해진 의식을 뚜렷하게 드러낸다. 『회색언덕』과 「삼십팔도선의 밤」을 통해 그 구체적인 양상과 의미를 살펴보도록 하자.

『흐르는 별은 살아 있다』, 『회색언덕』, 「삼십팔도선의 밤」은, 이렇게 놓인 순서대로 조선(인)에 부여되는 재현적 밀도가 점점 더 높아진다. 나는 이미 『회색언덕』을 조선 남성과 연애에 빠진 '음란한' 일본 여성의 처절한 인양 실패로 읽은 적이 있다. 주인공 여성은 조선 남성들의 성적 위협에 시달리며 특히 보안대원과의 이런저런 접촉 속에서 크고 작은 사건을 겪는다. 남편이 소련군에 의해 끌려간 후 혼자 남아 집단생활을 하고 있는 젊은 일본 여성은 한 보안대원과 사랑에 빠진다. 그녀는 그와 함께 있을 때는 "패전국민이라는 생각이 사라지는 듯한 기분"[19]을 느낀다. 하지만 구 식민지의 "이민족" 남성과의 연애에서 결국 버림받고 계속되는 비참한 환경에서 벗어나지 못한 채 광기에 시달리다가 자살한다. 귀환의 가능성이 점점 희박해지는 상황에서 북쪽 지역의 일본인들은 이리저리 흩어져 남으로의 탈출을 감행하게 되는데, 『회색언덕』은 이 정황을 아주 구체적으로 그리고 있다.[20]

19) 藤原てい, 『灰色の丘』, 寶文館, 1950, 54쪽. 이하 인용은 본문 중에서 쪽수만 표기.
20) 이에 대한 자세한 분석은 김예림, 앞의 글.

그녀가 집단생활을 하는 동안 어떤 방식으로든 접촉할 수밖에 없었던 보안대원으로는 총 네 명(李, 金, 吳, 獨孤)이 등장한다. 사랑했던 이(李) 외에 그녀가 인간적 신뢰를 느낀 또 한 명의 보안대원은 독고였다. 특이한 것은 그녀가 독고를 여타의 보안대원과는 다른 "휴머니스트"로 여기고 있다는 점이다. 그녀는 "이런 사람이 하루하루가 혹독한 마을에서 초연하게 있는 것이야말로 불가사의하다"고 여기면서 "일본인의 초라함에 몸을 굽히고, 일본인의 슬픔과 함께 그의 핏속에 떠도는 숙명적인 비애에 저항하려 하는지도 모른다"(113)고도 생각한다. 이 "휴머니스트"는 참담한 생활 속에서 기아와 분노로 지쳐 가는 일본(여성)을 "일본정부의 전쟁도발자에게 보여 주고 싶다"(112)고도 하며 "일본인을 돕고 싶다는 생각이 들어도 나에게는 돈도, 힘도 없다"(112)고 토로하기도 한다. 결과적으로 보자면, '북선'의 혹독한 상황과는 잘 어울리지 않아 보이는 "휴머니스트" 독고를 제외한 나머지 세 명의 조선인 보안대원은 그녀를 파멸로 이끄는 위험한 자들이다. 사랑했던 이(李)도 결코 예외가 아니며 오히려 더 치명적으로 그러하다.

전체적으로 『회색언덕』에서 일본인 여성에게 주어진 바깥 세계란 곧 보안대라는 조선 남성의 세계다. 서술자는 보안대가 "일본인에게 가장 가까운 관계에 있는"(112) 존재라고 밝혀 놓고 있다. 쓰기 주체의 사적 체험과도 무관하지 않겠지만, 이 텍스트에는 조선인 남성이라는 환경적 테두리를 벗어나는 어떠한 타자의 원근법도 나타나지 않는다. 극한 위험과 성적 모욕을 감수해야 하는 일본 여성의 비참, 공포, 환멸은 자신들은 유폐되어 있고 동족 남성은 전무하며 흉포한 "이민족" 남성은 성적 침탈을 노리는 '북선' 그리고 이곳의 치안 세력인 보안대로 고스란히 수렴하게 되는 것이다. 북쪽 지역을 거쳐 돌아온 일본인의 수기를 보면, 소련(군)과 조선(인) 보안대는 기억 주체에 따라 서로 치환가능하거나 동질적이거나 연계된 것으로 인지된 경우도 있으며 반대로 분리되어 별개의 존재로 인지된 경우도 있다.[21] 보안대는 해방 직후 분출했던 자생적인 치안 단체 및 조직들이 소련군의 통제하에 해체·정리된 후 유일하게 인정된 공식적인 무장력이었다.[22] 결국 보안대란 점령통치 권력의 권한을 위임받은 하위 통치세력의 정격적인 수행주체였기 때문에, 이들의 근거리 관리 체제 내에 있던 일본인들(주로 여성과 노인)은 두 세력을 동일시할 수도 있었고 차이화할 수도 있었던 것이다. 즉 통제받는 구 제국 잔류자들은 소련군과 조선인 보안대를 서로 겹쳐지기도 하고 분리되기도 하는 존재로 파악한 것이다. 후지와라 데이의 체험-상상 지평은 분리 쪽에 가까워 보이지만, 어느 편에 속하든 고사 위기의 패전국 난민에게 소련 점령하 북선의 보안대란 악의적 환경과 자신들을 매개하는 가시적이고 실제적인 에이전트였음에 틀림없다. 이들은 힘을 확보한 위협적인 구 식민지인이자 새로운 점령세력과 직간접적으로 연결된 유사-권력자로, 냉전의 시공간에 폐색된 구 제국주의 잔여 집단이라는 이중의 부(負)의 존재에 정확히 대응하는 정(正)의 존재인 것이다. 『회색언덕』의 세계를 가득 채우고 있는, 불길한 보안대 남성을 향한 공포는 이런 맥락에서 이해할 수 있다.

「삼십팔도선의 밤」에서는 북선의 조선인 보안대를 둘러싼 의식이 『회색언덕』의 그것과는 좀 달라지고 있다. 그래서 이 단편은 텍스트 관

---

21) 관련 수기들로는 『대동아전쟁비사: 한국편』, 권웅 옮김, 노벨문화사, 1971.
22) 소련군의 북한지역 점령 정책에 대해서는 박명림, 『한국전쟁의 발발과 기원 II』, 나남출판, 1996, 특히 2장 참고. 인용은 93쪽.

계망에서 중요한 의미를 갖는다. 차이의 핵심은 보안대 표상의 '분화'에 있다. 「삼십팔도선의 밤」이 보여 주는 분화의 문법을 해명한다면 타지의 분단-냉전 환경으로 흘러들어 온 구 제국주의 분진(粉塵)이라는 시공간 교착 구조에서 생겨난, 생존감각화된 정치적 입장의 실체를 파악할 수 있을 것이다. 애초 이들은 몰락한 제국의 틈에서 흘러나온 구질서의 분비물이지만 공간 이동과 함께 신질서(=냉전)의 구속물로 존재 전환되어 갔다. 식민주의의 흔적 집단이 이동할 때(대체로 1945년 8월~1946년 후반 무렵) 제공된 것은 한반도를 관통하며 작용하기 시작한 초기의 복류적 냉전의 가이드맵이었고, 자기의 근과거를 기록하고 공간할 때(1948년~1950년) 제공된 것은 보다 심화되고 내화된 냉전의 가이드맵이었다. 이들이 거쳐 간 '만주－한반도 북부－한반도 남부－일본'이라는 노선 그리고 기억하고 기록하는 장소로서의 일본이라는 공간－역학은 동북아 냉전이 격화되는 시간－역학과 서로 조응하고 있다. 「삼십팔도선의 밤」을 통해 우리는 냉전 구조와 그것의 인양자적 번역 양태를 살펴볼 수 있을 것이다.

이 텍스트는 '적화되어 가는 구 식민지 영토'라는 이중구속 상태에서 도주하는 구 제국인이 '남'으로 향하는 구 식민지 출신 남성이라는 '동지'를 만나 탈출에 성공하는 과정을 담고 있다. 조선인 '동지'는 탈출하는 일본인이 시달리고 있는 복합 불안을 정확하게 해소시켜 줄 '미덕'과 능력을 가진 존재다. 즉 그는 '선한 조선인'일 뿐만 아니라 '반공주의자'인 것이다. 남쪽으로 가기 위해 필사적으로 38선을 돌파하는 북선의 보안대원 박(朴)이 바로 그런 인물이다. 흥미롭게도, 박의 형상은 『회색언덕』에 등장했던 "휴머니스트" 독고와 매우 유사해 보인다. 38선을 넘어 남으로 향하는 일본 여성은 자신들을 돕는 박의 정체를 정확하게 파악하고 있지 못하지만 그의 철저한 보호와 원조에 힘입어 가까스로 남하에 성공한다. 긴박한 탈출 과정에서 그녀가 미루어 짐작할 수 있는 것은 박이 북쪽의 보안대원에게 쫓기는 긴박한 상황에 처해 있다는 점 그리고 북에서 벗어나기 위해 신분을 속이고 일본인으로 위장하여 남행을 감행 중이며 비슷한 처지에 있는 일본인을 도와 어떻게든 함께 가려 한다는 점이다. 그녀는 그가 왜 이렇게까지 하면서 일본인 무리와 경계선을 넘으려 하는지 추측해 본다: "그녀에게는 박이라는 남자가 불가사의하게 느껴졌다. 어찌해서 이름까지 바꾸고 일본인을 보내야만 하는 걸까, 또 보안대는 왜 삼엄하게 추적하며 쫓아오는 것일까. 게이코로서는 아무것도 알 수 없었다. 어쩌면 이 사람 자체가 어떤 목적으로 남선으로 탈출하려는 것인지도 모른다. 아니면 남북 조선을 가로지르면서 뭔가 사상적인 목적을 위해 이런 행동을 하는 것인지도 모른다고 생각해 보았다."(209)

박은 어떤 점에서는 그녀보다 더 큰 위협에 쫓기면서 필사적으로 38선 이남으로 향하는, 정의롭고 믿을 수 있는 존재로 그려진다. 38선을 바로 넘어선 지점에서 둘은 서로에게 "혼과 혼의 뜨거운 숨결"(215)을 느끼며 헤어진다. 오직 남으로 향해야 하는 이 두 인물의 감정적 연대는 『회색언덕』에서의 일본인 여성과 보안대 남성과의 관계와는 퍽 다른 양상으로 전개되고 있다. 전반적으로 조선인을 향한 후지와라 데이의 시선은 불특정의 막연한 조선인(『흐르는 별은 살아 있다』)에서 북선의 적대적 보안대원(『회색언덕』)을 거쳐, 남쪽을 선택하는 '휴머니스트' 보안대원을 향해 움직이는 것으로 재구성할 수 있지 않을까. 물론 이러한 시선의 이동은 특정한 정치적 입장이나 가치의 무/의식적 확정과 맞물려 있다. 무심, 적대, 친밀을 나누고 선택하는 의식의 문제는, 구 제국주의 잔

여자들이 구 식민지 영토를 따라 난 신작로(=냉전통로)를 거치면서 어떠한 진동을 경험하는지 그리고 이것이 구 식민지 타자의 형상과 상상에 어떤 식으로 투영되는지를 파악하는 데 꽤 중요하다. "민족이 다르다"는 점은(이것은 구 식민지를 향한 두려움과 통한다) 일본인 여성을 오염시키고 죽음에 이르게 할 만큼 위험하다고 전하는 것이 『회색언덕』이라면, 「삼십팔도선의 밤」은 "이민족"임에도 불구하고 정치적으로 '남선'을 선택하는 자는 일본 여성을 살도록 도울 것이라는 방향으로 그 전언을 바꾼다. 「삼십팔도선의 밤」에서 죽음의 선을 넘어온 두 인물이 나누는 격한 감정과 입맞춤은 "민족이 다르다는 사실이 스치듯 떠오르면서"(216) 현실감을 찾고 끝나지만, 이 장면은 오히려 민족이 다름에도 불구하고 서로를 밀착시키는 어떤 강력한 동질감과 일체감 같은 것을 환기시킨다.

이 불 같은 공감의 정념은 어떻게 가능했던 것일까. 『회색언덕』을 가득 채운 불길하고 위험한 조선인-타자에 대한 적의를 "혼과 혼"의 깊은 교감으로 전환시키는 심층의 계기는 '남'으로 향하는 북선 보안대 이탈자라는 정치적 성격에 대한 감지 외에는 달리 없어 보인다. 이것은 당시 일본인이 상정하고 있던 구 식민지-타자의 "휴머니즘"의 중요한 징표이기도 했던 듯싶다.[23] 이처럼 구 식민지-공포가 적색-공포와 서로 습합되면서도 후자에 의해 전자가 다소 완화될 수 있는 맥락은 동북아시아 냉전의 골이 깊어 가는 정황과 무관하지 않을 것이다. 이들의 체험

---

23) 이와 유사한 의식이 「북위 38도선」이라는 기노시타 소이치(木下宗一)의 수기에서도 나타난다. 이 글에서도 소련군과 조선인에 대한 적의가 곳곳에서 직접적으로 노출되지만, 일본인을 보호해 주던 몇몇의 조선 청년에 대한 감사와 감동의 표현 역시 적혀 있다. 그리고 "이것은 여담이지만 이들 세 사람의 조선 청년은 훗날 공산독재치하를 탈출하여 대한민국의 따뜻한 품에 안겼다고들 한다"고 첨언하고 있다. 『대동아전쟁비사: 한국편』, 309쪽.

은 기억-기록 시점의 정황에 의해 덮어씌워져 재구성된 것이기도 하기 때문이다. 인양기록물은 인양이 모두 완료되어 자신의 국가 일본에 정착한 이후에, 즉 개인의 영토적 소속과 이념적 안정성을 모두 확보한 상태에서 쓰여진 것이다. 여성 인양서사의 초기이자 발흥기에 해당하는 시기를 연 후지와라 데이의 경우에도 체험 시기(1945~1946)와 최초의 기록(1948~1949) 및 발행 시기(1950) 사이에 길게는 5년여에 이르는 거리가 있다.

이 시간은 동북아시아가 냉전-열전 시절로의 재편을 준비하고 또 사는(live) 시기였다. 제국주의 전멸세력으로서의 미소, 세계적 차원의 냉전 주체로서의 미소, 세계적 차원의 미소 냉전과 연동하면서 내화되고 있던 한반도 내부의 냉전 그리고 이 모든 국면이 교차하고 고도로 응집되면서 폭발한 한국전쟁이라는 다층적 정황들이 작동하고 있던 때이다. 이와 같은 동아시아 정치 판도의 가장 '안전한' 장소로 복귀하는 과정이 곧 인양자가 '살아도 좋다'는 명령을 받아 고국으로 돌아오는 과정이었다. 이들의 서사는 그러므로 이국의 냉전 고개를 넘어 자국의 냉전 환경에서 안정된 처소를 찾은 구제국주의 주체가 남긴, 절절한 육감과 즉물적 판단으로 가득 찬 기록이라 할 수 있다. 이들에게 제국주의의 붕괴나 냉전의 장착은 이념이나 정치적 입장의 층위보다는 삶의 위협이라는 생존감각의 층위에서 육박해 들어오는 것이었다. 거시적인 정치적 압박구조는 거의 대부분 기아와 죽음의 리얼리티[24]로 양질전환되어 육화되었으며, 바로 이러했기 때문에 자기중심성은 강화될 수밖에 없었다. 물론 이 거듭되는 생존감각의 단련이 이념이나 정치적 입장의 확보로 이어지

---

24) 이 용어는, 마루카와 데쓰시, 앞의 책, "기아의 리얼리티"에서 빌려 온다.

게 마련일 터이지만 말이다. 이렇게 후지와라 데이의 인양서사를 권역질 서 전환의 문턱을 넘는 제국주의 잔여자의 변신이야기로 읽는다면, 제국 주의 질서로부터 냉전 질서로 전환되는 격동기에 형성된 일본인 인양자 의 상상체계 및 그 변용을 새롭게 되짚어 볼 수 있을 것이다.

3. 남한 그리고 인양서사의 옮겨-쓰기와 다시-쓰기

귀환한 일본인들은 냉전 협로를 떠도는 난민 처지에서 벗어나 영토적·법적 귀속을 거쳐 국민으로, 국민국가적 정상성의 통치체에 응하는 '인구'로 정착했다. 이들은 일본 사회 내부에서 어느 정도 소외와 배제를 겪을 수밖에 없었지만 이후 형성된 재건과 성장의 큰 흐름 속에서 영토적 귀착 없이는 확보될 수 없었을 긴 안태의 시절로 접어든다. 후지와라 데이의 인양서사를 통해 우리는 조선(인)을 경유하며 내화되고 육화된 인양자의 냉전 감각과 국민·국가로의 물리적이고 정신적인 회귀 욕망의 내부를 살펴볼 수 있었다. 이 절에서는 그녀가 남긴 수기가 남한에서 선택적으로 수용되어 소비된 현상이 갖는 문화정치적 의미를 고찰하고자 한다. 자기를 식민화했던 그러나 이제는 패주자가 되어 버린 구 제국인의 처절한 '도망기'는 1945년 이후 남한에서 어떠한 의미를 띠고 받아들여졌으며 어떤 의미를 띠기 위해 다시-쓰여졌을까 하는 것이 주된 관심이다.

이러한 현상에는 자국민의 수난기를 학습하고 향수했던 일본의 맥락과는 또 다른, 남한 나름의 문법이 내재되어 있을 것이다. 이것은 구 식민지 출신 분단국가가 자기를 문화적, 정치적, 감정적으로 유지하는 과정에서 외부적 요소를 어떤 방식으로 호출하고 운용하는가의 문제와 관련되어 있다. 해방, 분단, 전쟁을 거치면서 형성된 남한의 자기 유지에서 결정적인 역할을 한 것은 두 가지 공포였다. (재)식민화의 공포와 적색 공포가 그것이다. 어떤 경우든, 여기 걸려 넘어지면 자기는 소멸한다. 물론 정치체의 존속 기술이라는 관점에서 생각하면 중요한 것 혹은 가능한 것은 공포에서 벗어나는 것이 아니라 계속 공포 상태에 머물면서 이를 어떤 식으로든 소화하고 처리하는 것일 터이다. 이 메커니즘의 어딘가에 『흐르는 별은 살아 있다』가 접속될 여지가 있었던 것일까? (근)과거에 있었던 '비루한 타자'의 사건들은 어떻게 번역되고 왜 향수(享受)되면서 이곳에서 전유된 것일까.

후지와라 데이가 남긴 인양서사 가운데 오직 『흐르는 별은 살아 있다』만이 일본과 남한 대중의 기억의 장에 두드러지게 등록되었다. 『흐르는 별은 살아 있다』의 내용 일부가 남한의 매체에 처음 등장한 것은 1949년 8월 잡지 『민성』(民聲)을 통해서다.[25] 「삼십팔도선」이라는 제목으로 실린 세 개의 소절은 주인공 일행이 38선을 돌파하는 장면을 담은 부분이다. 게재 말미에는 "종전 후 북조선으로 피난하기 일년여에 다시 일본으로 전재민들과 함께 귀환한 실정을 엮은 藤原貞 부인의 장편 『흐르는 별은 살아 있다』의 일부이다. 그는 세 아이를 다리고 삼십팔도선을 넘을 때 이러했다고 여실히 기록하고 있다. 日人의 글로만 보아넘기기엔 아까웁다"[26]라는 부기가 덧붙여져 있다. 『민성』에서의 이 짤막한 소개를 시작으로 『흐르는 별은 살아 있다』의 남한적 수용과 소비 문화의 막이

---

25) 이에 대해서는 Michael Kim, "The Lost Memories of Empire and the Korean Return from Manchuria, 1945-1950", *Seoul Journal of Korean Studies*, vol.23 no.2, 2010.
26) 『민성』 1949. 8, 69쪽.

오른다. 1949년 11월, 이 텍스트는 『내가 넘은 삼팔선』이라는 제목으로
단행본으로 발간되는데, 몇 개월 지나지 않은 1950년 2월에 이미 6판을
찍은 것으로 기록되어 있다.[27] 지금까지 번역본에 대한 자세한 논의는
이루어지지 않았는데, 검토해 보면 『내가 넘은 삼팔선』은 1949년 일본어
원본을 중간중간 발췌하여 옮긴 것이다. 즉 완역본은 아닌 것이다. 저자
의 후기, 오사라기 지로(大佛次郎)의 서문을 비롯하여 몇몇 절들을 번역
에서 제외했고 특히 조선 땅을 벗어나 일본으로 돌아간 주인공이 다시
가족을 만나기까지를 기록한 마지막 4개 절도 모두 빠져 있다. 전체적으
로 고려해 보면 절의 선택이나 생략에 어떤 특별한 의도가 있어 보이지
는 않는다. 원본의 세세한 에피소드들을 줄이고, 국내 시장을 염두에 두
어 일본을 배경으로 하는 이야기들을 생략한 정도로 파악할 수 있을 듯
하다.

　　당시 독서 시장에서 이 책이 대중적인 인기를 얻자 "38선을 넘은 일
개 왜녀의 체험기록이 6판까지 나간다는 것은 우리 출판문화계의 일대
모독이 아닐 수 없"다는 비판이 등장하기도 했다. "38선을 넘어온 형제
가 수백 만이며 38선을 넘다가 사람으로서는 차마 겪지 못할 곤경을 체
험한 형제가 왜녀만 못지 않을진대, 내 나라 내 땅에서 내 형제가 겪은
그것보다 왜녀의 그것으로 더 흥미를 쏠리게 한다는 것은 출판업자와
아울러 이 땅의 문인들에게도 그 책임은 있을 것"[28]이라는 게 그 요지였

---

27) 이는 수도문화사 1950년도 판본에 밝혀 놓은 발행 정보에 의한다. 『내가 넘은 삼팔선』의 번
　　역 출판에 대해서는 김예림, 「'배반'으로서의 국가 혹은 '난민'으로서의 인민」(『상허학보』 29
　　집, 2010)에서 간략하게 언급한 바 있다. 하지만 이 논문의 주된 연구대상은 조선인 귀환이
　　었기 때문에 『흐르는 별은 살아 있다』를 본격적으로 다루지는 못했다.
28) 『한성일보』 1950년 4월 2일자.

다. 또 다른 기사에 의하면 갑자기 불어난 일본서적 번역을 통제하기 위해 공보처가 "일본 책 중 과학기술계통의 서적 이외의 일본서적 번역물의 발행을 일제 금지하는 동시에 전에 발행한 책도 재판을 금지"[29]하겠다는 방침을 세우기도 했던 것으로 보인다. 일본 출판물 번역의 범람 현상에 대한 문제제기는 민족정신의 앙양이나 문화수준의 향상 등을 과제로 내세우며 이루어졌던 것인데, 이러한 '공식적' 염려나 금지와는 무관하게 출판계에서는 일본 서적 번역과 수입에 꽤 열중해 있었다. 당시 "쏟아져 나온 일본 서적의 번역물" 리스트에는 『흐르는 별은 살아 있다』 외에 『나가사키(長崎)의 종』, 『패전학교』(敗戰學校), 『전락(轉落)의 역사』, 『패주(敗走) : 나는 사람을 먹었다』, 『일본은 패망했다』, 『원자(原子)들의 비애(悲哀)』 등 일본의 패전을 다룬 책들이 상당히 많이 올라와 있다.[30] 이 가운데 『흐르는 별은 살아 있다』는 패전의 일상 풍경을 여실히 보여주는 자료로, '제국의 패망' 순간을 향해 있는 남한 사회의 관심에 적절하게 응하는 성질의 상품이었을 것이다.

그러나 『흐르는 별은 살아 있다』가 남한에서 큰 인기를 얻으며 수용될 수 있었던 정황과 관련해서는 38선 월경체험이 만연해 있던 1945년 이후의 한반도 상황을 중요하게 떠올리지 않을 수 없다. 원제를 '내가 넘은 삼팔선'으로 바꾼 것도 이러한 맥락과 결코 무관치 않을 것이다. 1945년 이래 38선은 미소의 점령 분계선에서 민족의 분계선으로 그리고 결

---

29) 『자유신문』 1950년 4월 6일자.
30) 『나가사키의 종』이 남한에 번역되어 읽히게 되는 맥락 및 남한 특유의 '원자탄 상상'의 변용을 해방기~한국전쟁 시기를 대상으로 규명하면서 "공포의 연대감"이라는 틀로 분석한 글로는 김지은, 「『나가사키의 종』은 어떻게 읽혔는가」, 『서사의 기원과 글쓰기의 맥락』(자료집), 연세대학교 국어국문학과 BK21 한국 언어·문학·문화 국제인력양성사업단 외 개최 제5회 한국 언어·문학·문화 국제학술대회(2011. 7. 29~30) 참고.

국에는 '국경' 분계선으로 고착되어 갔다. 1946년 5월 이후로는 남북 간의 자유로운 통행이 완전히 단절되었다. 경계선 주변에서는 미소 간의 군사적 협상이나 갈등이 계속되었지만, 1948년 이래 경계선에서 일어난 충돌들은 미소 간의 분쟁이라기보다는 남북 간의 분쟁이라고 해야 할 성질의 것들이었다.[31] 이처럼 세계 냉전의 상위 권력인 미소 간의 갈등이 본격적으로 한반도화되어 가면서, 이로 인한 문제들이 민간인의 이념이나 삶의 층위로 번져 내려오게 되었다. 당시 38선 침범이나 위반을 가리키는 '경계선 위반'(border violation)과 38선상에서 발생하는 여러 사건을 지칭하는 '경계선 사건'(border incident)이 종종 복합적인 형태로 일어나곤 했는데, 경계선 위반의 주된 '범인'은 남북의 민간인이었다.[32] 거대한 인류(人流)가 형성되던 시점에 분할선은 숱한 보통의 생존형–생활형 월경자들이 직면한 불가피한 환경이 되어 있었다.

그러므로 38선과 맞닿은 삶이라는 것은 어떤 의미에서든 남한 사람들에게 뜨겁고 가까운 문제였음에 틀림없다. 『내가 넘은 삼팔선』이 번역되고 널리 읽힌 1949년에서 1950년에 이르는 시기는 더더욱 그러했을 것이다. 실제로 일본인 인양자만을 놓고 본다면, 이 사안이 남한의 문화적 층위에서 특별한 표상적 대상이 된 경우는 많지 않다. 해방 초기에, 잔류하거나 떠나는 일본인의 형상이 포착되곤 했지만 말이다. 표상계의 전반적 경향이 이러하기 때문에, 1949~1950년 무렵에 새삼스레 『내가 넘은 삼팔선』이 남한의 집합체험의 장으로 깊이 들어온 현상은 그것이 '남

---

31) 정병준, 「1945~48년 미·소의 38선 정책과 남북갈등의 기원」, 『중소연구』(中蘇硏究) 100호, 2004, 196쪽.
32) 위의 글, 193쪽.

쪽' 공간에 형성되어 있던 공통감각을 자극했을 가능성을 놓고 분석되어야 할 것이다. 일본인과 연결된 38선은 우선적으로 제국주의 세력의 패배를 뜻하겠지만, 38선 돌파와 남하라는 사건에 있어서는 이들의 경험과 월남자의 그것이 유사하여 서로 충분히 접붙을 수 있는 것이다. 후지와라 데이의 수기는 비록 일본인의 사연이긴 했지만 한편으로는 조선인의 38선 넘기와 크게 다르지 않은 고통과 긴장 그리고 수난을 담은 이야기였다. 그러므로 조선인의 38선 넘기 체험과 일본인의 38선 넘기 체험은 그 행위 주체의 차이에도 불구하고 상황적 유사성을 기반으로 남한 사람들의 관심 지평에 들어올 수 있었다.

실제로 수도문화사 판본의 번역자인 정광현은 유사 경험이 낳을 만한 공통감각이라는 것에 기대어 "부끄러움도 없이 일본책을 번역해 내놓는 만용과 무지"[33]를 '해명'하고 있다. 그는 "악질군벌의 지독한 여독, 고난 속에서의 한없는 모성애, 막다른 골목에 닿은 인간들의 추악과 애증을 여지없이 들어낸 인간군상의 정체를 여실히 볼 때 선듯, 일본인의 작품이란 생각을 잃었다"[34]고 하면서 번역 소개하는 이유를 들고 있다. 이런 입장은 "주인공도 일본 사람, 쓴 이도 일본 사람——그러나 한 개의 '사람'이 곤경 속에서 움지기는 모습은 너무도 뚜렷하였다. 뿐만 아니라 전쟁이 끝난 뒤의 일본 사람이 떼를 지어 물러나가는 큰 흐름 속에서, 흐름의 그 자체를 유심히 보고 또 어떻게 흘러갔는가 하는 기록은 너무도 생생한 맛이 돈다. 여기서 슬며시 보고만 치우기보다는 나누어 보았으면 하는 생각이 없을 수 없다. …… 한 개의 기록문학을 동하여 '사람'의 이

---

33) 후지와라 데이, 『내가 넘은 삼팔선』, 정광현 옮김, 수도문화사, 1950, 1쪽.
34) 위의 책, 2쪽.

모저모를 보자는 것이 번역하는 동기라면 동기라고 보았다"라는 전홍진의 「권하는 말」에서도 마찬가지로 나타난다.[35] 말하자면 이 책은 패주하는 일본인을 바라보는 '차이화'의 쾌감과 38선 경험이 증폭되는 '동일화'의 쾌감을 한꺼번에 제공해 준 것이라 할 수 있겠다.

현재까지 확인할 수 있는 정보나 아카이브 상황을 토대로 정리해 보면 한국전쟁기인 1952년 무렵에도 수도문화사 판본이 출간되었고, 1964년에는 15판이 간행된 것으로 보인다.[36] 이 수기가 원제 '흐르는 별은 살아 있다'를 달고 간행처와 판본을 달리하여 다시 등장한 것은 1965년 『세계베스트셀러선집: 실화부』(휘문출판사)를 통해서다. 그리고 이 판본은 1970년에 『20세기고발문학선집』(휘문출판사)으로 갱신된다. 이어 1년 후인 1971년, 1960년대 말~1970년대 초까지 일본에서 출간된 『대동아전사』(大東亞戰史)(후지쇼엔富士書苑) 조선편이 남한에서 『대동아전쟁비사: 한국편』으로 번역되면서(노벨문화사) 이 텍스트는 「국경선은 셋이나 있었다」라는 제목으로 다시 소개된다.[37] 일본에서 나온 『대동아전사』 조선편은, 1953년에 같은 후지쇼엔에서 출간했던 『비록대동아전사: 조선편』(秘錄大東亞戰史: 朝鮮篇)의 변형판이라 할 수 있다. 즉 1953년 판본에 실렸던 인양기나 패전기 회고물 몇 편을 재수록하고 그 밖의 기록물들을 새롭게 실었는데 이 가운데 하나가 『흐르는 별은 살아

---

35) 위의 책, 6~7쪽.
36) 1973년 2월 17일자 『경향신문』의 기사에 따르면 『내가 넘은 삼팔선』은 "나오자마자 선풍적인 인기를 끌어 50년 6·25동란까지 불과 7개월 만에 10판이 넘는 3만 5천 부나 팔려 출판계의 화제가 되"다가 전시를 맞아 그 맥이 끊긴다. 하지만 전쟁이 끝난 이후에 책에 대한 수요가 있어 1964년 수도문화사에서 15판을 출간했다고 한다.
37) 『대동아전쟁비사』는 1982년 한국출판사에서 다시 간행된다. 패전 당시 재조일본인의 '냉전적 사고, 소련에 대한 혐오와 북한 탈출 시의 공포 등은 이 책에 실린 수기들을 통해 뚜렷하게 확인할 수 있다.

있다』의 또 다른 버전인 「국경선은 셋이나 있었다」이다. 제목 자체가 바뀌었고, 군데군데 약간씩 가필이 이루어지고 절 제목들이 조금 달라졌지만 『흐르는 별은 살아 있다』의 모습을 고스란히 보존하고 있다. 1949년 일본어 판본을 기준으로 할 때, 「국경선은 셋이나 있었다」는 일종의 압축본에 해당한다.

이처럼 『흐르는 별은 살아 있다』는 1949년을 시작으로 60년대와 70년대에 이르기까지 여러 차례에 걸쳐 남한의 독서 시장에 등장했다. 저자 자신이 원본에 가필이나 수정을 계속했기 때문에 출판 당시 남한에서 어떤 판본을 선택하는가에 따라 약간씩 다른 형태의 '흐르는 별'들이 유통된 것으로 볼 수 있다. 남한의 역자들에 따라 텍스트를 의미화하는 방향은 다소 달랐다. 앞에서 살펴본 것처럼 1949~1950년 판본이 인간 군상의 이야기, 고난과 역경의 이야기라는 식으로 공통 체험 및 그 월경적 공유 근거를 강조했던 반면, 1965년의 『세계베스트셀러선집』본은 "만주벌판의 성난 군상들, 굶주린 이리떼 소련군의 붉은 이빨들, 증오에 찬 한국 백성들의 저주사는 눈총들"에 관해 언급하면서 텍스트를 민족 이야기와 냉전 이야기로 읽을 것을 유도하고 있다.[38] 위에서 언급한, 재조 일본인의 패전 당시의 기록을 엮은 『비록대동아전사: 조선편』이나 『대동아전사』를 통해서도 확인할 수 있듯이 인양자의 수기는 대부분 소련에 대한 혐오, 북한 탈출 시의 공포로 채색된 이미 완연한 냉전 이야기라 할 수 있다. 다른 수록물에 비한다면 『흐르는 별은 살아 있다』는 오히려 이런 넌이 상내석으로 매우 약한 편이시만, 일본의 텍스트 수독 핀세에서 나타나는 이 수기에 대한 냉전적 카테고리화(반공, 반소)를 생각해

---

38) 인용은 이 책의 간단한 「해설」, 467쪽에서 한다.

볼 때 남한에서의 현상도 충분히 '납득' 가능하다.

남한에서의 『흐르는 별은 살아 있다』의 수용에서 특히 주목할 만한 현상은 1960년대에 나타난다. 영화화 시도가 그것이다. 『흐르는 별은 살아 있다』는 일본에서도 일찍이 영화로 만들어졌지만, 남한에서의 영화화는 수입품의 전유를 통한 일종의 문화 번역 현상으로 이해할 수 있다. 이 작업이 시도된 것은 1962년경이다. 사실 이미 '절정기'는 지난 듯한 패전기의 일본인 이야기를 영화로 만들려고 했다는 것이 다소 의아하게 느껴지기도 하지만, 1960년대에 도래한 문화적 분위기의 일면을 파악해 보면 그럴 만한 맥락을 찾지 못할 것도 아니다. 우선 4·19 이후 도래한 일본 문화상품 번성기에 양국을 넘나들며 베스트셀러 자리를 지켰던 상품을 재활용하고자 한 시도로 볼 수 있다. 일종의 노스탤지어를 자극하는 재생품으로 기대된 것은 아니었을까. 또한편으로는 국교정상화를 전후한 시기에 조성되었던 한일 간 '친선 무드'의 일면을 보여 주는 현상으로도 이해할 수 있을 것이다. 나는 일본 및 일본과의 관계맺음을 둘러싼 남한의 상상체계가 1960년대로 접어들면서 적대화 일변도에서 벗어나 다소간의 방향전환의 기미를 보였다는 점을 이미 논의한 바 있다. 특히 영화계는 한일 간의 관계를 다루거나 일본을 전면에 내세운 작품들을 만들면서, '일본(적인 것의) 차단'의 상황에서 벗어난 당시의 정치적·문화적 흐름을 영상으로 반영하는 작업을 하고 있었다. 이런 유형의 관심을 드러낸 일군의 영화들은 제작적, 재현적 측면에서 양국을 왕래한다는 경향성을 공유하고 있었다.[39] 『흐르는 별은 살아 있다』의 경우 일본인

39) 이에 대해서는 김예림, 「불/안전 국가의 문화정치와 포스트콜로니얼 문화상품의 장」, 『현대문학의연구』 42집, 2010.

가족 이야기의 전면화, 일본 여배우 출연(교섭), 장르를 달리하는 간텍스트적 텍스트의 보유, 그리고 재일조선인계열 언론사(동양경제일보사 도쿄·오사카 본사 한국총국)의 협찬이라는 월경적 계기들을 취하고 있다.

현재 이 텍스트는 시나리오 상태로 남아 있는데, 원작을 남한의 관점에서 재구성하고 있다. 물론 일본인 가족의 수난과 극복이라는 서사의 중심틀은 그대로 유지되고 있지만, 당시 남한 상상 구조의 심층적 기반이라 할 민족주의와 반공주의는 훨씬 더 강화되어 텍스트 곳곳에 스며들어 있다. 민족주의적 시각의 삽입은 말할 것도 없겠지만 특히 반공주의의 강화는 여러 에피소드를 통해 눈에 띄게 뚜렷하게 실행되고 있다. 원작에서는 볼 수 없는 북쪽 보안대의 폭력성을 증명하는 사건들이 몇 차례 삽입되었다. 일본 남성들을 노역장으로 데리고 가는 장면, 일본 여성에게 성적 폭력을 가하는 장면, 일본인을 도운 선한 조선인 의사를 체포해 가는 장면 등이 이에 해당한다. 후자의 경우 험악한 인상의 보안대는 후지와라 부인에게 도움과 심리적 위안을 주는 조선인 의사의 친동생으로 설정되어 있는데, 의사의 말을 빌려 자기와는 "융화가 잘 안"되는, "어딘가 그 피가 잘 통하지 않는 사고를 자꾸 하는" 인물로 부연설명되고 있다. 소련군에 대한 묘사도 마찬가지 형국이다. 38선 부근에 도착한 일본인의 상황을 보여 주는 부분에서는, 경계를 넘어 남으로 가려는 이들에게 소련군이 살해와 강간을 저지르는 장면을 삽입해 놓았다. 이러한 에피소드들은 원본의 내용과는 거의 정반대되는 방향으로 창작되어 들어간 꼴이다. 소련군이나 보안대의 폭력적 출현과는 달리, "국방경비대"의 존재는 당시 남한의 자기상상의 전형적이고 상투적인 방식에 따라 다음과 같이 그려지고 있다.

대원: 뭘하는 사람이요? 하며 아래위를 훑어본다……

대원 2: (알겠다는 듯) 이북에서 넘어왔오.

부인: (망서리며) 저 …… 선천에서 고국으로 가려고…….

겁에 질려 말끝을 맺지 못한다. 대원들의 얼굴에 경계의 빛이 사라지며

대원: 아 일본사람이시군.

부인: (더욱 겁에 질려) 네 하지만 우리는…….

대원: 어서오십쇼 고생이 많았겠오.

부인: ……? 의아해서 섯다.

대원 2: 염려마십시오. 우리는 어떤 사람을 물론하고 이북땅에서 실수
    없어 월남하는 사람은 환영합니다.

부인: (감격에 빛이 어리며) 감사합니다.

대원: 자, 내려가십시다. 요아래 많은 일본사람들이 와있습니다. 그리
    고 조금전에 총소리가 몹시 났는데 혹시 다친데는 없으십니까? (장면
    151)

원텍스트에 따르면 38선 남쪽에서의 구조는 미군에 의해 이루어지
는데 시나리오 상에서는 선의를 지닌 남한 국방경비대의 '환영'을 거쳐
미군에게 인도되는 것으로 변형된다. 이동하는 일본인의 신변 관리 및
인도는 미군이 직접 담당한 업무였기 때문에 이러한 상황은 허구에 가
깝다. 남한판 시나리오 버전을 전체적으로 검토해 보면, 원텍스트에서는
미미했던 조선인은 과대 표상되고 있고 미국(군)은 과소 표상되고 있으
며 곳곳에서 소련(군)과 북의 보안대는 과잉 적대화되어 있다. 누구를 막
론하고 이북땅에서 살기를 거부하고 내려오는 자들은 환영한다는 입장
에서 드러나듯이, 민족 경계선은 북에 대한 적대-공감대 혹은 반공-공

감대라는 냉전 분리선 앞에서는 유연하게 휜다. 물론, 반공주의적 다시 쓰기의 배면에 통주저음으로 깔려 있는 것이 민족주의적 감수성임은 두말할 필요가 없을 듯하다. 시나리오는 초반부에 "관상대의 유일한 죠센징 직원"이자 "신경에 수없이 깔려 있는 한국독립단"의 일원인 박달수라는 인물을 등장시켜 후지와라에게 일본의 패망을 알리며 일장훈계를 하는 장면을 배치해 놓았다. 이러한 계몽적 에피소드의 외삽조차 없었다면 이 영화는 아주 미시적인 수준에 이르기까지 "왜색"(일본어, 일본 풍물, 일본 풍경 등) 삭제에 집착했던 당시의 조잡하고 강박적인 검열 체제와 꽤 부딪쳤을 것이다.[40]

이 시나리오가 영화화되었는지 나아가 상영이 되었는지는 명확치 않다.[41] 필름이 남아 있지 않은 만큼 실체를 명확하게 파악할 수 없지만, 원본 『흐르는 별은 살아 있다』가 일본인 가족의 인양을 중심에 놓고 남한의 민족주의적 자기 확신과 냉전적 자기 정당화를 꾀하는 조악한 시나리오로 재생된 것은 분명해 보인다. 이 조악함은 문화적으로 늘 금기의 대상이자 유혹의 원천으로 존재해 왔던 일본이라는 소재의 양가성이 특히 민감하게 돌출될 수밖에 없었던 1960년대 대중문화 영역에서, 민

---

40) 이에 대한 자세한 분석으로는 김예림, 앞의 글 참고.
41) 영상자료원 공식정보에 의하면 제작이 된 것으로 올라 있으나, 신문기사를 비롯한 관련 자료들을 조사해 보면 제작 및 상영은 이루어지지 않았을 가능성이 크다. 관련하여 조언을 해준 이화진 선생에게 감사의 말을 전한다. 1962년 11월 22일자 『조선일보』에는 『흐르는 별은 살아 있다』를 위해 일본 여배우 미도 미쓰코의 주역 출연 교섭이 진전되고 있고 그녀의 출연이 허가 나는 대로 제작에 착수할 것이라는 기사가 실리는데, 당시 일본과의 문제를 다룬 영화들 가운데는 제작 절차를 진행하다가 허가를 기다리던 중에 흐지부지 중단된 경우들이 종종 있다. 『흐르는 별은 살아 있다』도 그런 경우가 아닐까 한다. 개인적으로 접근 가능했던, 제작과 심의 여부를 파악할 수 있는 실물자료들 가운데서도 이 영화 관련 정보는 찾을 수 없었음을 밝혀 둔다.

족과 반공을 제일의적 원리로 일본(적인 것)과의 우호적 관계맺음을 공상한 대중문화 콘텐츠가 종종 드러낸 특징이기도 했다. 완전하게 실연되지 못하고 부유하는 이 1960년대 남한판 『흐르는 별은 살아 있다』가 흥미로운 것은 구 제국민의 탈출기가 그 이웃 국가의 민족, 반공 논리 안에서 어떻게 소용되는가를 보여 주는 징후적 텍스트이기 때문이다. 여기에는 한때 자기를 지배했던 일본(인)의 '비참'에 대한 '인간적 동정'이라는 다소 애매한 '친화'와 '관용'의 제스처도 덧붙여져 있다. 이와 같은 다시 쓰기를 통한 전유 현상으로부터, 우리는 구 식민지 출신 분단국가가 구 식민자라는 타자를 경유하며 그 자체를 자기구축의 자원으로 활용하는 구조를 확인할 수 있다. 『흐르는 별은 살아 있다』는 남한의 문화 정치, 감정정치에 쓰임새 있는 외래종 도구였다. 이것은 여러 방향의 상징적 전치와 조작을 거쳐 남한 사회가 요구하는/남한 사회를 반영하는 텍스트로 재생산된 것이다.

4. 냉전 – 반공 – 국가라는 비닐온실에서의 교환과 접속

종전과 더불어 대두한 법과 주권자는 새로운 장소확정=질서구축[42]을 주도하며 구 제국과 구 식민지를 대상으로 통치를 개시했다. 이후 남한과 일본은 확정받은 장소를 터로 삼아 자기 유지를 해나간다. 정상성과 관련된 푸코의 논의가 알려 주듯이[43] 국민국가라는 통치체는 여러 층위의

---

42) 노모스, 공간적 장소확정, 질서, 영토에 대해서는 카를 슈미트, 『대지의 노모스』, 최재훈 옮김, 민음사, 1995 특히 1장; 가야노 도시히토, 『국가란 무엇인가』, 김은주 옮김, 산눈, 2010, 특히 5장 참고.

43) 미셸 푸코, 『안전, 영토, 인구』, 오트르망 옮김, 난장, 2011, 특히 2강~3강 참고.

강력한 규율과 안전 메커니즘을 계발하면서, 자기 보존의 정상태를 구축해 간다. 따라서 국가가 몰락하거나 미처 도래하지 않은 1940년대 중후반의 정황은 경계문란이 초래한 광역적인 무법 상태로, 상궤를 벗어난 비상시로 인지되고 기억된다. 이후 불안상태로부터 벗어나 꽤 다른 안정 상태에 속하게 된 '국민'들에게는 더더욱 그러할 것이다.

혼돈의 고통과 유맹의 공포를 위로해 준 것이 국민국가였던 것일까. 그래서인지는 모르겠지만, 자신의 생명과 안태를 보장해 줄 확률이 월등하게 높다고 믿어지는 국가의 안녕 혹은 그러한 국가로의 귀속은 피통치자의 '절절한' 욕망이기도 했다. 많은 것이, 반드시 국가적이지는 않은 것이 국민국가로 환원되곤 했다. "어떤 순간에, 어떤 조건에서, 어떤 형태로 국가가 사람들의 의식적 실천 속에서 투영되고 계획되고 발전되기 시작했는가 …… 언제부터 국가가 사람들에게 호명되고 욕망되고 갈망되고 무서워지고 거부되고 사랑받고 증오받기 시작했는가"[44]라는 질문을 이 시기 남한과 일본의 국면을 향해서도 던져 볼 수 있다면, 1945년 이후 국민국가적 정상성이 사람들의 욕망의 대상으로 내화되는 정황, 자국 바깥에는 죽음의 기회가 널려 있지만 그 안에서는 생의 안녕이 확보될 것이라는 '신념'이 형성되는 맥락을 파악할 수 있을 것이다.

두 지역의 자기기술 및 자기상상이 상대를 넘나들며 작용하고 있는, 인양서사의 월경적 생산·소비 현상은 마치 서로 다른 종자들이 이종교배되고 있는 상황과도 유사하다. 그 내막을 해부해 보면 실상 상대에 대한 긴장과 길항으로 복잡하다. 이 긴장과 길항 상태에서도, 냉전 – 반공 – 국가라는 견고한 비닐온실에서 근본적으로 자기로 환원되는 교잡

---

44) 위의 책, 345쪽.

과 교환을 행하는 일은 어느 정도 가능했던 것이다. 물론 우리는 둘 사이의 '연대'나 '공감'이 표출되는 면면들도 주의 깊게 보아 왔다. 지금까지 다른 논의에서 별로 강조된 바 없지만, 가부장(=국가)을 잃은 후지와라 부인이 힘겨울 때면 불렀던 노래 「흐르는 별은 살아 있다」는 '남방'에서 전쟁을 치르고 돌아온 조선인 '김씨'가 가르쳐 준 것이다. 패전국의 남루하게 버려진 민간 여성과 구 식민지의 징병자라는 다소 복잡한 관계에서/관계에도 불구하고, '수난'의 공유를 둘러싼 어떤 단순한 위안과 정감의 연대가 형성될 수는 있었을 것이다. 하지만 이 순환을 주도하고 주조한 장소 역시 정치적 입장을 함께하는 자들이 입장하는 밀폐된 냉전-반공-국가의 비닐온실이었음을 기억한다면, '인양서사'의 교환과 전유가 갖는 의미를 비판적으로 되짚어 볼 수 있을 것이다.

7장 _ 나카노 시게하루와 조선

: 연대하는 사유의 모놀로그

서동주

1. 나카노 시게하루를 '구제'하는 법

나카노 시게하루(中野重治, 1902~1979)[1]는 일본의 근대문학사 ──넓게 는 근대사상사 ──에서 이른바 '조선 문제'(Korea problem)에 관한 가장 급진적인 발언자로 간주된다. 전전(戰前)의 나카노 시게하루는 일본 의 조선에 대한 제국주의적 침략을 비판하며 식민지 조선의 '민족해방' 을 지지했을 뿐만 아니라, '프롤레타리아 국제주의'의 입장에서 조선과 일본을 천황제국가에 저항하는 정치적 주체로 호명했던 '연대'의 사상

---

1) 후쿠이 현(福井縣) 출신으로 일본 프롤레타리아 문학운동을 대표하는 시인, 작가, 평론가. 특히 전후에는 공산당 소속의 참의원의원(1947~1950)으로 활약하기도 하였다. 도쿄제국대학 독문과를 졸업했다. 1928년 전일본무산자예술연맹의 성립을 주도하는 등 일본 프롤레타리아 문학운동의 핵심 리더로 활약, 1931년 공산당에 입당했으나, 이듬해 체포되어 1934년 전향하여 출소했다. 전후에는 과거 프롤레타리아 문학운동을 계승한 신일본문학회(新日本文学会)에 참여하여 이른바 '민주주의 문학운동'을 주도했다. 1964년 '부분핵실험금지조약'을 둘러싼 공산당 지도부와의 대립 끝에 제명 처분을 받음으로써, 전전부터 이어 온 일본공산 당과의 공식적인 관계에 종언을 고하게 된다.

가였다. 조선 문제에 대한 그의 비판적 태도는 전후(戰後)에도 변함이 없었다. 식민지 문제에 대한 언급이 회피되는 패전 직후의 사상계에서 나카노 시게하루는 조선에 대한 식민지 지배의 기억과 대면하기를 결코 주저하지 않았다. 예컨대 그는 「피압박민족의 문학」(非壓迫民族の文学, 1954)이란 글에서 1951년의 샌프란시스코 평화조약과 미일안보조약의 성립을 계기로 일본은 '아메리카'의 '피압박민족'의 상태에 빠졌다고 지적하며, 그런 상황은 무엇보다 일본이 과거 조선을 '압박·지배'했던 역사를 제대로 기억하지 못했기 때문이라고 주장했다. 나카노에게 조선은 이렇게 당대의 일본에 비판적으로 개입하는 데 불가결한 사상적·정치적 참조항이었다.

이러한 나카노의 조선 인식에 대한 평가는 일반적으로 조선을 바라보는 그의 '입장의 진정성'과 '시각의 한계성'을 '절충'시키는 논법에 의거하고 있다. 이를테면 조선을 일본의 '우월성'을 입증하기 위한 부정적 타자로 간주하는 근대일본의 조선에 대한 '오리엔탈리즘'과는 구별되는 그의 조선에 대한 관심과 애정, 그리고 그것에 근거한 연대의 사유를 '긍정적'으로 평가하면서도, 다른 한편 특별히 전전의 경우를 들어 민족을 넘어선 계급연대를 주장했지만 '조선'과 '일본'이라는 민족적 구분에서 벗어나지 못했을 뿐만 아니라, 조선을 일본에 비해 열등한 위치에 놓은 '오류'를 드러냈다는 방식이다.[2] 이러한 비평의 담론이 조선을 향해

---

2) 이회성의 다음과 같은 언급은 '나카노 시게하루와 조선'에 관한 일반적인 평가 방식에 관한 기원에 위치한다. "자신의 생애에 걸쳐 타 민족과 관계를 맺으려는 태도를 끊임없이 견지한 작가는, 일본의 문학자 가운데 극히 소수입니다. 그 중에서 가장 엄격한 삶의 방식을 취했던 사람으로 나카노 시게하루를 들 수 있습니다. …… 「비 내리는 시나가와역」에도 지금 생각하면 걸리는 부분이 있습니다. 끝에서 3번째 행인데 「일본 프롤레타리아트의 뒤 방패 앞 방패」라고 되어 있습니다만, 왜 재일조선인이 …… 일본 프롤레타리아트의 뒤 방패, 앞 방패인

지지와 연대를 보냈던 지성의 역사를 발굴하여 그동안 일본사상(문학)사가 구축한 조선에 관한 식민주의적 학지(學知)를 상대화하려는 의도에 이끌리고 있음은 분명하다. 하지만 '탈식민주의'에 입각한 이러한 사상사(문학사) 재구축의 필요성을 인정하더라도, 애초에 사상에 대한 평가에서 입장(관점)으로서의 윤리성과 시각의 결함(한계)의 분리란 있을 수 없으며, 설혹 양자 사이의 간극을 '전체/부분' 혹은 '중심/주변'과 같은 구도로 메우려 해도 그것은 결코 사라지지 않는다. 달리 말하면 나카노의 조선 인식에 관한 기존의 비평담론은 입장의 윤리성과 시각의 한계성을 '정태적'이고 '기계적'으로 결합함으로써, 결과적으로 양자의 긴장관계를 분석의 시야에서 밀어내고 말았다.

　이상과 같은 문제의식 위에서 이 글이 설정하는 분석상의 논점은 다음과 같다. 첫째 '계급연대를 말하며 민족을 극복하지 못했다'는 나카

가라는 의문이 일어납니다. 이 말에 만약 일본 혁명의 성공 없이 조선 혁명의 성취는 있을 수 없다는 이론과 인식이 작동하고 있다면 …… 역시 나카노 시게하루조차 그 시대의 사상적 제약성(예컨대 1국 1당 원칙의 영향) 속에서 민족 문제에 대한 잘못된 태도를 극복하지 못하고 있었다고 말할 수 있습니다(李恢成,「中野重治と朝鮮」,『新日本文學』1980. 12, 58~59쪽). 김윤식 또한 나카노의 시「비 내리는 시나가와역」에 대하여 "현해탄을 가운데 둔 두 나라(한국과 일본) 문학의 공감대랄까 친밀감을 가장 생생하게" 표현하고 있다고 평가하면서도, 조선을 '일본 프롤레타리아트의 앞 방패 뒤 방패'로 부르는 구절에는 '민족 에고이즘'에서 벗어나지 못한 나카노의 사상적 한계가 보인다고 지적하고 있다(김윤식,「문학적 과제로서의 '민족 에고이즘'」,『한일 근대문학의 관련양상 신론』, 서울대학교출판부, 2001, 144~158쪽). 한편 다카하시 히로시(高橋博史)는 이회성과 김윤식이 지적하는 시인의 '민족 에고이즘'에 관해 다른 접근을 보여 주고 있다. 그는 시에서 나카노가 추구하는 것은 조선인과의 감정의 일체화라고 전제한 뒤, 그럼에도 불구하고 민족 에고이즘이라고 부를 만한 점이 있다면 그것은 '그들'과 재회해야 할 이쪽을 '일본 프롤레타리아트'로 호명하는 것에 있다고 말한다. 즉, "일본인과 조선인과의 차이가 그대로 '프롤레타리아트'라는 범주 속에서 '일본'과 '프롤레타리아트'가 어떤 조작도 없이 연결되고 있다. 사회의식 이전에 감각되는 '그들'과 시인과의 일체성을 '일본'프롤레타리아트와 '조선'프롤레타리아트와의 일체성으로 치환할 경우, 일본을 중심에 놓고 일본 측에서 조선의 '동료'[仲間]를 위치짓는 것과 같은 발상이 작용한다"는 것이다(高橋博史,「中野重治·海と機關車」,『國文學 : 解釋と鑑賞』, 2005. 5, 160~161쪽).

노의 조선에 대한 시각의 한계성을 거론하는 통설은, 전전의 나카노에게는 부합할지 몰라도 전후 그의 조선 인식에는 적용될 수 없다. 왜냐하면 조선을 바라보는 나카노의 이념적 시각은 패전 이후 '계급'에서 '민족'으로 이행했기 때문이다. 앞서 언급한 '피압박민족'이라는 개념도 이러한 맥락 속에서 제기된 것이다. 따라서 나카노 시게하루의 조선 인식의 전체상을 문제시할 경우, 이러한 전전과 전후 사이에 놓인 '단절'은 주의 깊게 고려되어야 한다.

둘째, 시각의 문제를 거론하면서, 기존 연구는 그것을 '계급', '민족'과 같은 이념적 요소에 환원하여 설명하는 경향을 보여 주고 있다. 나카노가 일본공산당의 혁명전략의 변화라는 자장 안에 존재하면서, 그의 조선 인식도 이러한 변화를 일정하게 반영하고 있음은 두말할 나위도 없다. 그렇다고 나카노의 조선 인식이 공산당의 혁명전략 및 그와 연동된 이념적 요소에 전적으로 의존하고 있다고 간주하는 것은 사태를 지나치게 단순화시킨다. 당연하게도 그의 조선 인식의 형성에는 이념적 요소를 비롯해 다양한 차원이 관여하고 있다고 보아야 할 것이다. 그리고 이 문제를 생각할 때, 나카노가 평생에 걸쳐 조선(한국) 체험을 결여하고 있다는 사실은 간과될 수 없다. 그의 조선 인식에 '실감'을 제공한 것은 체험이 아니라, 그의 주변에 있었던 다수의 '재일조선인' 활동가들이었다. 따라서 나카노가 재일조선인들과 맺은 관계의 성격을 규명하는 것은, 그의 조선 인식의 구조를 탐구하는 데 불가결하다.

셋째, 기존 연구는 조선 인식에 관련된 텍스트를 동시대의 다른 텍스트와의 연계 속에서 검토 없이, 그 자체를 고립적으로 다루어 왔다. 나카노의 조선에 대한 언급은 예컨대 천황의 즉위와 강화조약의 성립 등 특정한 정치적 상황에 실천적 대응의 일환으로 이루어졌다. 즉, 그의 조선관련 텍스트는 '단독'으로 존재하지 않으며, 특정한 정치적 상황에서 생산되었던 텍스트군의 '일부'였다. 그런 점에서 나카노의 조선 인식은 동시대 텍스트와의 상호참조 속에서 재조명될 필요가 있다.

이상과 같은 문제의식 위에서 이 글은 다음과 같은 내용을 검토한다. 첫째, 패전을 계기로 한 조선 인식의 변화를 시 「비 내리는 시나가와역」의 '초출판'(1929)과 '전후판'(1947)의 비교를 통해 살펴본다. 여기서 '전후판'이 소거한 '초출판'의 지향성을 확인하고, 그에 덧붙여 '전후판'이 후일 시에 대한 '보수주의적 해석'의 빌미가 되는 비평사의 아이러니를 소개한다. 둘째, 조선을 바라보는 이념적 입각점이 패전을 계기로 '계급'에서 '민족'으로 이행한 이후, 조선과의 연대의 논리가 어떻게 재구성되었는가를 살펴본다. 이것은 달리 말하면 조선과 일본이 각각의 민족으로 분리된 전후의 상황, 따라서 계급의 이념이 실효성을 상실한 상황에서 가능한 연대의 논리로서 나카노가 상정한 것은 무엇인가를 살펴보는 것을 의미한다. 마지막으로 전전과 전후의 변화에도 불구하고 나카노의 조선 인식에 내재하는 구조를 추출해 보고자 한다. 결론적으로 나카노의 조선 인식은 조선의 타자성에 대한 '불감'의 구조로 일관되고 있음을 밝히고자 한다. 여기에 이러한 '불감의 구조'가 그의 재일조선인과의 특수한 관계와 관련되었을 가능성도 덧붙여 보고자 한다.

2. 연대를 둘러싼 기억의 재구성   전후판 「비 내리는 시나가와역」이 소거한 것

나카노 시게하루의 조선 인식의 '변천'을 생각할 때, 시 「비 내리는 시나가와역」의 검토는 불가피하다. 1929년 2월 잡지 『개조』(改造)에 실린 '초출판'과 1947년에 발간된 『나카노 시게하루 시집』(中野重治詩集)(고야마쇼텐小山書店, 1947. 7)의 '전후초출판'(이하, 전후판) 사이에는 시의 주제와 성격을 둘러싸고 결코 적지 않은 '차이'가 존재하기 때문이다. 물론 시의 개작이 전후에 처음으로 이루어진 것은 아니다. '전후판'의 원형은 1931년에 발간된 『나카노 시게하루 시집』에 있다. 따라서 시의 '전후판'에서 바로 전전과 구분되는 전후 나카노의 조선 인식을 이끌어 낼 수는 없다. 그럼에도 불구하고 전후의 거듭되는 판본에서 '초출판'이 언제나 '부록', 즉 주변적 텍스트로 취급되었다는 사실은 중요하다. 왜냐하면 그것은 나카노가 '초출판'의 변경을 '정당한 개작'으로 승인했음을 의미하기 때문이다. 따라서 전후 나카노의 조선 인식을 묻고자 한다면, '초출판'과 '전후판' 사이에 존재하는 '차이'에 주목할 필요가 있다.

'전후판'과 '초출판'의 가장 두드러진 차이는 '초출판'의 마지막을 장식하고 있는 조선인에 의한 천황 암살을 연상시키는 장면이 '전후판'에서는 삭제되었다는 점이다. '전후판'에서는 삭제된 '초출판'의 암살장면은 다음과 같다.

彼の面前にあらはれ	그의 면전에 나타나
彼を捕え	그를 사로잡고
彼の顎を突き上げて保ち	그의 턱을 움켜쥐고
彼の胸元に刃物を突き刺し	그의 가슴에 날붙이를 들이대고
反り血を浴びて	만신에 튀는 피에
溫もりある復讐の歡喜のなかへ	뜨거운 복수의 환희 속에
泣き笑へ	울어라, 웃어라[3]

이러한 '초출판'의 천황 암살의 장면을 대신하여 '전후판'에 삽입된

것은 다음과 같은 '잘 가라'(さようなら)의 반복이다.

さようなら辛   신이여 잘 가라
さようなら金   김이여 잘 가라
さようなら李   이여 잘 가라
さようなら女の李   여자인 이여 잘 가라

1929년의 '초출판'은 조선인에 의한 천황 암살의 장면을 통해 천황제국가의 지배체제가 조선과 같은 식민지에 대한 차별구조와 연계되어 있음을 드러내고 있다. 시의 '초출판'이 일본근대문학사에서 이른바 '불경문학'(不敬文學)의 정점으로 간주되는 이유도 바로 시의 마지막 장면에 근거하고 있다.[4] 그러나 천황 암살의 장면이 삭제됨으로써 '전후판'에서 천황제 비판이라는 주제의 후퇴는 불가피한 것이 되었다. 대신 '잘 가라'(さようなら)의 반복적인 배치를 통해 시는 조선인과의 이별의 정조가 두드러지는 서정성을 강화하고 있다.

이러한 시의 변화를 정당화한 것은 '전후'라는 상황이었다. 우선 상징천황제를 골자로 하는 신헌법(1946)이 이미 공포된 상황에서 천황 개인에 초점을 맞춘 '보복'을 표현하는 것에 대한 시인 내부의 주저함을 생각해 볼 수 있을 것이다.[5] 그러나 보다 중요한 배경은 조선이 더 이상 일

---

3) 번역은 필자에 의한 것으로 1929년 5월 『무산자』(無産者)에 실린 조선어역을 참고로 하였다.
4) 渡部直己, 『不敬文学論序説』(批評空間叢書), 太田出版, 1999 참조.
5) 丸山珪一, 「『雨の降る品川驛』をめぐって」, 『金澤大學敎養學部論集』 28卷 1号, 1990, 74쪽. 특히 마루야마는 이러한 이유를 근거로 '전후판'에서는 '민족을 넘는 계급연대'를 대신하여 '국경을 넘어선 연대의 휴머니즘'이 강조되었다고 설명한다.

본의 식민지가 아니라 독립된 민족이 되었다는 전후의 정치적 현실일 것이다. 조선인이 천황을 암살한다는 설정과 이러한 정치적 현실 사이에는 어쩔 수 없이 깊은 괴리감이 존재하기 때문이다. 전후 조선과 일본이 각각의 민족(국가)로 분리된 상황에서 계급연대라는 발상의 후퇴는 그런 의미에서 자연스런 귀결이라 할 수 있다.

그러나 다른 관점에서 보면, '전후판'의 존재는 '초출판'이 간직하고 있었던 연대의 지향이 시인 자신에 의해 '부정'되었음을 의미하는 것이기도 하다. '초출판'이 보여 주는 조선인에 의한 천황 암살의 상상력은 조선과 일본을 천황제국가에 저항하는 '정치적 피압박민중'으로 규정하는 저항주체의 구성론[6]에 의거하고 있었다. 이러한 정치적 주체론에서 조선은 천황제국가에 저항하는 '우리'의 일부로 간주된다. 따라서 여기서 누가 천황을 암살하는가의 문제는 부차적이다. 따라서 '전후판'은 조선과의 연대를 '우리'라는 감각 속에서 사유했던 전전 조선 인식의 소거이기도 하다.

'초출판'과 '전후판'의 차이로서 주목되는 또 다른 부분은 '현해탄'을 둘러싼 의미의 차이이다. '전후판'에서 현해탄이 일종의 '국경'의 의미를 띠고 있다면, '초출판'에서는 조선을 '우리'로 파악하는 연대의 논리에 따라 '경계'가 아닌 '교통로'로 표상되고 있다. '초출판'은 천황의 즉위식을 앞두고 조선으로 추방당한 조선인들이 다시 일본으로 돌아와 천황에게 '복수'를 감행하는 서사로 이루어져 있다. 여기에 추방이 일어나기 위해서는 조선에서 일본으로의 '이동'이 선행되어야 한다는 사실을

---

6) 나카노는 '정치적 피압박민중'에 '프롤레타리아, 농민, 소시민, 병사, 부인, 학생'과 함께 '식민지 인민'을 포함시키고 있다(中野重治, 「芸術運動の組織」, 『プロレタリア芸術』 1927.8).

고려한다면, '초출판'이 표현하고 있는 것은 한반도와 일본열도 사이에서 이루어진 조선인들 '왕복운동'이다. 추방의 루트(route)라는 점에서 해협은 분명 하나의 경계(border)이지만, 그것은 추방된 자의 복귀라는 서사를 통해 최종적으로 '교통로'(a route of communication)로서의 의미를 획득한다.

반면 '전후판'에서는 열도 귀환의 모티브가 사라졌다. 즉, 추방당한 조선인은 다시 일본으로 돌아오지 않는다. 다음에서 보는 바와 같이 '초출판'과 '전후판'에서 추방 이후 시의 전개는 그 양상이 전혀 다르다. 우선 '초출판'에서 일본을 떠난 조선인들은 다시 '해협을 건너' 일본으로 돌아온다.

君らは出發する	그대들은 출발하는구나
君らは去る	그대들은 떠나는구나
……	
そして再び	그리고 또 다시
海峡を踊りこえて舞ひ戻れ	해협을 건너 닥쳐 오거라
神戸 名古屋を経て 東京に	고베 나고야를 지나 도쿄로
入り込み	뛰어들어
彼の身辺に近づき	그(천황)의 신변에 다가가

반면 '진후판'에서 떠나는 조신인들의 모습 뒤에 이어지는 것은 다음과 같은 이별의 언사(言辭)이다.

| 君らは出發する | 그대들은 출발하는구나 |

君らは去る	그대들은 떠나는구나
さようなら辛	신이여 잘 가라
さようなら金	김이여 잘 가라
さようなら李	이여 잘 가라
さようなら女の李	여자인 이여 잘 가라

당연하게도 열도로의 귀환이 없다면, 천황 암살의 계획도 성립할 수 없다. 그런 의미에서 열도 귀환과 천황 암살 모티브의 실종은 불가분의 관계를 가지며, 결국 '전후판'을 '초출판'과 질적으로 다른 텍스트로 변형시키는 결정적 요소가 되는 것이다. 다만 시인은 '전후판'의 마지막에 "보복의 환희에 울고 웃을 날까지"라는 구절을 배치함으로써 천황에 대한 조선인의 증오를 가까스로 유지하고 있을 뿐이다.

일본으로 복귀하지 않는 조선인은 한반도와 일본열도 사이의 해협이 경계가 되어 버린 전후의 상황과 부합하고 있음은 두말할 나위도 없다. 앞서 말한 것처럼 비록 천황에 대한 '보복'의 감정은 유지되고 있지만, 조선과 일본의 연대는 더 이상 동일한 공간 안에서 실현되고 있지 않다. 조선인과 일본인은 각각 조선과 일본이라는 서로 다른 정치적 공간에서 천황에 대한 '보복'의 날을 준비하고 있는 것이다. '전후판'의 돌아오지 않는 조선인, 그들은 천황에 대한 저항주체로서 여전히 '우리=프롤레타리아트'로 호명되고 있지만, '초출판'이 표현하고 있었던 '주체와 공간의 일체화'에 근거한 '우리'라는 감각과는 이질적이다. 바꿔 말하면 '전후판'은 해협=현해탄을 '경계'로 그려 넘음으로써 '초출판'이 표현하고 있었던 '우리로서의 조선'이라는 연대의 지향으로부터 분리되고 있다.

이렇게 천황 암살의 모티브와 조선인의 왕복운동(교통로로서의 해협)이 소거된 '전후판'에서 조선인을 일본 프롤레타리아트의 방패로 호명하는 언사의 의미도 그 조정은 불가피하다. 이것이 '전후판'이 드러내는 세 번째 변화의 내용이다.

아래 인용문에서 확인할 수 있듯이, '전후판'에서 계급연대를 나타내는 '일본 프롤레타리아트의 뒤 방패 앞 방패'(日本プロレタリアートの後だて前だて)라는 시구는 시인이 추방당하는 조선인에게 이별을 고하는 장면 다음에 위치하고 있다. 그리고 사이에 두꺼운 얼음에 갇혔던 물이 얼음을 깨고 흘러나가는 묘사, 즉 일본의 식민지 지배에 맞서 민족의 독립을 위해 저항하는 조선인들의 정치적 역동성을 암시하는 내용이 이어지고 있다. 하지만 조선인의 일본으로의 복귀라는 이동의 서사가 누락됨으로써 조선인들이 조선에서 펼치는 민족해방운동과 계급적 연대를 호소하는 언사는 유기적 관계를 이루지 못하고 분리되어 버렸다.

초출판	전후판
君らは出發する 君らは去る おゝ 朝鮮の男であり女である君ら 底の底までふてぶてしい仲間 **日本のプロレタリアートの前だて後だて** 行つてあの堅い 厚い なめらかな氷を叩き割れ 長く堰かれて居た水をしてほとばしらしめよ そして再び 海峡を踊りこえて舞ひ戻れ 神戸 名古屋を経て 東京に入り込み 彼(天皇)の身辺に近づき	行つてあのかたい 厚い なめらかな氷をたたきわれ ながく堰かれていた水をしてほとばしらしめよ **日本プロレタリアートの後だて前だて** さようなら 報復の歡喜に泣きわらう日まで

반면 '초출판'에서 계급연대를 호소하는 시구는 추방된 조선인이 일본으로 돌아오는 장면 앞에 위치함으로써, 조선인의 귀환이 시인의 호소에 호응하여 이루어지는 구조를 띠고 있다. '초출판'의 경우에 사건의 추이를 정리하면 다음과 같다. '조선으로의 추방→시인의 계급연대의 호소→조선인들의 민족해방운동(行つてあの堅い 厚い なめらかな氷を 叩き割れ／長く堰かれて居た水をしてほとばしらしめよ)→조선인의 일본으로의 귀환→천황 암살.' 그리고 위의 인용 다음에 '전후판'에서 사라진 천황 암살의 장면이 이어진다. 달리 말하면 '초출판'에서 천황 암살은 시인이 제안하고 있는 계급연대에 대한 조선인의 실행적인 응답으로서 자리매김되고 있는 것이다. 즉, 천황 암살은 계급연대의 '완성'을 의미한다.

'전후판'은 조선인의 일본으로의 이동과 천황 암살의 장면을 소거함으로써 조선과 일본이 천황제국가에 저항하는 정치적 주체를 구성하는 '우리'였다는 과거의 역사를 제거해 버렸다. 이로써 '전후판'에서 조선을 일본의 프롤레타리아트로서 호명하는 계급연대의 언사는 그것이 의미를 가졌던 역사에서 분리되어, 이념적 선언으로 남아 버렸다.

그런데 '전후판'을 둘러싼 문제는 여기에 그치지 않는다. 계급연대의 지향이 의미의 근거를 상실함으로써, 시를 내셔널리즘의 문맥으로 회수하는 비평의 등장을 초래한 것이다. 「비 내리는 시나가와역」에 대한 에토 준(江藤淳)의 비평이 이를 대표한다.

예컨대 에토는 나카노의 이 시가 던져 준 감동을 다음과 같이 적고 있다.

(내가 시에 공감을 느낀 것은) 이데올로기가 아니라 '잘 가라 신……'이

라는 고별의 말에 담긴 어떤 래디컬한 선율이 돌연 생각지도 못한 전율을 불러일으켰기 때문이다.

……

지금 다시 읽어 보면 처음부터 이 안에 그렇게 이데올로기적인 저항을 느끼지 않게 만드는 어떤 적절한 거리의 축이 내포되어 있다. '잘 가라'라고 부르는 '신'도 '김'도 누구도 일본인이 아니다. 조선인이면서 동시에 일본제국의 신민이기를 강요받았던 그들이 일본 천황에 적대감을 갖고, 반면 경애의 마음을 갖지 않는 것은 지극히 자연스러운 것이다.[7]

그런데 에토는 '잘 가라'라는 이별의 말을 통해 느껴지는 조선인과 일본인 사이의 '청명한 거리'의 감각이 뒤이어 등장하는 '일본 프롤레타리아트의 뒤 방패 앞 방패'라는 구절에 의해 붕괴되고 있다고 말한다. 그는 일본인과 조선인의 차이를 인지하면서도 이것을 계급으로 넘어서려고 했던 나카노의 시도를 일종의 '몽상'으로 일축한다. 그것이 '몽상'인 까닭은 나카노가 시나가와역을 떠나 조선으로 돌아가는 '신'과 '이' 등과는 달리 일본 천황의 신민이기 때문이다.

신과 김과 이 등이 분명 조선인인 데 비해 시인 나카노 시게하루는 좋든 싫든 관계없이 일본 천황의 정통적인 신민 이외에 어떤 것도 될 수 없다. 그리고 너무나 당연하게도 조선인이 그들과 일본 천황의 신민인 시인 간에는 결코 해소할 수 없는 거리가 엄연히 존재하기 때문이다.[8]

---

7) 江藤淳,『昭和の文人』, 新潮社, 1989, 41~42쪽.
8) 江藤淳, 위의 책, 45~46쪽.

에토가 계급적 연대를 부정하고 '거리의 감각'에 집착한 것은 민족적 정체성(자기동일성)을 의식의 문제가 아니라 출생에 의해서 결정되는 선험적인 것으로 간주하기 때문이다. 물론 여기서 문제가 되는 것은 에토의 내셔널리즘이 아니다. 나카노 시게하루라는 '좌익' 문학자의 텍스트가 보수적인 의미망 속에 수렴되는 아이러니를 탐색하는 것이 중요하다.

그리고 이 문제를 생각할 때, 에토의 인용문에서 알 수 있듯이 에토의 비평이 '초출판'이 아닌 '전후판'을 대상으로 이루어지고 있다는 점을 간과할 수 없다. 에토의 비평적 시선이 문제삼고 있는 부분은 '전후판'에서 계급연대의 언사가 고립되고 있는 지점이다. 그런 점에서 「비 내리는 시나가와역」에 대한 에토의 보수적 해석은 에토의 '편협한' 내셔널리즘이 가져온 결과임은 분명하지만, 그와 함께 조선인의 복귀와 천황 암살을 소거함으로써 계급연대의 언사를 형해화시킨 시인 나카노에게도 그 책임의 일부를 묻지 않을 수 없다.

3. '우리' 밖의 조선과 연대하기

패전은 천황제국가의 몰락을 가져왔다. 천황제국가가 조선과 일본의 계급연대가 겨냥했던 공통의 적이었던 만큼, 그것의 몰락은 나카노에게 연대를 지탱했던 기반 상실을 의미했다. 더욱이 제국 일본의 일부였던 조선이 독립된 상황에서 과거와 같이 민족을 초월한 계급과 같은 방식의 연대는 더 이상 허용될 수 없었다. 그렇다면 전후 나카노의 글 속에 등장하는 조선은 어떤 맥락과 논리에 의해 도입된 것일까.

우선 나카노가 패전을 어떤 의미로 받아들였는가를 살펴보도록 하

자. 나카노는 무엇보다 패전을 "자국민과 타국민을 노예로 한 일본의 침략적 군국주의가 세계민주주의와의 전쟁에서 철저하게 패배한"[9] 역사적 사건으로 규정한다. 따라서 전후 일본의 과제는 제국주의와 군국주의에 의해 타락했던 전전의 국가를 새로운 국가(인민정부)로 재건하는 것으로 이어진다. 특히 나카노는 여러 글에서 외부로부터 주어진 자유를 주체화하는 것이 중요하다고 강조하고 있는데, 이런 관점에서 나카노가 생각한 전후의 '민주주의혁명'이란, 일본 민족의 손으로 일본 민족의 민주적 국가를 수립하는 것이며, 일본 민족을 죽음과 노예상태로 몰아넣었던 천황과 군국주의의 책임을 엄중하게 추궁하는 것을 의미했다. 그리고 그것은 일본인이 '인간'으로 다시 태어나는 것을 의미하는 것이기도 했다. 그는 전후 일본이 나아갈 바를 다음과 같이 말한다.[10]

(그것은) 일본의 인민이 그 봉건적·반노예적 상태에서 육체적으로도 정신적으로도 벗어나는 것, 그것을 자신이 손으로 행하는 것, 민족의 수십만의 아름다운 청년이 무엇을 위한 죽음인가를 자신에게 물을 겨를도 없이 다만 사지에 내몰려 죽음에 직면하지 않을 수 없었던 사정을 민족의 생활에서 최후적으로 구축하는 것, 일본인을 인간다운 인간으

---

9) 中野重治, 「日本が敗けたことの意義」, 『中野重治全集 第十五卷』, 筑摩書房, 1961, 316쪽.
10) 물론 나카노의 이러한 패전/전후 인식은 당시 일본공산당이 내걸었던 전후혁명론의 자장 안에서 발화된 것임은 두말할 나위도 없다. 패전 직후 공산당은 자신을 '진정한 애국의 당'(노사카 산조[野坂參三])으로 자칭했는데, 이러한 애국론은 1945년 10월 점령군의 지령으로 옥중에서 석방된 공산당 간부들이 발표한 「인민에게 호소한다」(人民に訴ふ)에 그 발단을 두고 있다. 이 선언에는 '세계해방을 위한 연합국 군대의 일본 진주'를 환영한다는 메시지와 함께 천황제 타도와 '인민공화국정부의 수립'이 제창되었다. 이러서 1946년 2월 중국 망명에서 돌아온 노사카 산조는 「민주인민전선으로 조국의 위기를 구하자」(民主人民戰線によって祖國の危機を救え)라는 제목의 강연을 통해 공산당을 '진정한 애국자'로서 규정하게 된다.

로 만드는 것, 일본인이 인간이 되는 것이다.[11]

　이렇게 외부로부터 주어진 자유를 일본인의 손으로 민주적 민족국
가의 수립으로 전환시키는 것이 최우선 과제로 상정되고, 게다가 패전
의 결과 제국 일본의 식민지였던 아시아가 '아시아인의 아시아가 되었
다'고 생각하는 나카노에게 조선은 더 이상 '우리' 안의 존재가 될 수 없
었다. 이 시기 나카노의 텍스트에서 조선을 '우리'의 외부에 놓는 발상은
일본을 떠나는 조선인을 통해 표출되고 있다. 앞서 언급한 바와 같이 「비
내리는 시나가와역」의 '전후판'은 '초출판'의 조선인의 '왕복운동'을 일
본에서 조선으로의 '귀향'으로 치환시켜 '국경'으로 재조정된 현해탄을
드러내고 있다. 또한 『민주조선』(民主朝鮮) 1947년 4월호에 발표된 「4
인의 지원병」(四人の志願兵)이라는 에세이에는 징병되어 일본으로 건
너와 패전을 맞이한 4명의 조선인 '병사'가 들뜬 마음으로 고향 조선을
향하는 모습이 경쾌하게 묘사되고 있다. 이렇게 나카노는 조선으로 돌아
가는 조선인을 통해 그들이 전후 일본의 정치공간에서 외부자라는 점을
암시적으로 표현하고 있는 것이다.

　물론 '우리' 일본의 외부에 조선(나아가 아시아와 세계)를 배치하는
정치적 주체를 둘러싼 선긋기=경계짓기는 비단 나카노에게만 국한되지
않는다. 다음에 보는 것처럼 전후 민주주의 문학운동을 이끌었던 신일본
문학회(新日本文學會) 창립대회의 선언문에는 '일본'이라는 영토와 결
부된 '우리'가 상정되어 있고, 그 공간의 외부에 '전 세계의 인민'이 자리

---

11) 中野重治, 「文学者の國民としての立場」, 『中野重治全集 第十一卷』, 筑摩書房, 1962, 17
　　쪽.

잡고 있다. 그리고 일본의 외부로 상정된 그 공간에 전 세계 인민의 일부인 중국과 조선 인민의 영토가 할당되어 있다.[12] 예를 들어 1945년 12월 30일 신일본문학회 창립대회에서 발표된 「선언」(宣言)은 다음과 같다.

우리들은 오늘날, 일본에 있어서 민주주의적 문학운동조직을 위해 모였다. 우리들은 일본에 있어서 민주주의적 문학의 창조와 그 보급, 인민대중의 창조적·문학적 에네르기의 고양과 그 결집을 자신의 임무로 자각하고, 그 임무달성을 위한 기본조직과 그 활동방침을 결정했다. 우리들은 이 방침의 구체화, 이 구체화에 있어서 우리들의 헌신을 통해 일본의 전 인민에게 화답하고, 동시에 전 세계 인민, 특히 중국 및 조선의 인민에게 화답하려는 것이다.

비록 전후라는 현재의 시간에서 '조선=아시아'는 '우리=일본'의 외부로 간주되지만, 이와 병행해서 전전 군국주의의 전쟁책임을 추궁하는 대목에서는 일본 국민과 함께 침략적 군국주의의 '피해자'였다는 공통되는 역사적 기억이 반복해서 재생되고 있었다. 예를 들어 나카노는 '성전'의 이름으로 수행된 전쟁은 자국민과 타국민을 노예로 하는 전쟁에 불과했다고 다음과 같이 비판한다.

일본이 수행한 전쟁은 '성전'이 아니었다. 그것은 야만적이고 비열한 전쟁이었다. 그것은 '아시아인의 아시아'를 위한 전쟁이 아니었다. 아시아 제민족을 노예로 만들기 위한 전쟁이었다. 그것은 '자존자위'를

---

12) 高榮欄, 『'戰後'というイデオロギ−：歷史 / 記憶 / 文化』, 藤原書店, 2010, 269~270쪽.

위한 전쟁이 아니었다. 타국을 침략하고 동시에 자국민을 노예로 만드는 전쟁이었다. 천황의 나라 일본은 '천황의 위광 아래'(大御威稜の下) '팔굉일우'의 정신으로 만주인을 죽이고, 지나인을 죽이고, 안남인을 죽이고, 필리핀인을 죽이고, 동시에 자국민에게 무거운 세금을 부과하고, 자국민이 가진 모든 물자를 징발하고, …… 산업과 문화를 파괴하고, 농토를 황폐케 하고, 이것에 반대하는 자 모두를 나라에 대한 반역자로서 붙잡아 죽이곤 했다. 그것은 인류와 그 문명에 대해 어디까지나 하등한, 어디까지나 야만적인 파괴전이었다.[13]

한편, 나카노를 비롯해 전후 정치적 주체형성과 관련한 공산당계 지식인들의 담론 속에서 조선 문제가 민족(애국)론에 밀려 후경화되는 것과는 대조적으로, 문단 차원에서는 『민주조선』과 『신일본문학』 사이에 인적 교류가 활발히 전개되었다는 사실은 특기할 사항이다. 예를 들어 김달수(金達壽)는 1946년 10월 신일본문학회 중앙위원회에서 상임중앙위원으로 선임된 이래, 『신일본문학』 1947년 2월호에 발표한 에세이 「8·15」(八一五)를 시작으로 1949년 이후로는 허남기(許南麒)와 더불어 『신일본문학』의 지면에 빈번히 등장하는 '단골작가'가 되었다. 게다가 일본문학계에서 그에게 문학자로서의 확고한 지위를 안겨 주었던 대표작 『현해탄』(玄海灘)도 1952년 1년부터 1953년 1월까지 『신일본문학』에 연재되었다. 한편 『민주조선』에도 다수의 일본인 문학자들이 집필자로 참여했는데, 박종명의 조사에 따르면 전체 집필자 409명 가운데 일본

---

13) 中野重治, 「日本が敗けたことの意義」, 318쪽.

인 집필자는 103명으로 전체의 약25%를 차지하고 있었다.[14] 나카노도 「4인의 지원병」을 비롯해 조선, 중국, 일본의 문학자들로 구성된 「동양 민주주의혁명의 진전」이라는 좌담회(1949. 7)에 참석하기도 하였다.

그렇다면 조선이 '우리'의 외부로 간주되는 상황에서 이러한 문단 차원의 '연대'를 촉진했던 것은 무엇일까. 여기에서 중요한 점은 이 연대 의 한 축인 조선을 다름 아닌 김달수, 허남기와 같은 재일조선인 문학자 가 담당했다는 사실이다. 정확하게 말하면, 전후 공간에서 벌어진 민주 주의문학운동 내부의 민족 간 연대는 사실상 과거 프롤레타리아 문학운 동에 참여했던 일본인 문학자와 재일조선인 문학자 사이의 연대이자 교 류였다.

연대의 배경으로 생각할 지점의 하나는 민족 간 문단 교류에 참여 했던 재일조선인들이 갖는 이중적인 지위이다. 그들은 독립된 민족의 일 원이면서도 일본에 거주하면서 오직 일본어에 의한 창작만이 가능한 존 재였다. 예컨대 김달수는 조선에서 태어났지만 소년기에 일본으로 건너 온 탓에 정식으로 조선어 교육을 받지 못했다. 따라서 조선어로 문학작 품을 남길 능력을 갖출 수 없었다. 조선인이면서 조선어 창작이 불가능 한 김달수의 이러한 이중적 존재성 위에서 오다기리 히데오(小田切秀 雄)는 그의 문학을 "조선 민족의 문학이자 또한 일본문학의 하나"[15]로 규정한 바 있는데, 결국 일본어 창작이라는 요소가 재일조선인 문학을 외부이면서도 동시에 내부에 속하는 경계적인 것으로 만들었다고 할 수 있다.

---

14) 朴鐘明,「『民主朝鮮』槪觀」, 復刻『民主朝鮮』別卷, 明石書店, 1993 참조.
15) 小田切秀雄,「この本のこと」,『金達壽小說全集 4』, 筑摩書房, 1980, 200쪽.

    문단 내 민족 간 연대를 가능케 한 또 하나의 배경은 연대의 일본 측 담당자들이 전전부터 조선인과의 교류=연대의 경험을 갖고 있었으며, 그것이 전후에도 관성처럼 작용했다는 점이다. 예를 들어 히라바야시 다이코(平林たい子)가 「조선사람」(朝鮮の人)(『민주조선』 1947. 1)에서 "나는 지금 이러한 글을 쓰려고 생각해 보니 셀 수 없을 정도로 많은 조선인을 알고 있다. 그들은 사회운동과 노동운동조합 방면의 사람들로 그 이름을 기록해도 일반성이 없는, 이름도 없는 사람들이다"라고 하며, 과거 조선과의 계급연대가 기능했던 시절의 사적인 기억을 술회하는 것에서 보는 것처럼, 『민주조선』에 등장하는 일본인 문학자의 글은 전전과 전중의 조선인과의 개인적인 교류를 회상하거나, 장혁주나 김사량 등의 일본어 문학에 관한 인상을 적으면서,[16] 그 연장에서 전후의 재일조선인 문학을 언급하고 비교하며 자리매김하는 것이 특징이다.[17]

    그런데 전전에 있었던 조선인과의 교류의 관성에 이끌리는 모습을 보이는 일본인 문학자들과는 달리, 재일조선인들은 '연대'에 관한 뚜렷한 목적의식을 갖고 있었다. 왜냐하면 그들은 일본에 삶의 기반을 두고 있는 조선인이었기 때문이다. 『민주조선』 창간호에서 임훈(林薰)이란 필명으로 발표된 원용덕의 「재일본조선인연맹에 대하여」의 일절을 인용하면 다음과 같다.

---

16) 나카노의 「4인의 지원병」에는 다음과 같은 대목이 있다. "그들은 조선의 혁명문학, 혁명작가 등은 모르고 있었다. 임화나 김사량이라는 이름도 몰랐다. 하지만 내가 그런 이야기를 하면 그것을 받아들일 준비는 충분히 되어 있다는 것을 보여 주는 듯 활기 있는 반응을 보여 주었다"(全集 第十五卷, 372쪽).

17) 中根隆行, 『'朝鮮'表象の文化誌』, 新曜社, 2004, 278쪽.

우리 재일조선인연맹은 우리들의 당면한 제과제에 대해 일본 정부와 일본 인민을 상대로 1945년 8월 15일 이래로 싸워 왔다. 그러나 유감스럽게도 우리들의 노력은 현재 만족스럽게 표명되어 있지 않다. 일본 인민은 우리들의 적이 아니다. 진보적 일본 인민은 우리들의 친구[友]이다. 우리들은 조선인이기 때문에 조선인의 이익을 대표해서 싸우는 것이 아니다. 우리들은 언제라도 진보적 일본 인민과 손을 잡을 용의를 갖고 있으며, 또 현재도 손을 잡고 있다. 우리들의 적은 일본 인민의 적이며 세계 인류의 적이다. 우리들은 36년간 학대받은 감정에 의해 패전 일본에 권리를 주장하는 것이 아니다. 우리들은 현실에 기초한 인도적 입장에 서서 인류의 적인 파쇼, 군국적 국수주의자, 강도침략적 제국주의자의 반성과 자각을 촉구한다.[18]

『민주조선』과『신일본문학』사이의 인적 교류=연대의 이면에는 미묘한 시각의 어긋남이 존재했던 것은 분명해 보인다.『신일본문학』의 일본인 작가들이『민주조선』에 글을 쓰는 것의 동기를 전전부터 이어 온 사적인 교류의 연장에서 구하고 있는 것에 비한다면, 원용덕의 글에서 알 수 있듯이 재일조선인들은 일본과의 연대를 일본 사회에서 조선인으로서 살아가는 것에 대한 명확한 자의식 위에서 무엇보다 '파시즘, 군국주의, 제국주의'라는 공통의 적에 저항하는 조선과 일본의 연대라는 정치적 목표에 의해 뒷받침하고 있었다.

패전 이후 거의 10년간 나카노는 조선에 관해 단편적인 언급만을 반복했다. 전전이라고 특별히 조선에 관한 언급한 텍스트가 많았던 것은

---

18) 林薰,「在日本朝鮮人連盟みについて」,『民主朝鮮』1946. 4.

아니지만, 이를 테면 시 「비 내리는 시나가와역」과 같이 조선 문제가 사고의 중심에 놓인 텍스트는 쓰여지지 않았다. 1954년에 발표된 「피압박민족의 문학」[19]에 이르러 조선은 나카노의 담론 안에 비로소 비중 있게 다루어진다. 그럼 나카노가 말하는 '피압박민족'이란 무엇을 의미하며, 거기서 조선은 어떤 맥락에서 도입되고 있는지 살펴보자.

> 피압박민족의 문학에 관해서 생각하는 것은 나에게는 지금부터의 일본문학에 대해서 생각하는 것과 같은 것이다. 자기 자신의 문학에 대해서 생각하는 것이 무엇보다 이 문제에 관해 생각하는 것이 된다. 그리고 이것은 역시 나의 생각으로는 지금까지 일본문학연구에서 전혀 없었던 일이다. 압박민족의 문학이었던 것이 피압박민족의 문학이 되고, 그것을 일찍이 압박민족이었으나 지금은 피압박민족이 된 일본인이 생각하지 않으면 안 된다는 것, 거기에 이 문제의 오늘날의 중요성이 있다.[20]

나카노는 피압박민족의 문학을 제기하는 배경을 "압박민족의 문학이었던 것이 피압박민족의 문학이 되고, 그것을 일찍이 압박민족이었으나 지금은 피압박민족이 된 일본인이 생각하지 않으면 안 된다는 것, 거기에 이 문제의 오늘날의 중요성이 있다"[21]고 적고 있다. 여기서 이 개념이 강화조약 이후 일본이 '아메리카'의 종속상태에 빠졌다는 상황 인식

---

19) 나카노 시게하루의 「피압박민족의 문학」은 '이와나미강좌 문학' 제3권의 '세계문학과 일본문학'(1954)이라는 주제에 맞춰 쓰여진 것이다.

20) 中野重治, 「非壓迫民族の文学」, 『中野重治全集 第十卷』, 筑摩書房, 1962, 475쪽.

21) 中野重治, 위의 책, 475쪽.

에 근거하고 있음을 알 수 있다. 그러나 이 글에서 나카노가 제기하는 문제의 핵심은 일본이 피압박민족이 되었다는 '사실'을 확인하는 데 있지 않다. 초점은 왜 일본인이 강화조약을 무효화시키는 데 실패했는가에 맞춰져 있다. 그는 1905년 「일한의정서」의 내용을 상세히 인용하면서, 일본은 자신이 조선을 압박했던 민족이었다는 역사적 사실을 정당하게 기억하지 못한 까닭에 '아메리카'로부터 독립을 지켜 내지 못하고 종속상태에 빠져 버렸다는 것이다. 즉, 나카노는 일본이 어떻게 '아메리카'의 종속상태로부터 벗어날 것인가라는, 일본 독립의 문제라는 맥락에서 조선 문제를 도입하고 있는 것이다.

이렇게 나카노는 강화조약과 일본의 독립이라는 현재의 정치적 문제를 언급하며 조선을 도입하고 있다. 하지만, 주의 깊게 살펴보면, 나카노도 과거 일본의 식민지였던 조선에 관해 언급하고 있을 뿐, 전쟁과 휴전으로 이어지고 있는 '현재의 조선'에 대해서는 침묵을 이어 가고 있다. 현재의 조선을 외면하는 나카노의 시선이 문제가 되는 것은 그의 「피압박민족의 문학」에 인용된 김달수의 다음과 같은 언급 때문이다.

작품의 내용에 대해서는 여기서 언급하지 않겠다. 다만 이것을 썼던 시기는 주지하다시피 나의 조국, 조선에서 치열한 전쟁이 치러지고 있었다. …… 우리 조선인민군은 잘도 싸웠다. 그 초기에는 말할 것도 없이 세계 최강을 자랑하는 아메리카 제국주의군을 주력으로 하는 이른바 국제연합군을 맞이해 최후까지 당당하게 잘 싸웠다. 이것은 역사가 보여 주는 대로이다. …… 이것(『현해탄』)을 직접 받아들인 일본인들에게는 민족의 독립을 상실한 제국주의 치하의 식민지인이란 어떤 것인가를 보여 주고자 했다. 이것은 현재의 일본인에게 가장 적극적인 과제이

지 않으면 안 되는 것이다.[22]

　　김달수의 이 글은 1954년 1월에 발간된 단행본 『현해탄』의 후기에
실린 것이다. 인용에서 알 수 있듯이, 김달수는 『현해탄』의 집필 배경으
로 한국전쟁과 일본의 '독립 상실'을 들고 있다. 김달수가 이렇게 한국전
쟁을 거론한 배경에는 한국전쟁 당시 일본에서 전개된 공산당과 재일조
선인의 반전투쟁이 놓여 있다. 그는 '아메리카 제국주의'라는 공통의 적
을 통해 이러한 연대에 의미를 부여하고 있는 것이다. 그런데 나카노는
이러한 김달수의 글에서 한국전쟁과 관련한 '공투'의 요청은 배제하고,
오직 일본의 독립 상실을 조선의 식민지 체험과 결부시키는 부분만을
채용하고 있다. 달리 말하면 나카노도 한국전쟁에 대한 언급을 의도적으
로 회피하고 있는 것이다.

　　조선과 일본이 각각의 민족으로 분리되어 버린 상황에서 가능한 연
대란 무엇일까. 피압박민족으로서의 연대를 말하며 현재의 조선과 대면
하기를 회피했던 나카노의 태도는 전전부터 이어진 우리라는 감각의 관
성과 전후의 정치적 현실 사이의 메워질 수 없는 간격에 대한 그 나름의
'타협' 혹은 '절충'의 결과는 아니었을까. 계급이 더 이상 유효한 연대의
논리가 될 수 없는 전후에, 나카노는 과거의 조선과 현재의 일본을 등치
함으로써 조선에 대한 연대를 유지하려 했지만, 그것은 한반도에서 벌어
지고 있는 전쟁에 대해 침묵함으로써 얻어질 수 있는 것이었다.

---

22) 中野重治, 위의 책, 475~476쪽.

4. 조선 표상의 내적 구조 ― 이념의 과잉과 타자성의 상실

정치적 주체의 형성이라는 관점에서 볼 때, 나카노 시게하루의 조선에 대한 자리매김은 전전과 전후가 뚜렷하게 구분된다. 전전의 경우 나카노는 일본과 조선을 계급연대의 이념하에 양자를 천황제국가라는 공통의 적에 저항하는 주체로서 통합하고 있었다. 하지만 패전으로 제국 일본이 붕괴하고, 그 결과로 조선이 '독립'하면서 이러한 연대를 가능케 했던 기반은 사라졌다. 전후, 프롤레타리아트 국제주의를 대신하여 부상한 민족국가로 분할된 세계인식에서 독립된 조선은 더 이상 '우리'의 내부에 존재할 수 없었다. 그때 나카노가 선택할 수 있는 조선에 대한 연대란, 강화조약 체결로 '아메리카'에 '예속'되어 버린 일본을 비춰 주는 역사적인 거울로서, 과거 일본에 의해 피압박민족의 운명을 경험했던 식민지 조선을 소환하는 것이었다.

하지만 이러한 전환에도 불구하고 변하지 않는 것이 있었다. 그것은 조선을 '지배/종속'이라는 초월적(선험적)이며 동시에 정치적인 구도를 통해 바라보는 태도이다. 언제나 종속받는 자의 자리에 놓인 조선에 대한 표상은 '가혹한 지배에 신음하는 식민지'이거나 그러한 지배에 분노하며 저항하는 존재 중 하나였다. 예컨대 조선은 "추운 겨울에 얼어붙은 산하"(「비 내리는 시나가와역」, 1929. 2)이거나 '세균전'을 불사하는 '아메리카'에 저항하는 민족(「조선의 세균전에 관하여」, 1952. 9)의 모습이었다. 전전과 전후를 불문하고, 나카노에게 사유대상으로서의 조선은 이렇게 세계를 '지배/종속' 혹은 '억압/저항'으로 분할하는 이념적 작도법 안에 존재하고 있었다.

그런데 흥미로운 것은 애초에 나카노가 자신의 문학 안에 조선을

도입하는 것이 타자의 시점이라는 문학적 방법의 모색과 병행하여 일어
났다는 점이다. 이를 테면 나카노는 시 「비 내리는 시나가와역」을 전후
로 하여 '일본인'이자 '남성'이며 '전위=정치운동의 내부자'에 위치하는
자신과 구별되는 '조선인', '여성', '대중=정치운동의 외부자'를 빈번히
이야기의 중심인물로 끌어들이고 있다. 예를 들어 1928년 3월 15일에 있
었던 정부의 공산당 관계자에 대한 전국적인 검거사건, 즉 일명 '3·15사
건'을 배경으로 한 소설 「봄바람」(春さきの風)(『戰旗』, 1928. 8)에서는 평
범한 여성이 3·15사건의 와중에서 겪게 되는 비극——남편의 투옥, 아이
의 죽음——을 그리고 있고, 이어서 공산당의 합법적 기관지인 『무산자
신문』(無産者新聞)에 연재된 「모스크바를 향해서」(モスクワを指して)
(1928. 10~1928. 12)에는 조선민족해방을 위해 만주를 무대로 활약하는
두 명의 조선인을 등장시키고 있다. 뿐만 아니라 1929년에 연이어 발표
된 「정차장」(停車場)(『近代生活』, 1929. 6)과 「새로운 여자」(新しい女)
(『文學時代』, 1929. 8)에서는 도호쿠(東北) 지방 출신 여성의 상경기(上
京記)를 다루고 있다.

　　나카노의 타자인식과 관련하여 주목되는 것은 나카노가 특히 도호
쿠 출신의 여성들과 자신 사이에 놓은 '차이'에 섬세하게 반응하고 있다
는 것이다. 예컨대 그러한 감각은 「정차장」에서 소설 속의 화자(내레이
터)가 심한 도호쿠 사투리를 사용하는 주인공의 말을 활자화하는 데 곤
란함을 토로하는 다음과 같은 장면에서 확인할 수 있다.

　　실은 그 여자의 말은 이것(여기에 쓰여 있는 것)과는 달랐다. 그녀의 말
　　은 매우 강한 사투리이자 동시에 매우 정중한 말투였다. 그것을 발음
　　그대로 옮기는 것은 불가능하다. …… 할 수 없이 여기서는 여자의 말

을 당연한 말투로 고쳐 적는 것으로 했는데, 고쳐서 적으면 적을수록 또한 너무나 정중하다는 느낌을 지울 수 없다.[23]

소설의 지면에서 여자의 말은 '당연한 말투', 즉 '표준어'로 기술되어 있다. 화자는 사투리를 소리대로 적으면 그 뜻을 알 수 없기에, 부득이하게 여자의 말을 적당히 표준어로 '번역'하게 되었다는 경위를 밝히고 있다. 나카노는 자신과 도호쿠 출신 여성 사이에 놓은 차이를 화자의 입을 빌려 '번역 불가능한 방언'의 문제로 제기하고 있는 것이다.

이렇게 방언의 타자성에 민감한 나카노였지만, 그러한 감각에서 조선인은 예외였다. 「모스크바를 향해서」를 보면 주인공 두 명의 조선인이 나누는 대화가 「정차장」에서와 마찬가지로 '당연한 말투'로 기술되고 있다. 하지만 조선인 사이의 대화였기에 아마도 조선어로 이루어졌을 대화를 기술하면서, 소설의 화자는 어떠한 '곤란함'도 표현하고 있지 않다. 더욱이 주인공 중의 한 사람이 '진주' 출신으로 설정된 것을 감안하면, 여기서 나카노는 조선어와 일본어의 차이만이 아니라, 조선어 내부의 다양성도 의도적으로 간과하고 있다고 할 수 있다. 표준어와 방언의 차이에 민감하게 반응하면서, 장기간의 학습 없이는 이해할 수 없는 언어 사용자들, 예컨대 조선인들의 대화를 기술하면서 그는 어떠한 '유보조항'도 달고 있지 않다. 그것은 그 자체로 아이러니이며, 다른 한편으로 나카노의 타자인식에 내재하는 어떤 분열을 보여 준다.

그렇다고 나카노가 조선이라는 대상이 갖는 타자로서의 성격에 완전히 무감각했던 것은 아니다. 예를 들어 시 「비 내리는 시나가와역」에

---

23) 中野重治, 『中野重治全集 第一卷』, 205쪽.

서 나카노는 추방지 조선을 '부모의 나라'(父母の國)라 하여, 조선인들이 이른바 천황제 가족국가 이데올로기를 내면화할 수 없는 천황제의 정치적 타자임을 밝히고 있다. 하지만 "일본 프롤레타리아트의 앞 방패 뒤 방패"라는 구절에서 보듯이, 결국은 계급연대의 이념 속에서 조선을 일본의 프롤레타리아트와 일체화시키고 있다. 나카노가 조선에게 할당한 타자성이란, 이렇게 최종적으로 이념에 의해 조정 가능한 잠정적인 것에 불과했다.

나카노의 문학 속에 등장하는 타자의 또 다른 역할은 공산당 혹은 전위의 시점을 상대화시키는 것이다. 예를 들어 「봄바람」에서 시종일관 '모친'으로 언급되는 주인공은 3·15사건의 와중에 당국의 부주의와 무관심 탓에 아이를 잃게 되지만, 결코 그 상실감을 권력에 대한 분노와 비판으로 이어 가지 않는다. 개인의 비극을 집단의 비극으로 표상하여 비극이 불러오는 상실감을 저항을 위한 동력으로 삼는 것이 비극에 대한 정치적 조작의 일반적 방식이라면, 적어도 이 소설에서 나카노는 아이의 죽음에 대한 정치적 의미부여를 거부하는 주인공——시종일관 모친의 입장을 고수하는 자——을 통해 공산당이 사용하는 사적 비극의 집단화라는 표상방식에 어떤 위화감을 나타내고 있다고 할 수 있다.

공산당(혹은 전위)을 비판적으로 바라보는 시선은 「봄바람」에만 국한되지 않는다. 그것은 공산당이 비전향 지도자들을 통해 일종의 '정신적 권위'의 지위를 누리던 패전 직후에 「반 잔의 술」(五勺の酒, 1947. 1)이라는 소설에서 다시 재연된다. 이 소설은 아버지가 경찰서장이라는 이유로 신인회(新人會) 가입에 실패한 뒤 중학교 교사가 되어 현재는 교장의 자리에 오른 한 남자가 헌법특배로 받아 어느덧 반 잔밖에 남지 않은 술을 마시며 취하고 싶은 기분 속에서 친구인 공산당원에게 보내는 편

지의 형식으로 이루어져 있다. 여기서 주인공은 천황의 전쟁책임을 추궁하고, 천황제의 실천적인 폐지를 수행해야 할 공산당이 천황의 '신년칙서'(일명 인간선언)에 '묵인'하는 듯한 태도를 취함으로써 국민들 사이에 전쟁과 천황에 관계된 모든 죄가 은폐되었다고 불만을 토로한다. 뿐만 아니라 헌법의 초안은 일본인이 작성했다는 연합군총사령부의 발표가 실린 신문기사를 언급하며 다음과 같이 말한다.

> 일본의 헌법을 일본인이 만드는데 그 초안은 일본인이 쓴 것이라고 외국인이 일부러 설명을 붙여 발표해야 하다니, 이런 수치스런 자국의 정부를 일본 국민은 묵인하고 있단 말인가. 그리고 그것을 어째서 공산주의자가 먼저 느끼거나 국민에게 호소하지 않는 것일까.[24]

병사의 몸으로 패전을 맞은 나카노는 1945년 11월 미야모토 겐지(宮本顯治) 등의 권유로 공산당에 '재입당'한다. 그리고 1946년 3월과 5월에 치러진 두 차례의 중의원총선거에 공산당 후보로 출마해 낙선했지만, 1947년 4월에 치러진 제1회 참의원의원선거에 공산당의 전국구로 입후보하여 당선, 이후 3년간 활동의 무대를 의회로 확장하였다. 그리고 「반 잔의 술」의 창작은 나카노가 공산당의 정치가로 활동하는 가운데 이루어졌다. 그런 의미에서 「반 잔의 술」이란 소설은 나카노가 문학을 정치활동과 구분하는 감각을 간직하고자 했을 뿐만 아니라, 문학을 통해 정치적 남론을 상대화하는 것, 달리 말하면 문학의 독자적인 정치적 역할을 적극적으로 인식하고 있었음을 보여 준다.

---

24) 中野重治, 『中野重治全集 第三卷』, 筑摩書房, 1961, 155쪽.

그렇다면 여기서 다음과 같은 질문은 불가피하다. 왜 나카노는 조선을 '지배/종속'과 같은 이념적 시점에서만 보았던 것일까. 왜 거기에는 공산당의 정치적 요구를 상대화하는 시점이 보이지 않은 것일까. 달리 말하면 도호쿠 출신 여성에 대한 기술에서 보이는 타자에의 감각이 왜 조선(인)에 대해서는 적용되지 못했던/않았던 것일까. 조선에 관한 나카노의 사적인 기록이 불충분한 상황에서 이 문제의 해명은 간단치 않다. 단락을 바꿔서, 이 문제를 생각할 때, 나카노가 평생에 걸쳐 단 한 번도 조선(한국)을 경험하지 않았으며, 따라서 그의 조선에 대한 이해는 전적으로 '간접적'인 방식에 의존하고 있었다는 점은 중요한 실마리를 제공한다. 그런 나카노와 경험세계 밖의 조선을 매개시키고, 나카노의 조선으로의 '상상적' 접근을 뒷받침했던 존재란, 이북만(李北滿), 김호영(金浩永), 김달수와 같은 재일조선인들이었다.

이북만은 나카노와 식민지 조선의 문단 사이에서 나카노를 조선에 소개하는 역할을 맡았을 뿐만 아니라 나카노가 후쿠모토이즘(福本イズム)에 입각한 문예운동을 추진하기 위해 1927년에 창간한 『프롤레타리아 예술』(プロレタリア藝術)의 지면을 통해 조선프롤레타리아문학을 일본문단에 발신하기도 했다.[25] 이북만과 함께 시 「비 내리는 시나가와역」의 부제에서 그 이름이 거론되고 있는 김호영은 재일조선인 노동운동의 지도자로서 1928년 8월 코민테른의 이른바 '1국 1당 원칙'에 따라 1929년부터 시작된 재일조선인 노동운동과 일본 노동운동의 '통합'에 적극

---

25) 이 시기 이북만의 활동에 관해서는 신은주, 「나카노 시게하루와 한국프롤레타리아 문학운동 : 임화, 이북만과의 관계를 중심으로」, 『일본연구』 12권, 1998 ; 이한창, 「재일동포 문인들과 일본 문인들과의 연대적 문학활동 : 일본문단 진출과 문단 활동을 중심으로」, 『일본어문학』 24집, 2005를 참조할 것.

적으로 관여한 이력을 갖고 있다. 한편 전후 재일조선인 주도로 1946년에 창간된 『민주조선』의 핵심 멤버였던 김달수는 당시 공산당의 '지도' 하에 있었던 문학운동조직인 '신일본문학회'에 참여하여(1946~) 전후를 통해 줄곧 나카노와 문학운동에 있어서 '동반자적 관계'를 형성했다.

이상의 이력에서 알 수 있듯이 이들은 모두 나카노와 '사회주의'라는 이념을 공유하고 있었다. 이북만과 김호영은 전전 나카노가 천명한 조선과 일본의 계급연대에 대해 문학운동과 노동운동의 영역에서 호응하는 역할을 하였다. 또한 김달수의 소설 『현해탄』은 1950년대 나카노가 제기한 피압박민족론에서 가장 주목받는 소설이었으며, 특히 김달수자신은 1950년 코민포름의 일본공산당 비판이 가져온 내부 분열 때에는 나카노와 함께 '국제파'(비주류파)의 노선에 가담하였다. 그런데 현실에서 나카노와 이들 재일조선인들은 각각 '식민자/피식민자' 혹은 '현재의 피압박민족/과거의 피압박민족'과 같이, 서로 다른 정치적 조건에 위치하고 있었다. 그러나 그들 서로를 타자로서 대면시키는 이러한 '조건의 차이'는 사회주의라는 이념에 의해 극복될 수 있는, 아니 정확하게는 극복되어야 할 차이로만 간주되었다. 그렇다면 나카노가 '프롤레타리아 국제주의'라는 이념에 과도하게 경도되어 있었으며, 그와 조선을 매개했던 재일조선인들이 대부분 이러한 이념의 동조자였다는 점에서, 그가 조선의 타자성에 둔감했던 배경을 생각해 볼 수 있지 않을까.

나카노의 조선 인식에 타자성에 대한 감각이 보이지 않는 이유로서 주복할 점은 이들 재일조선인들이 상당한 수준의 일본어 구사능력을 갖고 있었다는 사실이다. 이북만이 일본 프롤레타리아문예잡지에 다수의 글을 발표할 정도의 일본어 실력을 갖추고 있었다면, 주지하는 바와 같이 김달수의 창작활동은 오직 일본어로만 이루어졌다. 물론 나카노와 이들의 의사소통은 일본어로 이루어졌으며, 거기에는 어떤 불편함도 존재하지 않았을 것이다. 그렇다면 도호쿠 여성에게 강렬한 타자성을 발견하는 감각이 유독 조선에 적용되지 않는 배경에 이러한 사정이 놓여 있던 것은 아닐까. 달리 말하면 재일조선인들의 '능숙한 일본어'는 그와 조선 사이에 놓은 선험적인 차이를 은폐하는 투명한 장막과 같은 것은 아니었을까. 한국어와 일본어의 언어적 구조가 유사하다고 해도, 장기간의 학습 없이는 상대방의 언어를 이해할 수 없다. 그래서 예컨대 비트겐슈타인은 '언어게임을 공유하지 않는 외국인'을 전형적인 타자로 간주했다. 만약 그런 의미에서 일본어를 말하는 조선인을 스스로 타자이기를 거부하는 존재로 간주한다면, 나카노는 타자이기를 거부한 타자들 속에서 조선이라는 타자를 만난 셈이 된다. 결국 나카노는 타자성을 상실한 타자를 통해 조선을 알 수 있었지만, 그 대신 타자에 반응하는 감성의 상실이라는 대가를 치러야만 했던 것이다.

5. 연대하는 사유의 모놀로그

이 글은 나카노 시게하루의 조선 인식의 입장의 윤리성과 시각의 한계성에 대한 기존 연구의 '기계적'이고 '정태적'인 조합에 대한 불만에서 출발하였다. 나카노가 조선 문제에 대해 시종 '비판적'이고, '연대의 의지'를 유지하려고 했음은 분명하며, 이는 '탈식민주의'의 시대에 의미 있게 기억해야 할 일본사상사의 유산이다. 하지만 본론에서 지적한 것처럼, 예를 들어 1950년대 나카노의 조선 인식은 '아메리카'에 대한 종속상황에 비판적으로 개입하는 가운데 조선에 대한 연대감을 표현했지만, 거기에는 또한 '현재의 조선'을 외면하는 아이러니가 있었다. 강화조약이 한국전쟁의 원활한 수행이라는 목적하에 '아메리카'의 주도로 성립되었다는 사실을 고려하면, 한국전쟁 즉 현재의 조선에 대한 침묵은 그 자체로 타자에 대한 입장의 비윤리성을 드러낸다. 나카노는 자신이 처한 구체적인 정치적 상황에 민감하게 반응하는 '상황의 문학자=사상가'였다. 하지만 상황에 대한 충실함이 때로는 그의 조선에 대한 입장의 윤리성을 훼손시키는 결과를 낳기도 하였다.

뿐만 아니라 나카노가 보여 준 시각의 한계성은 계급과 민족 사이의 어긋남에만 존재하는 것이 아니었다. 그의 조선 인식은 과도하게 '이념'에 의존한 탓에 자신과 조선 사이에 놓인 '거리' 혹은 '차이'의 현실을 세심하게 직시하지 못했다. 그는 조선이라는 타자의 정치적 현실에 민감했지만, 조선이라는 타자의 본질적인 타자성에는 둔감했다. 그리고 이러한 조선의 타자성에 대한 불감증은 이념(사회주의)과 언어(일본어)의 '코드'를 공유하는 재일조선인과의 접촉을 떠나서는 이해할 수 없다. 그런 점에서 이북만과 김달수와 같은 재일조선인은 나카노와 조선을 이어주는 '창'이자 동시에 타자인식을 가로막는 '벽'이기도 했다.

'프롤레타리아트', '피압박민족'과 같은 말이 환기시키는 것처럼, 조선을 향한 나카노의 발화에는 정치적 주체의 형성이라는 맥락이 동반되고 있었다. 기존의 나카노의 조선 인식에 대한 연구에서는 이 점이 충분히 주목되지 못했다. 그런데 연대를 발화하는 나카노와 그의 발화에 호응하는 조선인 사이에는, 정치적 조건, 언어와 같은 문화, 현재의 아이덴티티와 관련된 역사적 기억 등에서 상호간의 이질성이 존재한다. 따라서 정치적 주체 형성은 이러한 차이들을 일정하게 '조정'함으로써 가능하다. 결론적으로 조선을 향해 발신했던 나카노의 연대의 언어는 이념의 규제와 '현재의 조선'에 대한 회피 속에서 어쩌면 한 번도 실질적인 것이

되지 못했다. 달리 말하면 그가 조선인과 나누었던 연대의 공감대는 '대화'가 아닌 이념이 주조한 타자와 주고받았던 '독백'(monologue)이 아니었을까. 근대일본의 조선 인식에 대하여 나카노 시게하루라는 존재는 연대의 사유가 보여 주는 입장의 윤리성에 대한 안이한 타협에 재심(再審)을 요청하고 있다.

8장 _ '조선인 사형수'를 둘러싼 전유의 구도
: 고마쓰가와 사건과 일본/'조선'

조경희

1. 전후 일본 사회의 음화(陰畵)

1958년 8월 21일 도쿄도립 고마쓰가와 고교(都立小松川高校)에 다니는 한 여학생의 시체가 고등학교 옥상에서 발견되었다. 그 즈음 요미우리 신문사에 '범인'이라고 하는 남자의 전화가 여덟 번이나 걸려와 또 다른 살인사건의 범행까지 밝혀지게 된다. '범인'의 목소리를 녹음한 테이프가 라디오에서 공표된 후 고마쓰가와 고등학교 정시제 1학년 남학생이 체포되었다. 체포된 학생은 '가네코 시즈오'(金子鎭宇)라는 이름을 쓰는 18세의 재일조선인 소년 이진우(李珍宇)였다. 이진우의 범행이 진실인지에 대한 의문은 당시부터 현재까지 소수의 지식인과 저널리스트에 의해 계속 제기되어 왔다. 하지만 1959년 2월, 도쿄지방법원은 살인과 강간치사죄로 이진우에게 사형을 선고하였다. 그에게는 소년법 51조가 적용되지 않은 채 이례적인 속도로 사형이 확정, 집행되었다.[1] 1962년 11

---

1) 사형집행까지의 과정은 다음과 같다. 1958년 11월 첫 공판, 1959년 2월 사형 판결 후 공소,

월 16일, 그는 국가의 손에 의해 22세의 짧은 인생을 마감하였다.

이상이 1950년대 후반부터 60년대 초에 일본 사회를 떠들썩하게 한 이른바 '고마쓰가와 사건'의 전말이다 고마쓰가와 사건은 대부분의 사람들에게는 한 소년이 저지른 살인 '사건'으로, 이진우는 그 '범인'으로 기억될 뿐이다. 그러나 일부의 일본 지식인들, 그리고 그 당시 재일조선인들에게 '고마쓰가와' 그리고 '이진우'라는 이름은 일본 사회를 나타내는 거울이자 또 하나의 '나'로서 각인되어 왔다. 그는 일용직 노동자인 아버지와 농아인 어머니를 둔 육형제의 둘째 아들로 극빈가정에서 자랐다. 중학교 시절 가난 때문에 장기간 학교를 쉬는 일도 있었으나 고등학교에서는 반 위원도 맡을 만큼 우수하고 어른스러운 학생으로 통했다. 그가 조선인이라는 사실은 아무도 눈치채지 못했다. 한편 그는 책을 읽기 위해 수없이 도난을 거듭하였고 세계문학전집을 망라하는 방대한 양의 독서를 통해 자신만의 닫힌 상상의 세계를 펼쳤다. 나중에 이진우라는 소년을 세상에 알리게 되는 재일조선인 저널리스트 박수남(朴壽南)과의 옥중서한기록에는 철학과 종교, 문학과 사회과학을 폭넓게 섭렵하는 그의 초월된 견식과 감수성을 엿볼 수 있다. 그의 비범성과 특출난 성숙함은 일본 지식인들의 문학적, 사상적 관심을 끌기에 충분했다. 그는 일본 사회에서 성욕과잉의 '괴물'임과 동시에 '전후 일본이 낳은 최고의 지성과 감성을 겸비한 청년'(오시마 나기사)으로 평가되었고 '일본의 Jean Genet' '조선의 native son' 등 문학적 존재로 재현되어 갔다.

당시 이진우 구명운동에 관여한 프랑스 문학자인 스즈키 미치히코

같은 해 12월 공소 기각, 1960년 1월 상고, 같은 해 8월 상고 기각, 사형 확정, 1962년 11월 사형 집행.

(鈴木道彦)는 눈앞이 캄캄해질 정도로 강렬한 이진우의 개성에 압도되어 "이만큼의 지성과 이해력을 가진 소년이 왜 그런 신기한 범죄를 저질렀는지"가 자신에게 무엇보다 큰 문제였음을 회상하고 있다.[2] 또한 누구보다 강한 공감을 가지고 이진우를 이해하려고 한 박수남은 "고마쓰가와 사건은 나에게 눈앞이 아찔해질 만큼의 충격이었다. 체포된 '극악비도의 살인마'는 정체 모르는 괴물이 아닌 또 하나의 나, 이른바 나의 반쪽이었을지 모른다"고 서술하였다.[3] 여기서 두 사람은 이진우를 접한 충격을 비슷한 말로 표현하고 있으나 그들의 충격의 맥락이 구분되어야 할 것은 물론이다. 다만 이들에게 있어 '고마쓰가와 사건'은 단지 범죄사건이 아니라 하나의 문학적 사건이었으며 '범인'으로 지목된 이진우는 그들의 사상적 사유의 대상이었다.

'고마쓰가와 사건'의 이러한 성격을 배경으로 일본에서는 다양한 차원에서 분석과 재해석, 표상화가 이뤄져 왔다. 사건 당시에 나온 수많은 평론과 창작물[4] 외 일부의 후세 저널리스트들은 이진우 무죄론과 국

2) 鈴木道彦,『越境の時:1960年代と在日』, 集英社, 2007, 57~59쪽,
3) 朴壽南,「小松川事件:李珍宇ともうひとりのRたち」, 朴壽南 編,『李珍宇全書簡集』, 新人物往來社, 1979, 54쪽.
4) 大岡昇平,「李少年は果して凶惡か」(初出「李少年を殺してはならない」,『婦人公論』1960. 10),『大岡昇平全集』15, 中央公論社, 1974; 金達壽,「'小松川事件'の內と外」(初出『別冊新日本文學』創刊号, 1961. 7),『シリーズ日本と朝鮮 4 日本の中の朝鮮』, 太平出版社, 1971; 金達壽,「最高裁判所で」(初出「小松川事件'の內と外 補遺」,『新日本文學』1961. 10),『中山道』, 東方社, 1963; 金達壽,「李珍宇の死」(初出『現實と文學』1963. 8),『中山道』, 東方社, 1963; 秋山駿,「內部の人間の犯罪」(初出「想像する自由」,『文學者』, 1963. 11),『內部の人間の犯罪』, 講談社, 2007; 朴壽南,「二重の疎外からの解放:在日朝鮮人の場合」,『思想の科學』第5次 19号, 1963. 10; 加賀乙彦,「裸の人間, 死刑囚の文章:朴壽南 編『李珍宇全書簡集』」(初出『朝日ジャーナル』1979. 4. 20),『犯罪ノート』, 潮出版社, 1981. 소설과 시나리오로는 木下順二,『口笛が, 冬の空に……』(木下順二 作品集 第4), 未來社, 1962; 三好徹,『海の沈黙』, 三一書房, 1962; 大江健三郎,『叫び聲』, 講談社, 1963; 大岡昇平,『無罪』, 新潮社, 1978; 金石範,『祭司なき祭り』, 集英社, 1981 등이 있으며 영화화된 작품에는 오시마 나기

가에 의한 프레임업을 적극적으로 주장하였고[5] 재일조선인 2세들을 중심으로 이진우와 이 사건에 대한 사상사적 검토가 이뤄져 왔다.[6] 또한 앞서 언급한 스즈키 미치히코는 당시 이 사건을 둘러싼 정신적 충격과 사상적 공감을 표명하였고 최근 자서전 형태로 이를 정리하였다.[7] 이에 대해 이진우를 둘러싼 '문학적 형상화'의 양상과 평론가들의 존재유형을 비판적으로 분석하는 2차적 작업도 진행되어 왔다.[8]

이진우와 고마쓰가와 사건을 이해하는 데 있어 박수남이 펴낸 서간집은 재판기록을 비롯하여 여전히 가장 중요한 1차 자료로 그 무엇과도 비교할 수 없는 풍부한 텍스트를 담고 있다.[9] 그러나 박수남을 제외하고

사(大島渚) 감독, 「교사형」(絞死刑, 1968)이 있다.

5) 築山俊昭, 『無實! 李珍宇 小松川事件と賄婦殺し』, 三一書房, 1982; 小笠原和彦, 『李珍宇の謎：なぜ犯行を認めたのか』, 三一書房, 1987; 野崎六助, 『李珍宇ノオト』, 三一書房, 1994.

6) 徐京植, 「怪物の影：小松川事件と表象の暴力」, 岩崎稔・大川正彦・中野敏男・李孝德 編著, 『継續する植民地主義』, 靑弓社, 2005(서경식, 「괴물의 그림자：고마쓰가와 사건과 식민주의의 표상」, 『난민과 국민 사이』, 임성모・이규수 옮김, 돌베개, 2006에 재수록). 李順愛, 「李珍宇：60年代プロローグ」, 『二世の起源と「戰後思想」：在日・女性・民族』, 平凡社, 2000; 洪貴義, 「否定の民族主義のゆくえ：一在日朝鮮人とディアスポラ」, 『ディアスポラから世界を讀む』, 明石書店, 2009.

7) 鈴木道彦, 앞의 책.

8) 예컨대 노자키 로쿠스케(野崎六助)는 이진우의 형상화를 시도한 문학자들이 현실의 사형집행에 앞서 이미 작품에서 그를 처형한 것에 대해 문학의 역할을 추궁하였고 스즈키의 서양 중심적인 접근에 대해서도 "일본의 장 주네? 무슨 헛소리를!"이라고 하면서 이를 "일본 좌익의 전통적 부성(負性)"인 "센티멘털리즘"이라고 강렬히 비판하였다. 野崎六助, 위의 책, 67쪽. 그 외 梁石日, 「野崎六助『李珍宇ノオト』に寄せて」, 『闇の想像力』, 解放出版社 1995; 川村湊, 「秋山駿の'犯罪'」, 『戰後批評論』, 講談社, 1998; 趙美京, 「『叫び聲』からみる在日朝鮮人像：'小松川事件'と'在日朝鮮人'の表象をめぐって」, 『文學研究論集』 18, 2000. 6; 兪承昌, 「小松川事件の'表象'と大江健三郎の『叫び聲』」, 『日本近代文學』 74, 2006. 5. 기타 범죄사 혹은 사회병리학적 관점에서 접근한 것으로 佐々木嬉代三, 『社會病理學と社會的現實』, 學文社, 1998; 井口時男, 「李珍宇の『罪と罰』：小松川女高生殺人事件」, 『少年殺人者考』, 講談社, 2011 등이 있다.

9) 朴壽南, 앞의 책, 1979.

당시 재일조선인들이 이진우와 사건에 대해 적극적으로 발언하거나 행동한 흔적은 찾아보기 어렵다. 그 중에서도 구명운동에 참여한 대표적 문학자 김달수(金達壽)는 이진우의 범죄를 "재일조선인의 운명의 축도"로 바라보고 그의 삶과 죽음을 통해 인간과 민족의 문제를 사유하고자 하였다. 그러나 특히 젊은 세대에게 이 사건의 충격은 일본인들과 비교할 수 없을 만큼 컸음에도 불구하고, 그래서 더 그들은 침묵을 지킬 수밖에 없었다.[10] 서경식이 통찰한 바와 같이 '북조선 귀국사업'이 한창 전개되던 당시 많은 재일조선인들은 '괴물'로 표상된 이진우와 자신이 동일시되는 것을 극도로 두려워했을 것이다. 그들의 회피현상은 단순한 무관심이라기보다는 사건을 자신의 문제로 받아들이는 부담감에서 비롯되는 것이다. 한편 잘 알려지지 않았지만 당시 한국에서도 이진우의 행보는 실시간으로 보도되어 작은 규모이나마 구명운동이 전개되었다.

고마쓰가와 사건과 그 과정을 통해 단편적으로 밝혀진 이진우의 내면세계는 그 자체가 일본과 한반도의 근현대사, 그리고 재일조선인의 사상사를 탐구하는 데 있어 풍부한 사색의 원천을 제공해 준다. 그러나 이 글에서는 이진우 자신의 사상적 검토보다는 이진우를 둘러싼 일본 사회와 재일조선인, 한국 사회 간의 해석/재현 양상과 그 사회적 맥락에 초점을 맞추고자 한다. 연구의 지향점과 한계에 대해서 보충적으로 밝혀 두자면, 앞서 제시한 몇 권의 책들은 고마쓰가와 사건의 경위에 대한 재조사와 이진우의 재분석 작업을 통해 이 사건이 원죄사건으로 조작되었을 가능성을 적극적으로 제기하고 있다. 필자는 사건이 부분적으로 조작되었을 가능성을 부인하지 않으며 그들의 성과를 참조하고 있으나 이 글

---

10) 金達壽, 앞의 글, 1971, 149쪽.

의 목적은 사건의 진상이나 경위를 밝히는 데에 있지 않다. 분명한 것은 이진우가 이미 처형당했다는 사실이며, 그 사형이 사건이 일어난 지 불과 4년 후에 실행되었다는 엄연한 사실이다. 이 글에서는 그 역사적 사실을 둘러싼 동시대 담론을 검토함으로써 그들과 이진우 사이의 긴장에 주목한다. 혹은 이진우와 시대적 상황 사이의 단절에 주목할 것이다. 고마쓰가와 사건은 탈식민화를 회피한 '전후 일본'이 잉태한 사회적 현실이었으며 고도경제성장의 길로 나아간 1960년 전후 일본 사회의 이른바 음화(negative image)였다. 이 사건을 둘러싼 일본 사회와 재일조선인, 한국 사회의 전유과정을 추적하고, 그들의 지향점을 당시 시대적 상황 속에서 검증하면서 그들 사이의 접속의 흔적과 엇갈림을 부각시키고자 한다. 전후 일본을 한반도와의 관계 속에서, 혹은 '조선'이라는 타자화된 기호를 통해 밝혀 내는 작업은 그 후 역사의 망각을 이해하는 데 중요한 단서를 제공해 줄 것이다.

2. 공감의 동원과 민족의 소거

1) '이유 없는 범죄'에 대한 접근

현재적 관점에서 고마쓰가와 사건에 관한 언론보도와 재판경위를 접했을 때 우리는 우선 경찰과 언론, 법원이 발신하는 차별적 언설에 놀라지 않을 수 없다. 무엇보다 소년법은 미성년자의 이름과 나이, 직업, 주소 등을 명시한 보도를 금하고 있으나 고마쓰가와 사건의 경우 시종일관 실명과 개인정보가 노출되었으며 경찰의 발표를 그대로 따른 과잉보도가 연일 계속되었다. 『요미우리신문』(讀賣新聞)은 "사람을 죽인 것을 후회하고 눈물을 흘리며 참회하는 일반 범죄자와 동떨어진 분위기. 그의 태도는 너무 당당해서 오히려 으스스한 느낌이 들지만 담담한 표정 속에 일종의 '영웅 심리'를 엿볼 수 있다"는 경찰 수사관의 말을 인용하면서 "가난한 18세의 조선인 야간 고교생이라는 숙명은 벙어리인 어머니를 생각하는 것이 유일한 양심으로 그 외 모든 권위를 무시한다는 성격을 형성"했으며 그의 "정신이상으로 보이는 경향"은 "선천적인 것이 아닌 그 자신이 만들어 낸 숙명"이라고 보도하였다.[11]

이진우는 두 사건 다 '간음' 목적으로 피해자를 습격하여 간음, 교살한 '강간치사'와 '살인'의 죄명으로 재판을 받아 제1심부터 사형을 선고받았다. 이 과정에서 쟁점이 된 사항이 '정신이상' 여부와 '간음사실' 여부에 관한 것이었다. 그러나 정신감정의 결과 이진우는 성인 이상의 신체발육과 IQ135의 지능지수를 기록해 비행소년으로는 보기 드물게 건강한 신체와 우수한 두뇌의 소유자라는 판단을 받았다. 그 반면, 심리적으로는 자기현시와 자폐, 정서불안, 공격성 등의 '이상성격'이 지적되었으나 판결에서는 "정신병질은 인정되나 정신병적 이상은 인정되지 않다"고 하여 오히려 조숙한 신체적 발육을 이유로 "법률상 소년인 점을 특히 고량할 여지는 없다"는 판단이 내려졌다.[12]

'간음사실' 여부와 관련해서는 더욱 노골적인 판단이 내려졌다. 간음사실에 관한 과학적 증거가 마지막까지 나오지 않았음에도 불구하고 이진우의 자백을 통해서만 '간음치사'라는 죄명이 확정되었다. 그 자백

---

11) 「李はこんな少年：小松川女校生殺し」, 『讀賣新聞』 1958. 9. 2. 언론보도의 문제점과 날조 가능성에 대해 築山俊昭, 앞의 책; 小笠原和彦, 앞의 책; 野崎六助, 앞의 책 등이 언급하고 있다.
12) 「小松川事件 第一審判決書」(1959. 2. 27), 朴壽南 編, 앞의 책, 86~87쪽.

또한 검찰 수사과정에서 조작된 것임을 이진우 스스로 말했으나[13] 재판은 이를 인정하지 않고 그에게 '간음'이라는 동기를 부여하였다. 그리하여 범죄의 본질을 "본능적 욕망을 위한 찰나적 충동이 가져온 더할 나위 없이 잔학한 행위"로 결론지었다. 여기서 '간음치사'라는 죄명에는 특별한 맥락이 수반되었다. 조선인 남성의 일본인 여성에 대한 범행, 게다가 18세의 "굴강한 조선인 소년"의 범행 동기는 그 자체가 정치적 맥락 속에서 해석되었고 그의 신체는 성적으로, 민족적으로 과잉된 표상의 대상으로 노출되었던 것이다.

그런데 이렇게 부실한 재판과정은 거꾸로 일부 지식인들에게 이 사건과 이진우를 지켜보게 되는 계기가 되었던 것으로 보인다. 그 관심은 두 가지의 논점으로 제시되었다. 첫째는 만약 간음을 부인하고 살인죄만이 적용되었더라면 성인의 경우라도 극형을 면할 수 있었을 텐데 이진우는 왜 이를 끝까지 강력히 부인하지 않았을까, 라는 점이며 둘째는 만약 간음사실이 없었다면 이진우는 과연 무슨 이유로 살인을 저질렀을까, 라는 점이다. 체포된 후 이진우는 몇 편의 짧은 수기를 통해 "나에게 범행을 일으키게 한 것이 무엇인지 도무지 알 수 없다"는 심정을 토로하였고 공판에서도 "범행이 꿈속의 일처럼 느껴졌다"고 말하였다. 이진우의 이러한 태평한 태도는 언론과 법원에게 '반성심 결여'와 '이유 없는 범

---

13) 제1심 공판의 기록에 따르면 이진우는 "경찰에서는 혹시 목적이 없다면 호랑이를 길거리에 방치하는 것과 마찬가지라고 …… 간음해도 안 해도 결국은 같으니까 간음한 사실을 말하라고 …… 그런 말을 주위에서 4, 5명한테 듣고 그렇게 됐습니다"고 서술하고 있다. 그런데 제2심에서 이진우는 간음사실을 인정하게 된다. 변호인 가운데 한 사람은 이진우가 간음이라는 허위서술을 하게 된 것은 순교를 미덕으로 여기게 만든 교회사(教誨士)의 영향이라고 지적하면서 "종교가 관헌을 지원하게 되는 결과"를 비판하고 있다. 金達壽, 앞의 글, 1963, 113~115쪽.

죄'라는 관점을 심어 주기에 충분하였다.

한편에서 평론가들은 그에게서 어떤 비범한 인간성을 발견하게 된다. 아키야마 슌(秋山駿)은 그의 태도를 "내부의 인간의 범죄의 특징"으로 보았다. 아키야마는 소년들이 저지른 '이유 없는 살인'이라는 범죄 형태를 추적하면서 사고의 초점을 '내부의 인간'이라는 독특한 인간유형의 문제로 맞춰 갔다. 그에게 이진우는 '내부의 인간'을 사고하는 계기가 된 결정적 모델 중의 한 명이었다.[14] 아키야마는 말한다.

> 흉행으로 범해진 것은 외부이다. 그러나 그는 자신의 내부에서 한 발짝 나아간 것뿐이다. …… 그것이 하나의 무시무시한 행위이며 하나의 비정상적 경험이라는 사실을 강하게 실감하고 싶다. 알고 싶다. 이것이 내부의 인간의 변증법이다. 그의 마음을 치명적으로 찌르는 것은 그것이 아직도 꿈처럼 여겨진다는 점이다. 그리고 이 꿈과 같은 느낌이야말로 흉행의 발단이며 진정한 동기가 된 주역이다.[15]

아키야마를 널리 알리게 된 이 '내부의 인간'론이 처음 발표된 것은 1963년이지만 이미 1959년 10월에 아키야마는 「고마쓰가와 여고생 살인과 이폴리트」라는 평론을 발표하고 있다. 비교적 빠른 시기에 이진우에 대한 평론을 시도한 아카야마는 일본 지식층에게 고마쓰가와 사건을 알리고 이진우의 범죄를 문학적 상상력과 함께 해석하는 데 일정한

---

14) 이진우 외에 모델이 된 인물은 30세의 나이에 생을 마감한 시인 나카하라 주야(中原中也)와 도스토옙스키의 『백치』에 등장하는 18세 소년 이폴리트였다.
15) 秋山駿, 앞의 책, 46~47쪽.

역할을 했다.[16] 다만 아키야마는 이진우가 처형되기 전에 단 한 번도 교도소로 면회를 가거나 이진우와 직접 대화를 시도하지는 않았다. 그 이유의 하나는 "자신이 재일조선인 소년의 삶의 현장에 결코 도달할 수 없다"고 판단했기 때문이다.[17] 보다 확실한 두번째 이유에 대해 아키야마는 명확히 제시하지 않는다. 그것은 아키야마가 종종 '돌멩이'의 사상으로 표현한 비평에서의 그의 기본적 자세와 관련이 있다. 아키야마는 자신의 생존과 사회 사이에 "얇고 투명한 피막"이 있으며 이를 적극적으로 뚫고 탐색하는 것을 거부한다. 그것은 어떤 사고의 소재도 길거리에 떨어져 있는 돌멩이처럼 평범한 사람들이 손에 쥘 수 있어야 한다는 생각 때문이다.[18] 이때 그에게 돌멩이란 '말'을 의미한다. 그는 이진우의 말을 주워서 자신의 사고를 발전시켰다. 그러나 "이진우는 정말 내부의 인간인가?"라고 묻는 아키야마에게 범죄의 진상이나 이진우의 외모, 말투, 성격 등 구체적인 특징은 '외부'에 해당하는 것이었다. 실지로 아키야마는 글에서 '이진우'라는 고유명을 쓰지 않고 항상 '소년'이라 적었다. 이렇게 전개된 아키야마의 비평에는 어느새 '이진우'가 사라지고 아키야마 자신의 완료된 상상의 세계가 펼쳐지면서 결국 '내부의 인간'이 다름 아닌 아키야마 자신이라는 것을 알게 된다.

아키야마의 비평은 고마쓰가와 사건에 부착된 '이유 없는 범행'이라는 기이한 성격을 '상상력의 범죄'라는 추상적 수준에서 해석, 승화시키는 것을 가능하게 하였다. 고마쓰가와 사건에 대한 비평들에서는 대부

---

16) 예컨대 鈴木道彦, 「惡の選擇」, 앞의 책, 88쪽; 井口時男, 앞의 책, 48쪽.
17) 秋山駿, 「犯罪について: 再び小松川女高生殺しの問題」(初出 『文藝』 1982. 11), 앞의 책, 265쪽.
18) 秋山駿, 같은 곳.

분 아키야마의 글을 참조한 흔적을 찾을 수 있을 정도로 범죄를 인식하는 틀을 확장시켰다. 그러나 어떤 고유한 존재보다는 '내부의 인간'이라는 유형이 앞선 그의 비평은 어디까지나 연역적이며 자기완결적이다. 이러한 특징은 결과저으로 이진우의 고유성을 왜소화시켜 고마쓰가와 사건이 가지는 사회적 성격을 아키야마 자신의 '내부'에 가두어 버렸다고 볼 수 있다.

2) '책임'과 '공감'

물론 아키야마와 다른 방식으로 고마쓰가와 사건의 '외부'에 적극적으로 개입해 나간 일본 지식인들도 존재하였다. 도쿄도립대(東京都立大)에서 조선사를 가르치던 교수 하타다 다카시(旗田巍)가 중심이 되어 1960년 8월, '이소년을 구하는 모임'(李少年を救う會, 이하 '구하는 모임')을 발족시켰다. 모임의 발족에 앞서 이진우와 일본 지식인들을 연결하는 역할을 담당한 것은 하타다의 제자들을 비롯한 각 대학에서 공부하는 일본인, 조선인 대학생들이었다. 이 학생들과 이진우의 학우들은 옥중에 있는 이진우만이 아니라 그의 가족들을 보살피고 피해자 유족들을 빈번히 방문하여 사죄, 지원하는 노력을 지속적으로 하였다.[19] 2심 판결 후 1960년 1월, 이진우의 상고 신청이 이뤄진 것도 우연의 결과였다. 하타다의 제자 박창희(朴菖熙)가 이진우를 면회하러 간 날이 마침 상고 기한이 만료되는 날 오전이었다. 상고 신청의 의사가 없는 이진우의 상황을 곧바로 스승 하타다에게 전달하여 하타다의 설득으로 기한을 넘기는 그날 늦은 시간에 겨우 상고를 신청한 것이다. 놀랍게도 이진우의 부

---

19) 金達壽, 앞의 글, 1971, 151~152쪽.

모는 기한이 만료된다는 사실을 모르고 있었다. 아들의 생사에 관한 정보도 얻지 못하는 재일조선인의 처지를 접하면서 하타다의 행동은 그 후 지식인들이 연대하는 감형탄원운동으로 발전하게 된다.[20]

탄원서는 다음과 같은 점을 염두에 두고 이진우의 감형을 호소하였다. 첫째로 이진우가 가톨릭 신앙생활을 통해 마음으로부터 회오하며 죽음으로 죄를 씻어 내려고 하고 있는 점, 둘째로 그는 흉악한 범죄자로 인식되어 왔으나 당시 미성년자였으며 그의 마음의 변화를 보면 "건전한 육성을 기하는" 소년법이 적용되어야 마땅하다는 점, 셋째로 이진우가 고립된 환경 속에서 민족적 자각 없이 자라 온 재일조선인이라는 사실이 고려되어야 한다는 점, 넷째로 이 사건에 대해 다방면에서 관심과 동정이 모아지고 있다는 점이다. 이 내용에서 볼 수 있듯이 감형운동은 일반적인 양심론의 수준에서 전개되었고 탄원서에는 재판과정에서 쟁점이 되었던 '간음여부'와 '정신감정' 문제에 대한 언급은 한마디도 없었다. 또한 이 운동은 당시 이미 저명한 문학자이던 오오카 쇼헤이(大岡昇平)가 참여한 것으로 알려지나 오오카의 입장은 어디까지나 "하타다 씨의 운동에 협력"한다는 것이었다. 그러나 교묘하게도 오오카가 "사건은 …… 증거를 가지고 싸우는 성격이 아니라 어디까지나 재판관의 형의 양정에 기댈 수밖에 없다"[21]고 말했던 것은 이 운동의 지향성을 잘 나타

---

20) 탄원서의 발기인은 우에하라 센로쿠(上原專祿), 우부카타 나오키치(幼方直吉), 오오카 쇼헤이(大岡昇平), 다카기 다케오(高木健夫), 하타다 다카시(旗田巍), 하뉴 히데토시(羽生英敏), 미야케 쓰야코(三宅艶子), 요시카와 에이지(吉川英治), 와타나베 가즈오(渡辺一夫) 등이다. 김달수에 따르면, 모임에 모였던 사람들 중에서 하타다와 오오카 외에는 거의 젊은 사람이었으며 대학생들의 대부분이 일본인 학생들이었다고 한다. 金達壽, 앞의 글, 1971, 158쪽.
21) 大岡昇平, 앞의 글, 39쪽.

내고 있었다. 당시 『요미우리신문』은 감형운동에 대해 다음과 같이 보도하였다.

"이소년을 죽이면 안 된다"고 하는 사람들의 신중한 감형운동은 잔잔한 수군거림과 같아서 운동으로서 모양을 갖추지 못하고 있다. 거리에서 화려한 서명활동도 하지 않으며 호소하지도 않는다. …… 이 운동은 증거를 통해 소년의 무죄를 다투는 가시 돋친 종류의 것이 아니라 다시 태어난 소년을 차마 내버려 둘 수 없다는 선의가 있을 뿐이다.[22]

신문의 논조는 운동의 소극적 태도를 비난하는 것이 아니라 오히려 일본인의 작은 양심을 평가하려는 것이다. 감형운동은 그 성격상 대중적 지지를 얻기 힘들었다기보다는 대중적 기반을 얻을 수 있을 만큼의 시간적 여유와 인력을 확보하지 못했던 것으로 보인다. 더 말하자면 처음부터 발기인들 스스로가 이진우의 죄를 의심하거나 재판의 부당성을 묻는 급진적인 문제의식을 취하지 않았다. 물론 탄원서에 "일본인으로서의 책임"이라는 말이 등장한 것처럼 이진우를 내버려 둘 수 없는 일본인들의 책임의식이 '구하는 모임'의 동력으로 작용했던 것은 분명하다. 그러나 노자키가 지적한 바와 같이 감형운동에 한정된 그들의 활동은 다분히 양심적 일본인의 "휴머니즘적 알리바이"라는 측면이 강했고 감형을 바라지 않았던 이진우의 정신적 수준에서 보면 이미 늦은 "엇갈린 인도주의의 발로"가 되어 버린 것은 부정할 수 없었다.[23] 1961년 8월, 뒤늦

---

22) 『讀賣新聞』1960. 10. 11.
23) 野崎六助, 앞의 책, 34쪽.

게 싹이 튼 양심을 짓밟듯이 최고재판소는 상고를 기각, 이진우의 사형을 확정하였다.[24]

　이진우가 떠난 후 이 사건에 깊은 관심을 보이기 시작한 스즈키 미치히코도 처음에는 "모든 사형에 반대하는 것이 옳다고 믿는 입장"에서 탄원서에 서명을 했다.[25] 그러나 그 후 1963년에 발간된 이진우와 박수남의 왕복서간집 『죄와 죽음과 사랑』(罪と死と愛と)은 고마쓰가와 사건에 대한 그의 인식을 크게 쇄신하였다. 알제리전쟁을 계기로 민족적 책임을 과제로 삼았던 그는 일본에서 민족문제를 말하는 데 있어 조선에서 눈을 돌릴 수 없다고 생각하였다. 그는 서간집에 나타나는 소년의 강렬한 개성, 박수남과의 애정 어린 대화와 민족을 둘러싼 숨죽이는 듯한 엇갈림을 접하면서 이진우에게서 커다란 사상사적 의의를 발견하게 된다. 스즈키는 이진우가 민족에 의거하는 것을 단호히 거부하면서도 그러한 형태로 민족을 제시하게 되는 부정성을 '부정의 민족주의'로 불렀다.

　　이진우의 독자적인 궤적을 특징짓는 것은 그의 철저한 부정성이다.
　　…… 이중의 타자화에서 벗어나기 위해 그는 한순간에 즉자적인 민족
　　이나 조국 …… 에 몸을 맡기는 것이 아니라 우선 오직 상상 속에서 주
　　체회복의 단서를 찾았다.[26]

---

24) 사형 확정 후 남은 방법은 은사 신청과 재심 청구인데 이진우는 이를 계속 거부하다가 주변 사람들의 설득으로 1962년 8월에 겨우 은사를 신청하였다. 그동안에 '구하는 모임'이 중심이 되어 '이소년의 조명을 원하는 모임'(李少年の助命をねがう會)이 따로 발족되면서 사회적으로 널리 알리는 노력을 하였다. 그러나 5천 명 이상의 탄원서명을 모으는 와중인 1962년 11월, 이진우는 미야기 형무소에서 처형당하였다.
25) 鈴木道彦, 앞의 책, 55쪽.
26) 鈴木道彦, 「日本のジュネ : または他者化した民族」, 『新日本文學』 1967. 2, 98쪽.

여기서 말하는 '이중의 타자화'란 일본 사회에서 조선인이 겪게 되는 소외와 동시에 이진우의 집안이 조선인 부락이나 민족조직과의 관계에서 소외되어 고립되었던 특징을 나타낸 것이다. 스즈키는 앞서 본 아키야마의 '내부의 인간의 범죄', 즉 상상력의 범죄라는 관점을 답습하면서도 아키야마가 18세라는 '지적 쿠데타'의 시절을 범죄의 근본적 조건으로 보는 것에 반론한다. 스즈키는 이진우의 18세가 무엇보다도 "분열되어 타자화된 재일조선인의 생존의 조건"에서 형성되었으며 그 조건하에서 오직 상상 속에서만 자유를 얻을 수 있었던 그의 실존 형태를 봤다. 한편 이진우는 이 '이중의 타자화' 과정을 이해하면서도 자신의 범행의 원인을 이 환경에 귀속시키지 않았다. "나의 문제에는 두 가지 관점이 있다. 하나는 환경은 어떻게 나에게 죄를 범하게 하였는가. 또 하나는 나는 환경에 어떻게 처했는가"를 물으면서 그는 후자에 초점을 두었다. 스즈키는 이진우의 이러한 자기성찰과정에서 문학적 감수성을 본 것이다.

프랑스 문학자로서 사르트르에 특별한 애착을 가졌던 스즈키는 이진우를 통해 장 주네(Jean Genet)를 떠올리게 된다. 고아 주네가 '창녀의 아들'이라는 사회적 시선과 함께 스스로 '악인'이 되기로 결심한 것처럼 그는 이진우가 그를 둘러싼 사회적 환경에서 "악을 선택"했다고 보았다. 사르트르가 맑스주의의 보편성과 실존주의의 개별성을 동시에 담은 '개별적 보편성'(universal singulier)이라는 개념을 획득한 것처럼 스즈키는 이진우의 범죄를 개별적이면서도 보편적인 형태로 이해하는 것이 가능하냐고 보았다. 물론 스즈키는 이 둘 간의 차이 또한 시사하고 있다. 주네는 자본주의 사회가 낳은 '괴물'이지만 이진우는 일본이라는 역사적인 사회에 대한 특수한 대항자라는 것이다. 이진우라는 "살인범"의 "추악한 본성"을 통해 거꾸로 폭로되는 것은 바로 그를 만든 일본인의 본성이

며 이 점에서 죽음을 당한 두 명의 여성은 일본인 전체의 희생양이라고
한다.

> 이진우가 범한 살인은 무엇보다 전 일본인을 향한 복수 행위이며 반쪽
> 발이를 낳은 이 사회의 고발이다. …… 그런데 이진우의 고발은 더욱
> 용의주도하다. 즉 그는 굳이 고발하지 않는다. 오히려 반복적으로 자신
> 의 책임을 요구한다. …… 이렇게 이진우의 최대의 적인 우리는 당사자
> 인 그에게 부인되고 외면되어 짓밟혔다. …… 이 모욕을 견디기 위해서
> 어떻게 해야 하는가, 그것이 우리의 과제가 될 것이다.[27]

고마쓰가와 사건을 향한 스즈키의 사색들은 그가 당시 일본 지식인
들 중에서 유별나게 '민족적 책임'을 자각하고 그것과 철저히 대결한 사
람이라는 것을 보여 준다. 이는 스즈키가 고마쓰가와 사건에 대한 자신
의 회오를 끌고 1968년에는 일본인 경찰을 죽인 후 일본인 인질들과 함
께 농성을 벌인 김희로(권희로) 재판에 깊이 개입하는 과정을 통해서도
알 수 있다. 스즈키는 이 60년대에 겪은 자신의 경험과 사색을 최근에 자
서전 형태로 정리하였다. 일반적으로 마르셀 프루스트의 번역자로 알려
진 스즈키의 숨겨진 역사는 일본 지식계에 일정한 반향을 일으켰다. '재
일조선인 범죄자'라는 문제적 존재를 둘러싼 진지한 사색의 기록이 40
년의 시간을 뛰어넘어 바래지 않는 생생한 경험으로 다가온 것이다. 스
즈키는 당시의 자신의 시도를 다음과 같이 회상하고 있다.

---

27) 鈴木道彦, 앞의 글, 99쪽.

재일조선인 중에는 자신들의 문제에 개입하는 일본인에게 불쾌감을 느끼는 사람도 있을 것이고 손쉬운 말로 표현되기를 바라지 않는 사람도 있을 것이다. …… 그러나 그 경계를 넘지 못한다고 인정해 버리면 이해의 단서를 얻을 수 없다. 나에게는 관심을 가지기 위해서 우선 공감이 필요했다. 공감이 있는 한 상대방의 실존으로 발을 들여놓는 것도 가능하다고 생각되었다. 아무리 억압관계로 구분되었다 할지라도 그 경계를 넘을 수 있지 않을까. 즉 월경도 가능하지 않을까. 그것은 하나의 상상력의 문제가 아닌가.[28]

'민족적 책임'에서 '공감'으로. 스즈키의 사색의 흔적을 따라가 볼 때 이런 흐름을 읽어 낼 수 있다. 일본인으로서의 민족적 책임을 통해 고마쓰가와 사건에 개입한 스즈키가 그 대상과의 소통과 공감을 시도하려고 하는 것은 지극히 당연한 일이다. 고마쓰가와 사건에 대한 일본인들의 평론을 볼 때 실제로 스즈키만큼 공감의 통로를 넓힌 사람도 없을 것이다. 그러나 누구나가 자신의 관점에 맞춰서 이해와 공감을 표시한다고 한다면 스즈키의 공감도 이진우가 특출난 지성과 문학적 상상력을 지닌, 자기성찰적인 사람이었기 때문에 가능하였다고 볼 수 있다. 또한 이진우가 사형수로서 이미 세상을 떠난 이상 그 소통은 일방적인 성격을 가질 수밖에 없었다. 이 점은 그 후 스즈키가 이진우와 달리 고발적이며 공격적인 성격을 가진 김희로와의 직접적 소통에서 실패한 사실을 볼 때 더 두드러지게 나타난다. 다시 말하면 이진우의 보편주의적인 사고는 스즈키만이 아닌 일본 문학자들의 공감과 감상을 끌어내는 데 적합하였다.

---

28) 鈴木道彦, 앞의 책, 69쪽.

이러한 소통의 일방성은 이진우의 고유성이 왜소화되는 한계를 항상 수반할 수밖에 없었다. 예컨대 정신과 의사인 가가 오토히코(加賀乙彦)는 "내가 알 수 있는 것은 살인자로서의 이진우의 고뇌가 반쪽발이로서의 고뇌보다 강했다는 점이다. 조선인이기 전에 그는 인간이었다"[29]고 분석하였다. 이진우 자신은 "나는 조선인, 사형수"라는 말로 자신을 규정했으나 이 일본인 의사에게 '조선인'과 '인간'은 구분될 수 있는 것이다. 그래야만 그의 공감의 기제는 작동될 수 있었다. 이렇게 그토록 스즈키가 대결하려고 한 이진우의 고유성은 그의 의도를 떠나서 보편적인 인간의 문제, 혹은 일반적 소수자 문제로 해소되는 경향을 가졌다.[30] 이는 스즈키 개인의 문제가 아니다. 여기서 우리는 일본과 한반도의 근대성을 규정한, 그리고 재일조선인의 존재양태를 결정적으로 규정한 식민주의의 짙은 그림자를 단지 '외부'적인 문제로만 보려고 했던 일본 지식인들의 순진함을 찾을 수 있다.

3) 이진우의 재창조

노자키 로쿠스케는 고마쓰가와 사건과 관련해서 당대 작가들이 이진우의 "문학적 베일의 복잡함"을 이용하여 제멋대로 만들어 낸 "또 다른 문

---

29) 加賀乙彦, 앞의 책, 1981, 39쪽.
30) 일방적인 보편화와 일반화는 현재까지도 계속된다. 대표적인 페미니스트이자 사회학자인 우에노 지즈코(上野千鶴子)는 스즈키 미치히코와의 대담 속에서 스즈키의 글에 대해 다음과 같이 말하고 있다. "사실은 저 자신도 '어째서 이렇게 내 마음을 잘 아는가'라는 마음으로 읽었습니다. 왜냐하면 포스트콜로니얼의 문제는 젠더 문제와 그대로 겹치기 때문이죠. …… 그래서 글을 읽고 '어떻게 남자가 이렇게 잘 알 수 있을까' 하고 놀랐습니다." 여기에서는 재일조선인 문제도, 이진우의 고유성도 아예 처음부터 소거되어 '나의 문제'로 환원된다. 鈴木道彦·上野千鶴子, 「對談: ブルーストと'在日'のあいだ」, 『靑春と讀書』40卷 5号, 2005. 5, 10쪽.

학적 베일의 지리멸렬함"을 거론하면서 "이는 진우를 보다 깊이 이해하기 위해서는 거의 유해할 뿐이다"[31]고 비판하였다. 노자키의 이러한 비판을 전제로 하면서도 여기서 한 발 벗어난 작품으로 오시마 나기사(大島渚)의 영화 「교사형」(絞死刑, 1968)을 들 수 있을 것이다. 이진우를 바라보는 데 동원되는 지배적인 공감의 코드가 보편주의와 문학적 상상력이라고 한다면 이 작품의 위치는 조금 다르다.

「교사형」은 고마쓰가와 사건이 일어난 1958년 당시부터 구상된, 오시마 스스로가 '하나의 이정표'로 인정하는 작품이다. 영화는 구치소 사형장의 시설에 관한 상세한 설명으로 시작하면서 소년 'R'이 처형되는 과정을 구체적으로 보여 준다. 그러나 처형은 실패로 끝난다. "R의 육체가 사형을 거부"한 것이었다. 기적적으로 정신을 되찾은, 그러나 기억상실에 빠져 있는 R을 둘러싼 사형집행 담당자들의 황당무계한 모습을 영화는 풍자적으로 그려 나간다. 심신상실 상태에 있는 자에 대한 사형집행이 금지된 것을 확인한 집행인들은 R이 기억을 되찾을 수 있도록 R의 생활과 범죄 장면을 재판기록과 똑같이 재현한다. R이 스스로 죄를 인정하여 죽음을 받아들일 수 있도록 안간힘을 써 보지만 공전을 거듭하게 된다. 본말이 전도된 상황과 집행인들의 과장된 어리석은 모습은 웃음을 자아낼 수밖에 없다.

극중에서 R이 원래의 'R'에게 다가가게 되는 흐름을 만드는 인물은 하얀 치마저고리를 입고 등장하는 '누나'다. 이 인물은 '조선 민족'으로 각성하는 R을 이끄는 상징적인 역할을 담당한다. 극중에서 '누나'의 손을 만지면서 "누나에 대해 잘 알 수 있다면 나 자신을 알지도 모른다"고

---

31) 野崎六助, 앞의 책, 15쪽.

고백하는 R에 대해 '누나'는 "네가 만지는 이 손은 조선인의 피부다. 이 피부에는 민족의 길고 슬픈 역사가 각인되어 있다"고 말한다. 극중에서 '누나'의 존재는 R의 민족적 각성을 이끄는 존재임과 동시에 그에게 구체적인 피부의 촉감을 느끼게 만드는 성적 존재로 재현된다. '누나'는 집행인들에게 말한다. "R의 범죄는 일본군국주의에 의해 발생한 것이다. 일본국에 R을 처벌할 권리는 없다." 그러나 그 다음 순간에 이미 R과 '누나'의 괴리는 결정적인 것으로 다가온다.

> R : 누나가 말하는 것은 왠지 R에게 맞지 않는 것 같아요. ……
> 누나 : 그럼 너는 이제 조국통일을 위해 싸울 마음을 잃어버린 거냐? 언제 그렇게 변했어? 너는 이제 조선인 R이 아니다! …… 일본은 국가의 이름으로 무수한 조선인의 피를 뺏었어. 그러나 국가 없는 우리는 개인의 손으로 일본인에게 피를 흘리게 할 수밖에 없어. 그건 범죄지. 왜곡된 방법이야. 그러나 그 범죄에도 조선사람의 긍지와 슬픔이 집중적으로 표현되어 있지 않니……
> R : 누나가 하는 말은 점점 R에게서 멀어져 가네요. 누나의 말을 듣다 보니 역시 나는 R이 아닌 것 같아요.

여기서 끝까지 알파벳 'R'로 등장하는 소년은 이진우, 그리고 '누나'는 박수남을 모델로 하고 있음은 말할 것도 없다. 오시마 스스로가 이진우와 박수남의 왕복서간집이 없었더라면 작품은 성립하지 않았다고 말한 것처럼[32] 영화 후반의 전개는 서간집의 내용을 충실하게 따르고 있

---

32) 大島渚, 「シナリオについて」(初出 『アートシアター』 55, 1968. 2), 『絞死刑』(DVD), 2011, 6쪽.

다. 이진우가 자신이 저지른 범죄가 꿈속의 일처럼 "베일을 통해서"만 느껴지는 것을 고뇌했던 것처럼 극중의 R 또한 상상이 현실을 만들어 버린 과정을 서술하며 '누나'에 대한 사랑이라는 구체적인 현실을 통해 피해자의 아픔을 생생하게 느끼게 되었다고 토로한다.[33] 영화에서 '누나'의 존재는 R에게 성적 친밀감을 수반하면서 다가오는 한편 사형집행인들에게는 상상력이 풍부한 사람들만이 보이는 신들린 존재로 나타난다.

끝까지 그녀의 존재를 볼 수 없었던 사람은 일본국을 대표하는 존재인 검사다. 그의 명령으로 '누나'는 그 자리에서 말살되고 만다. 극중에서 아무런 대사 없이 오싹한 표정으로 앉아 있었던 그 검사야말로 끝에서는 이 영화에 군림하는 존재임을 알게 된다. 영화는 점점 일본의 침략의 역사, 조선인들의 가난과 범죄라는 구체적인 지점을 벗어나 '국가'와의 대결이라는 보편적 구도를 그리게 된다. 자신이 무죄임을 선언하고 사형장을 나가려고 하는 R의 앞을 하얀 빛이 가로막는다. 걸음을 멈추는 R에게 신의 존재를 알리는 신부. 그 곁에서 검사는 "왜 걸음을 멈췄는지 아느냐. 지금 네가 향해 가는 곳이 바로 국가다"라고 선언한다. 결국 R은 "이 세상의 모든 R을 위하여 R임을 받아들이고" 처형당한다.

블랙 유머로 장식된 영화는 끝에서 명쾌한 메시지를 발신한다. R은 국가권력에 의해 부당한 죽음을 당했다. 그는 '국가'를 못 이겨 죽음을 받아들인 이방인이다. 극중에서 검사는 '누나'도 R도 말살할 수 있는 절

---

33) 서간집에서 이진우는 다음과 같이 쓰고 있다. "그녀들이 자신의 손에 의해 죽음을 당했다는 느낌은 왜 이렇게 베일을 통해서밖에 느낄 수 없는 것인가", "누나에 대한 마음을 강하게 느꼈을 때, 그 감정을 통해 이제까지 멀리 있었던 피해자를 가까이 느낄 수 있게 되었다. 나는 이 감정을 더 풍부하게 만들어서 문제를 마음속으로 끌어들이고 싶다. 나는 이런 방법으로 피해자의 존재를 내 자신의 마음속에 회복시키고자 하였다"(朴壽南 編, 앞의 책, 1979).

대적인 권력을 상징하고 있다. 오시마는 자신의 글에서 이진우를 "국가를 초월한 사상의 높은 곳에 도달한 인간"[34]으로 표현하고 있다. 즉 영화에서 R에게 "국가가 있는 한 나는 무죄"라는 말을 시킨 것처럼 오시마에게 '국가'와 '이진우'는 흑백 관계에 있다. 재일조선인 작가 양석일(梁石日)이 "거대한 범죄를 구성하는 권력 그 자체가 범죄의 사실을 전제로 깔고 이를 유형화, 전형화하려고 할 때 권력과 범죄의 관계는 전도된다"[35]고 지적한 것은 이러한 오시마의 관점과 연결된다. 이진우의 범죄는 그 진위를 떠나서 국가권력과 대결구도를 그리게 되는 것이다. 물론이 오시마의 흑백논리와 R의 단호한 모습은 결코 이진우 자신이 남긴 말을 따른 것은 아니다. 여기에는 이진우에 대한 공감이나 감상도 나타나지 않는다. 오시마의 시도는 이진우에게 새로운 정치적 의미를 부여하고 그를 재창조한 점에서 흥미롭다. 영화에 등장하는 경직된 검사도, 순진한 교도소 직원들도 조선인들을 말살하는 '국가'임은 마찬가지다. 「교사형」은 '조선인 사형수' 이진우의 고유성을 정치적 지평으로 끌어 올려 그와 일본국과의 절대적으로 비대칭적인 권력관계를 조명하는 데 성공했다고 보인다.

그 반면에 영화에서 '누나'가 담당하는 노골적으로 전형화된 '조선인 여성'의 모습은 이 영화가 도달한 정치적 지점에서 볼 때 두드러지게 빈곤하다. 하얀 치마저고리를 입고 교조적인 말투로 R을 설득하는, 과도하게 성적으로 포장된 '누나'의 모습은 현실에서 상상되는 이진우와

---

34) 大島渚, 「「絞死刑」について」(初出 『絞死刑 大島渚作品集』, 至誠堂, 1968. 1), 『絞死刑』(DVD), 2011, 4쪽.
35) 梁石日, 앞의 글.

박수남 간의 친밀함과 엇갈림을 남녀의 그것으로 특화시키고 있다. R과 '누나'의 대화 내용과 정반대로, 결과적으로 R이 정치화되어 '누나'가 비정치화되어 가는 흐름에서는 이진우와 박수남의 관계에 대한 오시마의 속물적인 관점을 지적할 수밖에 없다. 여기서 문제의 핵심은 단지 성적 불평등이 아니라, 민족과 국가의 관계가 남녀 간 관계에로 미끄러져 가는 점에 있다. 즉 민족/국가(조선/일본)를 담당하는 자가 성적으로 배치되어 그 결과 민족(여성)이 탈정치화된다. 영화에서 R의 고유성은 일본 국가권력을 향한 성스러운 '대항자'로 승화된 한편 '누나'가 지키는 여성화된 민족성은 사라지게 되었다. 오시마는 박수남을 희생시킴으로써 이진우를 일본국에 대항하는 자신의 정치적 프로젝트에 동원했다고 볼 수 있는 것이다.

3. '조선인'과 '사형수' 사이에서

1) 또 하나의 자화상

앞에서 일본 지식인들이 고마쓰가와 사건에 접한 과정과 이진우 표상에 대해 살펴봤다. 한편 재일조선인 사회에서는 이 사건을 어떻게 접하고 어떻게 대응하였는가. 이에 답하는 것은 쉽지 않다. 앞서 지적한 것처럼 1년 반에 걸쳐 이진우와 긴밀한 교류를 지속한 박수남의 서간과 수기는 사건과 이진우에 대한 풍부한 1차 자료라 할 수 있다. 그러나 이를 제외하면 재일조선인들이 이 사건에 적극적으로 관여한 흔적은 거의 찾아볼 수 없다. '구하는 모임' 발족 당시 오오카 쇼헤이는 "현재 이소년 조명탄원운동은 재일조선인 사이에서 활발하지 못한 것이 특징이다. 왜 그런가. 그 사정을 나는 모른다"고 지적하였다.[36) 이에 대해 작가 김달수는 "갑자기 한 대 맞은 느낌이 들었다"고 하면서 다음과 같이 쓰고 있다.

> 한 명의 재일조선인 소년, 그것도 '흉악한 살인범'인 그에 대한 광범위한 일본 문화인들과 선의의 사람들의 따뜻한 눈. 그러나 우리 재일조선인 자신은 오히려 이에 대해서 '냉담'하다. 과거에 이런 적이 있었을까. …… 어쨌든 이 부분에 대해서 우리 쪽은 '냉담'하였다. '냉담'이라는 말이 적당하지 않다면 나를 포함한 우리는 이에 대해 침묵에 빠져 있었던 것은 확실한 사실이었다. …… 적어도 그것은 무관심했기 때문은 아니었다. 대처할 방법 없는 어두운 초조 속에서 이를 내버려 둘 수밖에 없었다.[37)

김달수의 수기는 이 문제를 외면하였던 자신을 질책하듯이 사건의 경위, 성격, 문제점에 대해 자세하게 적었다. 그의 글에는 일본인에 대한 감사의 마음과 이진우에 대한 슬픔이 뒤섞인 감상이 드러난다. 이진우의 범죄를 낳은 일본 사회에 대한 비판적 관점은 거의 찾아볼 수 없을 만큼 그 문체는 억제적이다. 김달수는 재판에서 "이군의 범죄는 재일조선인의 운명의 하나의 축도"라는 하타다의 말을 듣고 눈물을 흘릴 정도로 일본인에 대해 낮은 자세를 관철하였다. 김달수의 글을 통해 우리는 당시 재일조선인들이 처한 이중구속 상황을 엿볼 수 있다. 가난과 폭력으로

---

36) 大岡昇平, 앞의 글. 또한 당시 오오카 등이 총련에 서명을 부탁했더니 거절당했다는 에피소드도 있었다. 金達壽, 앞의 글, 1971.
37) 金達壽, 같은 글, 157쪽.

장식된 '조센진'의 전형적 이미지를 극대화시킨 이 사건의 주인공을 재일조선인 자신들은 직시할 수 없었다. 그들은 그가 저지른 범죄가 어떤 역사와 환경 속에서 잉태되었는지를 너무나 잘 알고 있었다. 동시에 재일조선인들은 이 사건이 발생한 책임의 일단을 일본 사회로 돌리는 것에 대해서도 조심스러울 수밖에 없었다. 그런 행위의 부정적 효과가 곧바로 자신에게 돌아올 수 있다는 것을 직관적으로 알고 있었던 것이다. 김달수는 결국 이 사건을 직시하고 '구하는 모임'에 뛰어 들어가게 되었다. 그는 도쿄 신코이와(新小岩)역에서 멀리 떨어진 이진우의 집을 찾아갔을 때의 느낌을 다음과 같이 적었다.

> 그 집도, 어머니도 아이들도 생각보다 청결하고 밝았던 것이 나의 마음을 안심시켰으나 한편 소년 이진우가 형, 동생들과 함께 기거했던 작은 방을 잠시 들여다보았을 때 나의 마음은 무겁게 닫혔다. 소년은 거기서 가난과 민족적 소외에 시달리면서 스스로는 구할 수도 없었던 도스토옙스키나 스탕달을 읽으면서 과연 무엇을 생각했던 것일까. 그 모습은 그대로 과거의 나 자신의 모습이기도 하였다.[38]

김달수가 느끼는 이진우에 대한 슬픔의 배경은 다음과 같은 것이다. 민족적 소외를 경험한 자가 절망을 느꼈을 때 남은 길은 스스로 민족을 발견하는 것밖에 없다. 많은 조선인들이 이국땅에서 조국 건설을 향한 민족운동에 뛰어 들어간 것은 그런 점에서 유일한 자기해방의 길이었다. 그런데 이진우는 "전후의 이 민족적 노도" 속에서도 민족에 눈을 뜰 수

---

38) 金達壽, 같은 글, 178쪽.

없었다. 그 길이 전적으로 막혀 있었던 것이다. 이진우의 집안이 민족조직과 단절된 상태에 있었던 큰 이유는 그의 아버지가 반공주의적인 기독교인이었다는 점이었다.

이런 배경에서 볼 때 이진우가 옥중에서 독실한 기독교인이 된 것이나 조국과 민족을 둘러싸고 박수남과 첨예하게 엇갈리는 것은 자연스러운 일이었다. 박수남은 이진우가 조선학교를 다녔더라면 이런 비극이 일어나지 않았을 것이라고 하면서 이 사건이 민족의식을 빼앗기면서 살아가야 했던 재일동포의 비극적 환경이 낳은 결과임을 호소하였다. 이에 대해 이진우는 아무리 환경에 문제가 있다고 하더라도 이 사건은 자신이 아니면 범하지 않았던 행위라고 하면서 전면적으로 범죄의 책임을 받아들이려고 하였다. 그러나 민족과 책임을 둘러싸고 초반기에 보이던 박수남과 이진우의 결정적인 엇갈림은 점점 변화를 보이게 된다. 사형확정 후 얼마 지나지 않아 이진우는 편지에서 자신의 이름을 '珍宇'가 아닌 '진우'로 쓰기 시작하였다. 가면을 벗기듯이 '소년 金子鎭宇'에서 '범죄자 李珍宇'가 되었던 그가 옥중에서 스스로 '이진우'라는 한글을 쓰기 시작한 것은 '나는 조선인, 사형수'라는 자기규정에 대한 진정성의 표현으로 볼 수 있다.

옥중에서 이진우는 박수남 외에도 김달수의 부인 최춘자(崔春慈)와 편지를 주고받았다. 그 편지를 통해 간접적으로 이진우를 접하던 김달수는 이진우가 점차 조선인으로 각성하는 과정을 지켜봤다. 다만 이진우가 "완전히 민족적으로 재생"되었음을 강조하는 김달수의 관찰은 너무 성급하거나 과잉된 해석을 수반하였다. 이는 이진우에 대한 김달수의 슬픔과 희망의 양면성을 나타내고 있었으나 이진우의 각성은 김달수가 말하는 추상적 민족 개념이 아닌, '사형수'로서의 자신의 고유성에서 비롯된 것이었다. 이진우는 최춘자 앞으로 보낸 편지 속에서 자신의 민족적 각성에 대해 다음과 같이 말하고 있다.

> 나는 조국에 대해 생각합니다. 지금 나의 조선인으로서의 자각은 북조선의 성장을 이해했기 때문이거나 그런 것에서 나온 것이 아닌, 범죄자로서의 자신을 통해 강하게 나타난 것이라고 생각합니다. 법 앞에서 저는 범죄자로서의 자신의 책임을 강하게 의식하고 죄를 갚을 의지를 강하게 가져야 합니다. 게다가 나의 경우 그 속에 '조선인으로서의 자신'의 입장 또한 포함시켜야 합니다.[39]

민족과 조국에 대한 즉자적인 동일화가 아닌 사형수로서의 자신의 책임의식을 통해 '민족'을 획득한 이진우는 그 후 "혹시 출소할 수 있다면 조국의 통일을 위해 일하고 싶다"는 희망까지 품게 된다. 그는 또한 "'鎭宇'가 아닌 '진우'로 죽는 것을 자랑스럽게 여긴다"고도 쓰고 있다. 그러나 그 시점에서 재일조선인 사회는 '사형수'라는 사실을 통해 민족을 깨달은 그를 받아들일 준비도 의지도 가지고 있지 않았다. 박수남의 기록은 조선인이 일으킨 이 사건이 조선인 당사자들에게 회피, 외면되어 가는 과정을 잘 보여 준다.

나는 처음으로 이진우의 사형집행에 반대하는 자신의 입장을 밝혀 우선 동포들을 대상으로 메시지를 만들어 서명운동을 벌였다(1962년 4월). 방문 당시 조선대학 총장을 비롯하여 학생대표는 나의 메시지를

---

39) 朴壽南 編, 앞의 책, 1979.

솔직하게 수용했으나 나중에 철회하였다. 중앙의 권위에 의한 부인, 그리고 나를 추방하라는 통달이 그들을 침묵시킨 것이었다. 한편 나는 내가 속한 집단과 대립하는 남쪽 집단에도 호소하였다. 조국의 분단으로 격리된 우리는 서로의 반(半)일본인성을 확인하는 것을 통해 처음으로 만날 수 있었는데 ……그러나 ……그들이 속하는 남쪽 나라에서는 4월의 소리가 억압되어 존재의 죽음을 의미하는 침묵을 강요받고 있었다.[40]

재일본조선인총연합회(총련) 조직 산하의 출판사에서 일했던 박수남은 그 후 이진우 구명운동을 둘러싸고 조직과 갈등관계를 겪으면서 추방을 당하였다. 고마쓰가와 사건이 일어난 1958년 당시 재일조선인들은 마침 이북으로의 '귀국운동'을 시작하고 있었다.[41] 그에 대한 연대는 '조국'을 둘러싼 체제 내부에서 인정될 수 없었다. 이에 대해 박수남은 "국가에 안긴 정통적 존재들은 그들 자신이 잉태하고 낳은 이 무시무시한 사생아의 인지 청구에 대해 '살 가치가 없는 존재'로 선을 그으려고 한다"[42]고 강력히 비난하였다. 민족과 조국의 보편적 과제를 자신의 독자성 속에서 획득하고자 했던 박수남과 이진우의 투기(投企)는 대문자의 '민족'과 '조국'으로 인해 부인되었던 것이다.

그러나 고마쓰가와 사건과 이진우가 가져온 충격은 재일조선인들

---

40) 朴壽南, 「二重の否認と追放を生きて:認知されないものたち」, 朴壽南 編, 앞의 책, 1979, 452~453쪽.
41) 서경식은 이 '귀국사업'과 고마쓰가와 사건의 동시대성에 언급하면서 당시 일본 정부가 식민지 지배의 부정적 유산을 '인도'(귀환)와 '정의'(사형)의 이름하에 추방하였다고 지적하였다. 서경식, 앞의 글 참조.
42) 朴壽南, 「小松川事件:李珍宇ともうひとりのRたち」, 朴壽南 編, 위의 책, 64쪽.

을 쉽게 풀어놓지 않았다. 재일조선인들이 운영한 매체『통일조선신문』
(統一朝鮮新聞)에서는 이진우가 처형된 5년 후, 젊은 세대를 중심으로
이진우에 대한 해석을 둘러싸고 작은 논쟁이 벌어지고 있었다. 김덕철은
이진우에 대한 공감은 재일조선인 2세 이미지를 왜곡시킨다고 하면서
일본인들의 겸손한 반성에 비해 언제까지나 피해자 의식을 버리지 못하
는 재일조선인 사회를 향해 다음과 같이 호소하였다.

> 일제시대와 달리 우리는 일본 사회에 거류하는 외국인이 되었습니다.
> 지금은 과거의 지배, 피지배 관계의 추악한 상처가 치유되기를 기다릴
> 뿐입니다. 이진우는 그 상처의 고름으로 더럽혀진 신진대사물＝패배자
> 에 지나지 않습니다 …… 우리는 과거의 오물의 원인을 제거할 작업을
> 해야 합니다. 그것은 통일운동에 참가하고 통일운동을 통한 민족해방
> 투쟁의 과정에서 자신을 확립하는 것입니다.[43]

논쟁을 통해 알 수 있는 시대적 특징은 첫째, 글에서 한일회담 반대
투쟁이나 한국 베트남파병 반대운동, 일본 혁신세력과의 연대문제가 종
종 거론되는 것처럼 필진들이 한국의 반독재를 지향하는 세력에 속해
있었던 점이다.[44] 즉 총련, 민단과 거리를 둔 소수세력이었기 때문에 이
진우 문제가 담론화될 여지가 있었던 것으로 보인다. 둘째, 이진우에 대

---

43) 金德哲,「淺薄な自己定立作業」,『統一朝鮮新聞』1967. 12. 13.
44) 1959년 1월 1일에 창간된『통일조선신문』(1959년 11월까지는『조선신문』朝鮮新聞)은 소위
'한국계' 재일조선인 중에서 한반도 평화통일을 지향한 멤버들로 운영되었다. 한일조약이
체결된 1965년 7월에 한국민족자주통일동맹(한민자통) 일본본부가 결성되면서『통일조선
신문』은 이 한민자통의 기관지가 되어 재일동포의 입장에서 반독재운동에 동참했으나 북
한, 총련과의 연대를 둘러싸고 내부 분열을 겪게 되었다. 李順愛, 앞의 책, 111~136쪽 참조.

한 해석이 재일조선인 1세대와 차별화된 '2세론'으로서 거론되었던 점이다. '귀국사업'이 한창 진행되던 이 시기에, 조국을 지향한 1세들이 외면한 이진우의 삶에 대해 젊은 세대는 공감과 부인이 뒤섞인 복잡한 해석을 시도하였다. 1968년 2월에 일어난 김희로 사건을 계기로 때마침 재일조선인에 대한 일본 사회의 차별과 편견, 그리고 재일조선인 2세들이 품은 광기가 또다시 문제시되고 있었다.

일본학교를 다닌 후『통일조선신문』기자로 종사한 김일남(金一男)은 재일조선인 2세 모두가 이진우처럼 "베일을 통해서만 느껴지는" 격렬한 구체적 경험을 했을 텐데 그것이 극적이지 않았을 뿐이라고 하면서 "이진우를 우리 내부에서 끊임없이 복권(復權)해야 한다"고 말했다.[45] 재일조선인 2세들의 내면세계와 소외에 대한 문제의식은 그 후 집단적 경험으로 계승되지 않은 채 지극히 개인화된 형태로 해소되었다. 이순애(李順愛)가 "축적의 부재"로 특징지은 대로, 2세에서 3세, 4세로 넘어가는 세대교체 과정에서 고마쓰가와 사건의 충격은 희석되었고 재일조선인 스스로의 문학적, 사상적 형상화는 제대로 이뤄지지 않았다.[46] 그러나 이진우를 호출함으로써 가능해지는 존재론적, 실존적 물음은 재일조선인들의 삶의 조건의 일부를 여전히 구속하고 있다.

2) 인간애의 확장

한편 당시 '모국' 한국에서도 이진우의 사연이 전해져 잔잔한 지원운동

---

45) 金一男, 「いかにしてヴェールをはぐか(上): '二代目'論爭に寄せて」,『朝鮮統一新聞』 1968. 6. 15.
46) 李順愛, 앞의 책.

이 벌어졌다. 신문기사 내용을 시계열적으로 따라가 보면, 우선 1960년 11월 7일에 대한부인회 서울시부 사무실에서 "사형수 이진우 군의 구명 선도의 모임"을 열었다. 발기인도 정하지 않은 채 급하게 열린 이 모임에서 이진우의 상황을 알리고 매개적 역할을 한 것은 앞서 언급한 도쿄 도립대 학생 박창희였다.[47] 박창희는 방학을 이용해 한국을 오고 가면서 이진우의 근황과 일본 사회의 움직임을 알리면서 감형운동을 적극적으로 호소하였다. '구명선도의 모임'은 제2차 회의를 민단 본국사무처에서 가져 언론계, 교육계 명사들을 중심으로 '범국민적 탄원운동'을 벌일 것을 결정하였다. 그즈음 한국 가톨릭 노동청년회본부도 일본 측 가톨릭노동청년회본부에 효과적인 국민운동을 전개해 줄 것을 요청하였다. 고마쓰가와 사건과 이진우에 대해 한국 사회에 어느 정도로 전해지고 일련의 지원운동이 실질적으로 어떤 수준에서 전개되었는지 지금에서는 알수가 없다. 다만 각 신문사 도쿄 특파원들은 직접 교도소를 찾아가 이진우와 면회를 시도하였고 이진우와 그의 친척, 또 그의 처지를 안타깝게 여긴 한국 여학생과 편지를 주고받는 일들도 종종 있었다. 기사는 역시 "그의 태연한 태도, 두려워하지 않고 한없이 정직하고 순진했던 인상"[48]을 놀라움과 함께 전했다.

1962년 중반에 들어서면서 운동은 조금씩 대중적 형태를 보이기 시작하였다. "마음의 꽃씨 뿌리자"는 슬로건 아래 국제친선꽃씨협회가 생겨 회원 300여 명이 시청 앞에서 결성대회를 열고 이진우의 감형을 요구

47) 『한국일보』 1960년 11월 6일자. 최추향, 『죽음은 삶보다 아름답다. 이토록 슬픈 종말을: 재일교포 소년사형수 이진우 군의 죄와 벌』, 백문사, 1961, 216~217쪽.
48) 최추향, 위의 책, 226~232쪽.

하는 서명운동을 전개하였다. 꽃씨협회는 그 후 '국제친선 꽃씨협회 중
앙총본부'로 발전하면서 3만 명의 회원을 늘리게 된다. 꽃씨협회가 제2
단계 운동으로 실행한 것은 구명기금과 피해자 오타 후사에(太田房江)
의 무덤에 '석화대'와 '사랑의 헌화'를 바치는 것이었다. 7월 말에는 일본
NHK의 카메라가 한국에서의 구원운동을 취재하면서 이날 하루 만으로
서명자는 수천 명에 달했다고 보도했다.[49] 또한 꽃씨협회는 학생들을 중
심으로 30,633명의 서명을 모아 일본 내각 수상, 중의원 의장, 참의원 의
장, 법무장관 등에게 탄원서를 보내 "극형을 주느니보다 참회한 자만이
가질 수 있는 새로운 삶을 주어 달라"고 호소하였다.[50] '국제인권옹호 한
국연맹'도 구명진정 공한을 일본 수상에 보내기도 했다.[51] 그런 와중인
1962년 11월 16일, 이진우의 사형은 급하게 집행되었다.

　　종교적 박애를 바탕으로 전개된 잔잔한 구명운동은 이렇게 마무리
되었다. 각 신문은 사형집행 후에도 이진우에 대한 기획기사를 실으면서
이진우의 옥중에서의 참회가 국경을 넘은 인간애를 불러일으켰다고 평
가하였다. 그가 범한 "끔찍한 범죄 뒤에 숨겨진 복잡하고도 숙명적인 원
인"[52]이 언급되면서도 갑자기 나타난 이국에 사는 '동포 사형수'의 소식
에서 재일조선인들의 현실에 대한 상상력은 작동되기 어려웠다. 그 후
한국에서는 이진우를 모델로 한 영화 3편이 기획되어 유사한 소재를 둘
러싸고 서로 경합이 벌어지는 등 일정한 반향을 일으켰으나 끝내 제작

---

49) 「시민들 앞을 다투어 서명」, 『경향신문』 1962년 7월 31일자.
50) 「구명탄원 죽음에 직면한 두 젊음을 위해 인간애의 소리없는 소리」, 『동아일보』 1962년 8월
　　2일자.
51) 『경향신문』 1962년 8월 5일자.
52) 「이진우군 모델로 영화화 계획」, 『동아일보』 1962년 11월 20일자.

허가를 얻지 못했던 것으로 보인다.[53] 현재 시나리오가 입수 가능한 「현해탄의 가교」는 일본인 작가 시라사카 요시오(白坂依志夫)의 시나리오 「타인의 피」(他人の血)를 번안한 작품이다. 재일교포 고교생 '수일'이 조선인임을 모른 채 자신에게 호감을 가진 일본인 매춘부 '기누에'를 죽이고 사형판정을 받게 된다. 수일은 재판과정에서 자신을 지원하는 유일한 학생 '쥼꼬'를 사모하는데, 쥼꼬의 아버지는 식민지 조선의 순사로 해방 후 조선인들의 폭행 끝에 죽음을 당했다. 그 사실은 안 쥼꼬는 갈등하면서도 아버지의 과거를 극복하고 수일에게 다가간다. 그러나 쥼꼬가 뜻을 함께하길 원한 수일의 변호를 맡은 재일조선인 변호사는 쥼꼬를 끝내 받아들이지 못한다. 그 또한 식민지 시기에 일본군의 손에 의해 가족을 잃었던 것이다.

원작을 그대로 옮긴 「현해탄의 가교」는 끝부분에 변호사와 쥼꼬의 다음과 같은 대사를 새로 삽입하였다. "쥼꼬상! 나의 이 상처를 아물게 할 수가 있겠오!?" "어른들의 상처는 아물기가 힘들겠지요. …… 하지만 젊은 사람들의 자라나는 살은 쉬히 아물 수가 있어요. 꼭 아물어야만 살게 안녜요?"[54] 번안자의 의도를 지금으로서는 알 수 없으나 한일 간 젊은 세대들이 "이해와 사랑으로 기성세대가 입은 마음의 상처를 아물게 할 수 있다"[55]고 한 원작자의 의도를 그대로 따른 것이라 판단된다. 한일

---

53) 이에 대해서는 사실관계가 명확하지 않다. 김예림이 '현해탄 서사'로 명명한 1960년대 한일 긴 문제를 다룬 기획들은 '일본 로케'라는 현실적 문제에 부딪히면서 좌절하는 경우가 많았다. 현해탄 서사의 특징과 검열에 대해서는 김예림, 「불/안전국가의 문화정치와 포스트 콜로니얼 문화상품의 장:1960년대 영화와 "현해탄 서사" 재고」, 『현대문학의연구』 42집, 2010.

54) 白坂依志夫, 「他人の血」, 『シナリオ』, 1962. 4; 김기국 번안, 유현목 감독, 「현해탄의 가교」, 1962, 138쪽, 국립영상자료원.

55) 『동아일보』 1962년 11월 20일자.

양국에서 기획된 이 작품은 일본인과 한국인의 서로의 아픔이 서로에게 연루되었음을 확인하는 국민적 내러티브를 구성한다. 결과적으로 이진우의 존재는 한일 간 인간애와 역사적 상처 속으로 수렴되었다. 한국인 작가 최추향은 사형집행 전 이진우를 향해 "그는 이미 '사형수 이진우' 가 아니고, '살인범 이진우'도 아니며, '반항아 이진우'도 아닌 '인간 이진우'"라고 말하였다.[56] 이진우가 박수남과의 대화를 통해 도달한 "나는 조선인, 사형수"라는 자기규정은 여기서도 무력화되었다.

4. 결론을 대신하여

지금까지 고마쓰가와 사건과 이진우에 대한 일본 사회, 재일조선인 사회, 한국 사회의 대응과정, 그리고 이진우를 둘러싼 전유의 구도를 살펴봤다. 구명운동이라는 현실적 개입의 한편에서 일본 지식인들은 이진우를 분석의 대상이자, 공감과 동원의 계기로 삼았다. 그 지배적 코드는 '보편주의'와 '문학적 상상력'이었으며 이는 "나는 조선인, 사형수"라고 자신을 규정한 이진우 자신의 각성과는 동떨어진 것이었다. 물론 「교사형」 과 같은 창작물을 통한 이진우의 재현작업은 창작자의 관점에 따를 수밖에 없고 무엇보다 당시 일본 사회에서 고마쓰가와 사건을 사상과 예술의 대상으로 삼는 행위 자체가 정치적 선택이었다. 스즈키는 상상력을 동원해 이진우라는 실존에 대한 월경을 시도하였고, 오시마는 이진우를 '국가를 넘어서는 인간'으로 형상화시켰다. 하지만 일본 지식인들이 이진우의 고유성과 그토록 진지하게 대면했음에도 불구하고, 그러면 그럴

---

56) 최추향, 앞의 책, 206쪽.

수록 이진우의 '민족' '조선'은 소거되었다. 이는 과연 무엇을 의미하는 것인가. 그들은 이진우를 '조선인'이기 전에 '사형수'로 봤고, '사형수'이기 전에 '인간'으로 보고자 했다. 진보적 지식인들의 공감의 통로는 이렇게 보편주의와 휴머니즘의 맥락에서 만들어졌다. 이진우를 모티브로 소설을 쓴 오에 겐자부로(大江健三郎)의 다음과 같은 말은 일본인들의 전유의 딜레마를 잘 보여 준다.

> 이소년이 살인자라는 것, 가난한 재일조선인이라는 사실은(이러한 구체성이야말로 가장 중요하다는 점을 인정하면서도) 우리의 인식 표면에서 한 번 사라진다 해도 우리에게 이소년 사건의 환기력은 남는 것이다. …… 이소년을 목매단 줄은 원래 우리 모두를 목매다는 줄이다.[57]

한편에서 이진우와 고마쓰가와 사건을 둘러싼 전유의 방식은 문학적 차원만이 아닌 보다 구체적인 정치적 맥락과 함께 이해되어야 한다. 이 점은 특히 재일조선인과 한국 사회의 이진우에 대한 전유과정을 살피는 데 있어 중요하다. 1960년 무렵, 일본인들은 전후 미일안보체제에 대항하는 최대 규모의 민주화투쟁을 시도하였고, 한국 사회 또한 4월의 혁명적 열기에 휩싸이고 있었다. 한편 재일조선인들도 1959년에 시작한 '북조선 귀국사업'을 통해 조국 건설의 가능성을 향하고 있었다.『통일조선신문』지상에 나타난 어느 젊은 재일조선인 2세의 말은 이 시대적 현실과 이진우와의 거리를 잘 말해 준다. "이진우의 생애를, 그가 사형되기 1년 전 한국에서 일어난 4월 혁명, 그 후의 자주통일운동과 함께 생각할

---

57) 大江健三郎,「政治的想像力と殺人者の想像力」,『群像』1968. 4.

때마다 가슴이 뜨거워진다. 이진우는 우리 젊은 재일동포들에게 항상 4월 혁명과 정반대의 극에 설 것을 강요받은 인간으로 의식되어 왔다."[58]

물론 한일 민중들의 분노의 동시적인 분출은 그 후 좌절을 겪으면서 정치경제적 유착관계에로 미끄러져 갔다. 반안보투쟁 후 일본은 정치적 과제를 경제적 현실에 맞추기 시작했고 한국의 민중들 또한 4·19혁명을 정점으로 개발독재정권의 동원 대상으로 호출되기 시작했다. 동아시아 냉전체제하에서 이해관계를 함께한 일본과 한국은 1965년의 한일조약을 통해 한일유착체제의 기반을 확고히 하였다. 이 정치적 맥락을 전제로 할 때, 이진우를 둘러싼 전유와 외면의 계기는 보다 명확해진다. '북조선 귀국운동'을 벌인 총련이 이진우의 존재를 외면한 사실, 거꾸로 이진우의 구명운동이 한국의 종교계에서 벌어졌다는 사실은 이진우의 집안이 당시 주류를 차지한 총련과 거리를 둔 반공주의적 기독교인들이었다는 우연성과 무관하지 않다. 이진우는 한반도 남과 북의 체제 바깥에 태어난 '비정통적' 존재이자, 당시 재일조선인들이 내걸었던 대문자 '민족'에 의해 부인된 존재였다.

마지막으로, 역사와 사회가 만들어 내는 극한적 형태로서의 이진우의 삶에 대해 언급하면서 이 글을 맺으려고 한다. 사회학자 미타 무네스케(見田宗介)는 소년사형수 N·N(나가야마 노리오)의 삶을 조명하면서 그를 사회구조의 실존적 의미를 '평균치'에서가 아니라 '극한치'에서 체현한 존재로 분석하였다.[59] 마찬가지로 R로 표상된 이진우의 삶은 재일조선인의 평균적 모습이 아닌, 극한적 형태를 체현하고 있었다. 지방의

---

58) 許泰容,「若き在日同胞の解放への反省的契機」,『統一朝鮮新聞』1968. 3. 28.
59) 見田宗介,『まなざしの地獄』(初出『展望』1973. 5), 河出書房新社, 2008.

극빈가정에서 자란 후 집단취직으로 도시의 억압적 시선에 노출된 나가 야마에게서 자본주의적 소외의 흔적을 찾을 수 있다고 한다면, 극빈가 정에서 자란 하층 조선인으로 일본 사회에 노출된 이진우에게서 우리는 자본주의와 식민주의라는 이중적 소외의 흔적을 찾을 수 있다. 이진우가 말한 "나는 조선인, 사형수"라는 규정성은 이 이중성과 극한성을 스스로 자신의 것으로 끌어들인 흔적으로 읽을 수 있다. 고마쓰가와 사건과 이 진우는 역사와 사회의 틈새에서 발생한 특수한 스캔들이 아니다. '사형 수'임을 통해 '조선인'을 획득한 이진우의 삶의 흔적은 현재까지도 일본 과 재일조선인, 한반도의 역사적 현실을 우리 앞에 극한적으로 재현하는 원천인 것이다.

찾아보기

필자소개(논문 수록 순)

나카노 도시오(中野敏男) _ 일본 도쿄외국어대학 종합국제학연구원 교수

권혁태(權赫泰) _ 성공회대학교 일본학과 교수

차승기(車承棋) _ 성공회대학교 동아시아연구소 HK교수

한혜인(韓惠仁) _ 홋카이도대학 동아시아연구소 방문연구원, 전 친일반민족행위진상규명
　　　　　　　　위원회 조사관

이정은(李定垠) _ 성공회대학교 동아시아연구소 HK연구교수

김예림(金艾琳) _ 연세대학교 학부대학 교수

서동주(徐東周) _ 서울대학교 일본연구소 HK연구교수

조경희(趙慶喜) _ 성공회대학교 동아시아연구소 HK연구교수

수록논문 초출 서지사항

1장 _ '전후 일본'에 저항하는 전후사상 : 그 생성과 좌절 _ 나카노 도시오

→ 季刊『前夜』에서의 연재를 재구성. 게재호 : 제2호(2004年冬), 제4호(2005年夏), 제5호
　(2005年秋), 제8호(2006年夏), 제9호(2006年秋).

2장 _ 사상(捨象)의 사상화(思想化)라는 방법 : 마루야마 마사오와 조선 _ 권혁태

→「사상의 사상화라는 방법 : 마루야마 마사오와 조선」, 『역사비평』, 통권 98호, 2012년
　봄호.

3장 _ 전후복구와 식민지 경험의 파괴 : 아베 요시시게와 존재/사유의 장소성 _ 차승기

→「경험의 파괴 : 아베 요시시게(安倍能成)에게 있어서의 식민지 조선, 패전, 그리고 자
　유」, 『대동문화연구』 76집, 2011년 12월.

4장 _ '강제연행'과 '강제동원' 사이 : 이중적 역사화 과정 속에서의 '식민지 조선인'의 배제 _
　　한혜인

→ 초출.

5장 _ 인권의 '탄생'과 '구획'되는 인간 : 전후 일본 인권제도의 역사적 전환과 모순 _ 이정은

→「전후 일본 인권제도의 역사적 전환과 모순」, 『사회와 역사』 93호, 2012년 3월.

6장 _ 종단한 자, 횡단한 텍스트 : 후지와라 데이의 인양서사, 그 생산과 수용의 정신지(精神
　誌) _ 김예림

→「종단한 자, 횡단한 텍스트 - 후지와라 데이의 인양서사, 그 생산과 수용의 정신지(精
　神誌)」, 『상허학보』 34집, 2012년 2월.

7장 _ 나카노 시게하루와 조선 : 연대하는 사유의 모놀로그 _ 서동주

→「나카노 시게하루와 조선」, 『사회와 역사』 93호, 2012년 3월.

8장 _ '조선인 사형수'를 둘러싼 전유의 구도 : 고마쓰가와 사건과 일본/'조선' _ 조경희

→「'조선인 사형수'를 둘러싼 전유의 구도 : 고마쓰가와 사건과 일본/'조선'」, 『동방학지』
　158호, 2012년 6월.